廉振华 黄斌◎著

被战火灼伤的女人

BEI
ZHANHUO
ZHUOSHANGDE
NVREN

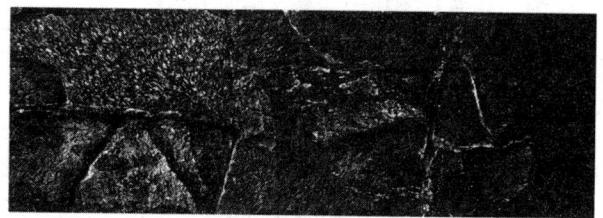

人民日报出版社

图书在版编目（CIP）数据

被战火灼伤的女人 / 廉振华，黄斌著．——北京：
人民日报出版社，2014.6
ISBN 978-7-5115-2655-7

Ⅰ.①被… Ⅱ.①廉… ②黄… Ⅲ.①军国主义－性犯罪
－史料－日本 Ⅳ.①K313.46

中国版本图书馆CIP数据核字(2014)第113058号

书　　名：	被战火灼伤的女人
著　　者：	廉振华　黄　斌
出 版 人：	董　伟
责任编辑：	陈　丹
封面设计：	八　牛

出版发行　人民日报出版社
社　　址：北京金台西路2号
邮政编码：100733
发行热线：(010) 65369509　65369527　65369846　65363528
邮购热线：(010) 65369530　65363527
编辑热线：(010) 65363105
网　　址：www.peopledailypress.com
经　　销：新华书店
印　　刷：大厂回族自治县彩虹印刷有限公司

开　　本：710mm×1000mm　1/16
字　　数：300千字
印　　张：16.75
印　　次：2015年8月第1版　　2015年8月第1次印刷

书　　号：ISBN 978-7-5115-2655-7
定　　价：35.00元

目 录
contents

第一章 | chapter 1
新婚离别,踏上异国寻夫路

1/ 婚礼上的征兵　001

2/ 花嫁团里的寻夫者　004

3/ 码头之约　009

4/ 杨家店的汉奸　012

5/ 错失良机　016

6/ 静子的秘密　020

7/ 施种"伤寒疫苗"　024

8/ 非同寻常的"疫苗"　027

第二章 | chapter II
战争结束，沦为难民

1/ 战争结束了　033

2/ 逃亡路上　037

3/ 临终托孤　039

4/ 隔离区来的婴儿　043

5/ 乱葬岗获救　046

6/ 真是一个日本人　048

7/ 回不去的祖国　052

8/ 中国式生活　055

第三章 | chapter Ⅲ
患难夫妻，情深缘浅

1/ 告密者 061

2/ 太平的杨家店 064

3/ 长春围城 068

4/ 相依为命 071

5/ 满囤惨死 074

6/ 家破人亡，亲人离散 078

7/ 地窖里的罪恶 082

8/ 一个叫刘思田的难民 085

第四章 | chapter IV
落户杨家店

1/ 红蜻蜓之歌　093

2/ 定亲　097

3/ 暴露身份　101

4/ 认作干女儿　105

5/ 揪查汉奸　110

6/ 逃荒来的"表妹"　115

7/ 拒绝包办婚姻　120

8/ 离家出走　124

第五章 | chapter V
善良的中国人接纳了她们

1/ 母子的争执　129

2/ 有情人终成眷属　133

3/ 思儿心切　138

4/ 王寡妇的心计　142

5/ 成姬获救　146

6/ 两个外国女人的合作　150

7/ 她是日本人吗？　155

8/ "我的名字叫根岸静子"　159

第六章 | chapter VI
真正的中国人

1/ 大嫂的要求　167

2/ 正式加入中国籍　171

3/ "疯妈妈"　174

4/ 孩子的口粮　178

5/ 晴天霹雳　183

6/ 小争执　188

7/ 照片上的日本人　193

8/ 衣冠禽兽的前夫　197

第七章 | chapter Ⅶ
久别重逢，岁月静好

1/ 有家难归　203

2/ "疯妈妈"的心思　208

3/ 大食堂关闭　213

4/ 杨大娘离世　217

5/ 盛开的油菜花　220

6/ 烈士的孩子　225

7/ 真正的汉奸　230

8/ 杨长水溺亡　235

9/ 痛失亲人　241

10/ 故土探亲　246

后记 | Postscript
战争是什么　252

那是静子最幸福的一天,她身着象征洁白无暇的白无垢,三郎穿着黑色条纹的传统和服裙裤。他们在所有的亲友见证下,满脸幸福地牵手走向礼台,然后在绵延不断的掌声里齐声宣读婚誓……

第一章 | chapter I
新婚离别，踏上异国寻夫路

1/ 婚礼上的征兵

　　皎洁的月光从窗外探进来，在窗帘上留下一片惨白，房内的一切也被照得一览无余。墙上挂着一幅结婚照，照片上一对新人甜蜜地依偎在一起。房内的陈设透着新婚的气息，但在这夜光下似乎泛出几分凄冷。榻榻米上还留有几块未吃完的寿司，散发出一丝腥甜……

　　"三郎，三郎……"

　　宽大的双人床上，静子翻了个身，微锁的眉头暴露在月光之下，被子从肩上滑到了胸口。房间又归于沉静，但这份沉静很快又被呓语打破。

　　"三郎，三郎，抱着我。"她潜意识地伸手探向双人床的一侧。冰冷的床铺惊得她立刻缩回手，意志也瞬间清醒。

　　"三郎！"

　　她大喊一声，倏地坐直了身子。她环顾四周，空空如也的房间让她有些难受，手指不知不觉紧紧抓着手里的被子。看到榻榻米上的寿司，她怔了怔，取了件外衣披上，踏着木屐走到窗前，月华照在她温文如玉的脸上。她倚着墙壁，脑海里不知不觉回顾起她与三郎结婚那天的情形。

　　那是静子最幸福的一天，她身着象征纯洁无暇的白无垢，三郎穿着黑色条纹的传统和服裙裤。他们在所有的亲友见证下，满脸幸福地牵手走向礼台，然后在绵延不断的掌声里齐声宣读婚誓：

　　"我根岸静子，我松田三郎……我们自愿共结连理，在有限的人生中，我们将始终相爱，白头偕老……"

　　三郎幸福地看着静子，手里的力道也不知不觉加大。感受到他的情深意重与喜悦，静子抿唇微笑。

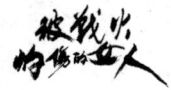

突然,有一名身着日本军装的士兵闯了进来,台下的亲友们面面相觑。那士兵一路穿过亲友直接走到松田三郎面前,表情异常严肃。

静子慢慢失了笑容,她紧张地握着丈夫的手,心里突突地往上撞。

那士兵对她的丈夫深深鞠了一躬后,问道:"请问是松田三郎先生吗?"

"是的。"松田面对军人,收起了脸上的笑,变得严肃起来。

士兵迅速从背包里掏出一份文件,双手递出:"松田先生你好,你已经被征调入伍,恭喜你!"

松田震惊地双手接过入伍通知单。稍事镇定后,他便毫不犹豫地松开了静子的手,与士兵寒暄起来。

静子的心仿佛被狠狠地撞击了一下,看着丈夫手里拿着的文件,眼神迷蒙。

台下的亲朋好友们小声议论起来……

静子回头看了一眼孤单的双人床和墙上那幅结婚照,不由地苦笑了一下,又转身望向窗外。

"亲爱的三郎,此刻你们驻满洲第100部队驻地上空的月亮也和我看到的一样吧,你有没有想念我呢?"

静子双眸噙着泪水,在窗前站了很久。直到月亮被乌云遮住了光芒,才关上窗户,重新躺回已经没有温度的床上。朦朦胧胧睡着的时候,天边已经开始泛着鱼肚白。

寒风凛冽,夜幕低垂,一片青砖砌成的营房突兀地耸立在广袤的田野上,高高的围墙上架着密密实实的电网,显得格外阴森。偶尔,围墙里还会传出几声似人似鬼的惨叫,在这静谧的夜里显得更为可怖。

大门开了,从里面走出几名持枪荷弹、牵着大狼狗的日本宪兵。他们沉默不语、表情严肃地在大门前来回巡逻,厚厚的积雪在他们脚下发出"吱吱"的响声,回荡在沉沉的黑夜里。

电网最高处的探照灯来回映射,光束偶尔从营地标牌上滑过——驻满洲第100部队实验所。

宿舍区的一个房间还亮着灯,一个男人正在昏黄的台灯下看书,这正是新婚第二天便被征调入伍的松田三郎。他放下手里关于人体解剖学的日文书籍,取下眼镜,按了按疲惫的眼周穴位。顺手拿起放在右手边的一张照片。照片上,静子身穿和服,面容娇媚,微笑着将头靠在他的肩膀上。松田深情地亲吻了一下照片中的静子,然后小心翼翼地将照片放回原处,打开抽屉拿出纸笔:

第一章 | chapter 1
新婚离别，踏上异国寻夫路

"亲爱的静子，我和我的部队已经安全到达满洲，现在驻扎在新京附近的范家屯。满洲不愧是我们大日本帝国的生命线，一切都是那么的富饶和辽阔。亲爱的，虽然对于在新婚第二天就离开你，我感到万分不舍。但作为一名大日本帝国的军人，我感到无上的光荣……"

松田正认真地写着，门外突然传来仓促的脚步声。脚步声在他的门前停下，门被人从外面推开。

一个面色蜡黄的宪兵向他敬礼："报告，松田先生，实验室请你现在过去一下。"

松田慢条斯理地在信纸上署上名字和日期，又把信拿起来看了看，再装进信封里，这才幽幽地说道："我知道了。"

这不是一间普通的实验室，靠墙两侧狭窄的铁笼里关押着十几名赤身裸体的中国男子，他们年岁都不大，全都瘦骨嶙峋的，双眼里满是惊恐。房间中央的解剖床上，一个被捆绑的中国男子正在挣扎嚎叫，几个穿着白大褂的日本兵围在四周，正用破布堵住他的嘴，按住他的手腕，给他注射实验药剂。

铁笼里的男人们突然吵闹起来，可能是为同胞遭到如此对待而感到愤恨，更可能是源于下一个躺在上面的人可能就是自己的恐惧。

松田沿着阴暗的走廊走进实验室。他摸了摸解剖床上那个濒死的"试验品"的脉搏，然后像刚碰了非常肮脏的东西似的在衣服上擦了擦那只手，转过身，冷漠地吩咐那几个穿白大褂的日本兵："先给他注射麻醉剂。"

一个日本兵阴笑两声，扬手猛地一针扎在"试验品"的胳膊上，"试验品"顿时昏死了过去。

松田翻开他的眼皮看了看，指示："再注射碳疽菌。"

他没再关注"试验品"的反应，转身走到一名站岗的宪兵面前，从口袋里掏出还没有封口的信："这是我的家信，转交山本小队长审查后，立刻帮我寄出去。"

宪兵恭敬地拿着他的信出了实验室。

松田扫了几眼铁笼里备用的"试验品"，离开了实验室。

另一间屋子里，山本一郎坐在黑色的皮质沙发上看着松田的信哈哈大笑："松田研究员居然说他正在进行环境改良实验，哈哈！没问题，寄出去吧。"山本一郎把信装进信封后，递给了站在一旁候着的宪兵。

宽敞华丽的日式客厅里，静子满脸兴奋地念着丈夫的来信。仆人小村恭恭敬敬地跪在主人身旁。

"我现在正在从事环境改良方面的研究，为建设大东亚共荣圈，加强北方国防力

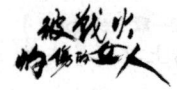

量作贡献……"

静子又兴奋又骄傲地将信捧在胸前。

小村见状,满脸欣羡地说:"小姐,我真的好羡慕松田先生。听说满洲那个地方到处都是大豆高粱,到了那里根本就不用干活,每个人都可以当大地主。"

静子撇了她一眼:"你从哪听说的?"

"广播呀。还有,现在满大街都是标语和游行的人群,大家都在积极申请参加什么开拓团呀、大和义勇队呀,都想去满洲挣大钱、当大地主。小姐,我可是做梦都想去满洲呢!"小村手舞足蹈地说。

静子坐起身,将信看了又看,小心翼翼地装进了信封里,然后漫不经心地问小村打算用什么途径去满洲。

小村向四周看了下,放低声音回答:"参加花嫁团,去满洲嫁给那些开拓团的团员就可以了。"

静子眼神一亮,转向小村:"这样真的可以去满洲吗?那我跟你一起去。你去嫁人当大地主夫人,我去找我的丈夫。他是学生物的,可以改良环境,我是学医的,可以去救治病人啊!"

小村兴奋地说:"真的?那太好了!小姐,我们什么时候去报名啊?"

"你赶紧再出去打听打听,我现在就写信把这个消息告诉三郎。对了,这事千万不能让我父亲知道。"

2/ 花嫁团里的寻夫者

一小队日军正往杨家店的方向走去,领队的是松田和山本,他们各骑着一匹马。

太阳有些炫目,松田勒住战马,一边用手遮挡太阳,一边打量眼前的风景。美丽的白雪让他对新婚妻子突生了想念,他不由地喃喃自语:"亲爱的静子,我今天又要去采集标本了,这是第三次执行这样的任务……"

与他一起停下的山本听到了他的话,猛地拍了一下他的肩头说:"松田君,我真的很佩服你的表达力。哈哈!"

松田怔了一下,立刻恍然大悟:"山本兄,保密可是我们铁的纪律。再说,如果我不这么写,你那关我也过不去呀。"

山本听完哈哈大笑,轻轻夹了下马腹,很快就跑到前面去了。

吴三省等人早已经在路边等候了,远远见到山本就开始媚笑:"太君,时候不早了,我们开路吧。"

第一章 | chapter |
新婚离别，踏上异国寻夫路

杨大娘不知打哪事先得到了消息，在杨家店村口手敲铜锣，大声呼喊："吴三省又带了眼镜松田抓人来了！"

乡亲们从前还会气急败坏地骂人，现在只要一听到眼镜松田来了，都只顾着逃窜。大人们慌张地抱着孩子，拿着农具往屋里躲去，村子里登时一片混乱。小孩们害怕地哭了起来，但很快就被大人们惊慌地捂住了嘴巴。

吴本正躲在一面半塌的矮墙后面，忿忿地注视着不断敲锣呐喊的杨大娘，心里念叨：嚷，往死里嚷，一会就让我儿子把你这老不死的抓起来！

杨五爹原本正和老伴坐在炕桌前逗着不满一个月的孙子玩，听见了杨大娘的敲锣声，立即警惕起来。"你们听，日本人又来了！上次抓进去的人到现在一点消息都没有了。秀芬，你赶紧抱着小豆子……"

"爹，怕他们干啥！这是咱们自己的家，再说了，咱们都是些老人孩子，又没有劳工，他们来了又能怎么着？"韩秀芬嘴上虽这么说，但还是放下手里的疙瘩汤，紧张地抱起儿子。

婆婆听到媳妇的话，霎时红了眼眶："秀芬啊，咱们家可真是亏待你了，小豆子他爹……"

"娘，您放心，奎哥是个做大事的人，早晚把日本鬼子……"她话还没说完，就被婆婆捂住了嘴。

婆婆惊恐地看了看门外，见没有人才松开手。秀芬却没有丝毫胆怯，还笑着说没事，转身撩起衣裳给小豆子喂奶。

杨大娘见村子里已经看不到人了，才匆匆回了家。一进屋，就看见老伴杨老槐和一双儿女还围着炕桌像没事人似的，她赶紧催儿子女儿都躲进地窖里去。

"这个眼镜松田，他抓走的人，一去就没了音信，也不知道去哪里修工了。这么快又来了！"二儿子杨长水抱怨说。

"哪儿那么多废话，赶紧带你妹妹下地窖去！"杨大娘见儿子还不动身，语气也凶了，杨长水只好带着妹妹长燕进了地窖。

日本兵进村后，挨家挨户地踹门，不开门就用刺刀从窗户和门缝里往里扎，直到把门扎开为止，口中还不断骂着脏话。顿时，整个杨家店鸡飞狗跳，一片混乱。

没一会儿，杨家店所有的村民都被日本士兵赶到了空地上，女人和孩子紧张兮兮地站在后方，男人们站在他们身前。

山本站在弹药箱子垒成的台子上，气势汹汹地望着大家。松田则站在一旁，满脸孤傲。松田扶了扶眼镜，示意吴三省发言。吴三省对大家喊话："为了防止苏俄的进攻，皇军需要修整更多的工事，劳力的工钱非常优厚，希望大家踊跃参加……"

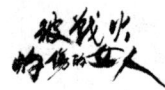

人群里的杨老槐狠狠地踩脚，指着松田的鼻子大喊："我们村的人你们带走了好几拨，说的好听，可是那些人一点音信都没有了。到底是咋回事，今天必须说明白！"

他这一说，村民们似乎也有了气魄，跟着呼喊起来。杨大娘也喊道，杨家店的青年劳动力已经全部被他们抓走了，只剩下老的小的了。

吴三省转身对山本叨咕了几句，山本一个箭步冲上去把杨老槐揪了出来，用蹩脚的汉语嚷道："你家有两个儿子，统统交出来！"

杨老槐毫不畏惧，高声说："我家的是儿子，是中国人不是走狗。"吴三省一听这话就知道是骂自己呢，冲上去狠狠甩了他一耳光，眼珠子都要瞪出来了。

秀芬抱着儿子从人群里冲出来，大骂吴三省是个汉奸。

吴三省气不过，又对山本耳语几句，山本就让人把杨老槐和杨五爹等几个人拽了出来，还派人从地窖里搜出了杨长水。

日本士兵用绳子把抓到的男人捆了起来，很多人冲上前反抗，但都被刺刀刺伤了。最后，大家只能眼睁睁地看着日本人把那些男人带走了。

韩秀芬怀里的小豆子突然哇哇大哭起来，其他的妇女孩子也都大哭起来，整个杨家店一片凄楚。

回范家屯的路上，几个汉奸押着杨家店的人跟在日本士兵后面，吴三省和他爹骑着毛驴跟在他们身后。吴三省一脸的春风得意："爹，你别待在杨家店受那帮姓杨的排挤，跟我去范家屯住吧，吃香喝辣的，还有暗门子伺候呢！"

"屁话！那地和房产还要不要了，杨家店是个土匪窝，咱那家业我可不放心。"吴本正啐了儿子一口，想着自己家的家业。

"他们才不是土匪！我听说，杨长山他们那帮子人都是抗联……"吴三省小声说。

"管他什么联！别惹着我们就好。"吴本正说。

前面骑着马的松田格外兴奋，他自言自语地说："亲爱的静子，我今天采集标本非常顺利，这里的中国人就像日本的'皇民'一般顺从……"

正说得一脸得意，突然一声枪响，松田身边的一个士兵倒了下去，日本兵立马戒备起来。

大路两边的山坡上响起一阵阵呐喊声，接着子弹纷纷而至，日军一片混乱。日本兵朝着两边胡乱开枪，但是因为他们在明，对方在暗，所以就像被摆好的靶子，被打得苟延残喘，鲜红的血迅速地融进了白雪里，猩红刺目。

松田早就翻身下马趴在了地上，动也不敢动，还拿死去的同伴做遮掩。一颗颗手榴弹在身边爆炸，他感觉到有点地动山摇，日军不断的哀嚎也令他惊恐。

第一章 | chapter 1
新婚离别，踏上异国寻夫路

马背上的山本拔出战刀，指派了两人去保护松田，然后指挥着无头苍蝇似的士兵们做无谓的反击。

这时，两侧山坡上犹如神兵天降一般，出现一批身披白色斗篷，脚踩滑雪板的抗联战士，他们飞一样地边开枪边往日军的方向冲来。

冲在最前面的是杨长山，他高声呼喊：“兄弟们，跟我冲啊！”

吴三省吓得把他爹拉到一棵大树根旁，在枪林弹雨中向山本一郎跑去：

"太君！太君！他们是抗联！咱们赶紧撤退吧！太君……"

吴三省还没喊完，就被杨长山一枪击中头部，当场气绝身亡。

山本一郎看抗联来势汹汹，也顾不得受伤的士兵，大喊着："撤退！撤退！"

松田趁乱爬上马，使劲一踢马肚子，率先跑了。山本也狠狠甩了几马鞭，带着仅剩的十来名日军仓惶地往范家屯的方向跑去。身后的抗联仍然朝他们不断开枪，十来名日军在逃出射击距离之后，也只剩下了三四个。

山坡上，抗联长怀支队的战士们看着仓惶而逃的日军，忍不住齐声欢呼雀跃，原来是杨大娘通知了杨长山。

山坡下，吴本正抱着儿子的尸首悲痛欲绝，嘴里诅咒着杨老槐一家人，发誓一定要给他儿子报仇。

逃回营地后，山本大发脾气。然后，他便带着受惊的松田来到俱乐部，说要给大研究员压压惊。

包厢内，松田心有余悸，他脑海里还放映着方才战乱的场面。他将手里的酒一饮而尽，心里念叨："亲爱的静子，我突然发现，满洲并不像我想象得那么可爱，你还是不要来了……"

对坐的山本一郎看出他的心思，嘴角泛起一丝坏笑，冲门外拍了拍手。拉门应声自两边拉开，一个浓妆艳抹的慰安妇跪在门外。她叫朴成姬，朝鲜人。

松田看着眼前跪着的女子，瞬间有些怔滞。她羞怯地举起酒杯要敬松田，松田不置可否，端起面前的酒杯再次一饮而尽。山本看着他笑了笑，然后自动退出了房间。

第二天一早，松田接到静子的信，知道她隔天就从东京港上船，两天后到达葫芦岛，请他务必去接她。松田又想起了昨天不绝的枪声和浸入雪地里的猩红，心里涌起一阵不安。不久，实验室里又传来中国人的连连惨叫声。

一艘挂着日本国旗的巨轮正在大海中颠簸摇曳，犹如一条乘风破浪而来的巨鲸。

就快到目的地了，船舱里的姑娘们都兴奋地涌到了甲板上，顿时聒噪一片，她们的面庞被夕阳晚霞照映得艳若桃花。

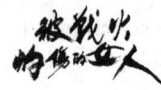

站在甲板最前方的小村，突然跺脚兴奋地大叫了起来："姐妹们快看啊！前面就是满洲大地！"

姑娘们顺着她手指的方向看去，果然在云水交汇处隐约看到了村庄、田野，还有成群的牛羊。她们更加雀跃了，一时间整个船上都是她们的呼喊嬉笑。

小村出神地凝视着云雾那边的情景，开始幻想蓝天白云之下，她挽着中野川的手臂，走进满是大豆和高粱的庄稼地里。她完全沉浸在了美好的幻想之中，许久才清醒过来。她喊着："效忠天皇，天皇万岁！"

姑娘们都跟着一起喊起来：

"响应国策，移民满洲！"

"日满不分，一德一心，建设道义社会！"

小村越喊越兴奋，居然还掏出匕首，滴血入海，以示对天皇的效忠。姑娘们也都纷纷效仿。她们一边滴血，一边高喊着要报效祖国，扎根满洲。

在甲板后方的船舷上，面容清秀而苍白的静子一个人坐着，似乎听不见其他人欢乐的呼喊。她面对轮船行驶的方向，双手合十默念：

"亲爱的父亲，请宽恕静子的不辞而别。我知道您不让我来满洲，是怕战乱伤害到我，可是我别无选择，我必须和心爱的人三郎生活在一起……"

她从怀里掏出一张照片，低头凝视着，这张照片和松田临走时所带的照片是一样的。

"亲爱的三郎，我来了，我们将在富饶的满洲开创我们的新生活……"

静子望着汪洋大海，眼神充满憧憬。她不禁心想，多亏小村帮她伪造了身份证明，还替她保守已婚的秘密，她才可以顺利上船。

这时，小村跑过来站在她面前，满脸的愤怒："静子，姐妹们都滴血向天皇表示效忠，你却一个人躲在后面偷偷看你……你的照片，你不觉得这样很卑鄙吗？"

小村语气凶狠，身后跟来的几个姑娘也不满地看着静子。

"你是在和我说话吗，小村？"静子收起照片，诧异地看着趾高气昂的小村。

"是啊，我的静子大小姐！从前我是你的佣人，在你家受了不少气，但今时不同往日，现在我是组长你是团员，你得归我管。你最好给我老实一些，别想要什么花样！"

小村瞪了她从前的女主人一眼，就带着姑娘们继续去讲述满洲大地的美好了。

静子愣愣地站在原地，不可思议地看着小村的背影，随后无奈地笑笑，转身进船舱里去了。

第一章 | chapter 1
新婚离别，踏上异国寻夫路

3/ 码头之约

　　港口外围戒备森严，全副武装的日本宪兵三步一岗、五步一哨。松田三郎已经在码头守候许久了，他焦急地守望着大海上来来往往的船只。一只货轮驶来，码头上围观的士兵们举着日本国旗高声呐喊，松田知道，他终于要见到心爱的妻子了。

　　"请问这艘船是日本开拓团的吗？我来接我的妻子。"松田非常兴奋，忍不住向一旁站岗的宪兵确定。

　　"是开拓团的没错，不过你妻子怎么会在船上，这些可都是要嫁给开拓团的新娘啊。"宪兵看着愣住的松田，忍不住大笑。

　　货轮大副吩咐姑娘们提好行李准备下船。小村把自己的行李丢到静子面前，趾高气昂地吩咐她拿行李。静子无奈地照做，她趔趔地提起沉重的行李向前走。

　　"还早稻田的大学生呢，一点行李都拿不动！蠢货！"小村骂骂咧咧的，空手下了船。

　　松田看船已靠岸，正想走过去，却被宪兵拦下，说没有通行证不能进去。他拿出证件，说自己是天皇的军人，是驻满洲第100部队的研究员，可宪兵就是不放行。松田气恼地拔出枪，可还没举起来，身后就传来一声巨响。

　　码头中心的简易木台被手榴弹炸开了花，原本喜悦热闹的人群顿时慌了神，大家都自顾自地逃窜起来。松田拼命地在混乱的人群里喊着静子的名字，却怎么也看不到她的身影，他被人撞倒在地。

　　刚下船的姑娘们在不断的爆炸声中嘶喊哭闹，被士兵们拉着拖着往开拓团的大卡车跑去。静子一边跑，一边朝四处大喊着松田的名字。一具被炸飞的半残尸体，将跑在静子身旁的一个女孩压倒在地。静子虽然很害怕，但还是迅速地帮她把身上的尸体移开，拉着她上了卡车。

　　车很快就启动了，几个来不及上车的姑娘被留在了混乱的人群里，很快就看不到了。

　　静子泪水滂沱，仍不死心地对着车窗外喊着松田的名字。她还是第一次见到如此血腥的场面，听士兵说，是被抗联袭击了。她看着硝烟弥漫的港口，也不知道松田有没有在里面，会不会有事。

　　被尸体砸到的女孩千岛，望着身上的血迹呕吐不已，然后开始大声哭喊。其他慌神的女孩也跟着大哭，车舱内哭喊一片。

　　这天，杨大娘去范家屯赶集。刚买着一篮子鸡蛋想往回走，就看到杨长山和杨奎

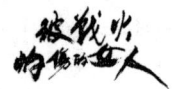

他们背着两个包袱，略显戒慎地望着前方正在巡逻搜查的几个日本兵。杨大娘猜想他们定是带了家伙怕被查出来，便过去向儿子使了个眼色。杨长山会意，几个人跟在杨大娘身后往前走去。

"干什么的！"日本兵拦住了他们。

"我们是马贩子。"杨大娘答道。

"马呢？"日本兵举起刺刀对准杨大娘。

"没好马，没买到。"这个年近五十的妇人，面对士兵的刺刀，依旧泰然自若。

日本兵要翻查杨长山他们的包袱。杨长山配合地解开他的包袱，露出里面的笔墨纸砚和账本。日本兵正要往下翻，杨大娘往前一挤，一篮子鸡蛋全都摔在日本兵们的脚上，弄得脏兮兮的。

"八嘎！"日本兵哇哇骂起来。

"不好意思，我来帮你们擦擦。"杨大娘上前帮忙，却"不小心"弄得更狼藉了。

"滚滚滚，快滚！"日本兵气得用枪指着杨大娘等人，让他们马上滚。

就这样，一帮人成功地带着枪躲过了搜查。

谁曾想，方才这一幕全被一名汉奸看在眼里，他偷偷跟上了杨大娘一帮人。

警觉的杨大娘马上就发现了身后的狗腿子，她跟儿子商量片刻就决定分道而行。杨大娘继续往前走，她得代替儿子去范家屯车站见个人。杨长山和杨奎他们则拐进了一个小胡同，准备伺机干掉盯上他们的汉奸。

杨大娘坐在车站包间里等了许久才见有人来，但来人一见她掉头就走。

"是找买马的吗？杨老板有事脱不开身，是他让我来的。"杨大娘突然出声。

警察局长方宝胜停下脚步，转身仔细打量了眼前的妇人，然后走到她身边："告诉杨队长，五天后有车军火到范家屯，具体的消息等我再通知。"

杨大娘点点头，从口袋里掏出一卷钱给他。方宝胜摇头："现在都什么时候了，我不能收钱。"

"为了你一家老小，小心行事。"杨大娘把钱塞进他的手里，转身离去。

包房内，山本笑着端起酒杯："松田君，别生气了，我敬你一杯。"

松田原本阴沉的脸突然变得凶狠，他大手一拍桌子，骂道："要不是那些可恶的中国人，要不是他们那几颗手榴弹，我也不至于找不到静子。"

"所以你一回来就干了个通宵？"山本的语气虽有些调侃，但一想起昨晚在实验室被拿来当试验的那一大拨中国人，心里还是有些震惊。

松田站起身来，说："对，我就是要让这帮人尝尝我们大日本帝国的厉害，看看他们还敢不敢再骚扰我们……"他突然看向在角落里弹琴助兴的朴成姬，语气凶狠地

第一章 | chapter 1
新婚离别，踏上异国寻夫路

吼道："对了，还有你们这帮高丽人，你，给我爬过来！"

山本登时哈哈大笑："好，松田老弟，你越来越有帝国军人的气魄了，明天我就去帮你问问，看看今天下船的人是不是去了新京……"

朴成姬屈辱地爬了过来，双手微颤颤地端起一杯酒："太君，请喝酒。"说完就要先干为敬。不料酒杯刚到嘴边，突然一阵作呕……

开拓团的几辆大卡车颠簸了许久之后，终于到达了新京。疲惫惊慌的花嫁团姑娘们鱼贯下车，在院子里排列整齐。一名矮胖的军官走过来，举着喇叭对她们喊话：

"我是你们的团长加藤久仁，从今天开始，你们就都是大日本帝国的战士了，你们必须要牢记你们的身份，时刻准备效忠天皇。"

说完，他朝身后一挥手，几名日军给每个姑娘发放了一本手册。

加藤久仁继续喊话："这本手册是日本关东军司令部印发的《日本人在满洲服务须知》，也是你们在满洲的行为准则，你们今天晚上必须要背下来，听明白了没有？按照规定，你们在新京停留三天，接受简单且必要的培训，而后将乘火车前往黑龙江的依兰。"

姑娘们一听还要前往依兰顿时没了力气，人群里还有人晕了过去。台上加藤久仁依旧喋喋不休地念着纪律："在新京期间，不许请假，不许外出，不许通信，不许……"

开拓团的临时驻地是一间空置的厂房，姑娘们坐了很久的船，在港口经历了炮火的袭击，又在车上颠簸这么久，早已经累得不成样子了。她们各自收拾东西准备休息。小村不停地指使静子做事，以报复她在根岸家做工时所受的屈辱和辛劳。

姑娘们还没收拾好东西，加藤久仁就带着戒备部长中野川进来了。

原本疲惫不堪的小村听到中野川的名字后，顿时精神抖擞："你就是中野川？你真的是中野川？我是小村家的，是你的未婚妻。"

小村说着就要扑上前去拥抱中野川。她自小便和中野川家有婚约，之所以想来开拓团，正是来找中野川成亲的。

面前这个粗俗的女子竟然是他的未婚妻，中野川有些难以接受。

"既然是中野君的未婚妻，那就帮忙管理花嫁团吧。你识字吧？"加藤团长说。

小村摇了摇头。

"她不识字，要怎么管理？"中野川不屑地说。

"我不会，她会呀，她可是根岸家的大小姐，还是早稻田大学毕业的呢。"小村跑到人群中，一把将静子拽了出来。

"根岸家的大小姐怎么会来花嫁团呢？"加藤和中野二人狐疑地瞧着美丽的静子。

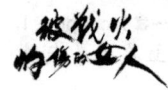

静子正要回答,小村狠狠揪了一下她的后腰,抢着说:"静子小姐是为了报效祖国才来的。"

"是的,加藤团长,我是为了报效祖国才来的。我……我有个表哥叫松田三郎,他在驻满洲第100部队。部队驻地在范家屯,好像离新京不远,我想请一天假去看他……"静子眼看正是机会,便接着小村的话说,可是越说越心虚。

加藤看了一眼她期望的眼神,以"花嫁团有纪律,规定不能外出"回绝了静子的请求。然后,二人匆匆离去。

小村见负责人一走,就命令大家立刻睡觉,还吩咐静子必须帮她背下行为准则,否则就不帮她去找丈夫。

月光下,静子握着手中的《日本人在满洲服务须知》,虽然身体疲惫不堪,但未平的心绪无法让她入睡。今天,发生了很多让她意想不到的事。

4/ 杨家店的汉奸

静子在加藤和中野川面前流利地背下了行为准则,致使小村被中野川羞辱了一番。小村更加嫉恨静子了,分配劳务时对她格外"照顾"。

静子提起小村答应帮她找松田的事,她也故意转移话题。被静子追问得烦了,她就抱怨说:"我答应的事一定会去做,不像你家,答应给我涨工钱却一直不兑现。哼!"

静子忍气吞声,一个人默默洗着小村派给的一大堆要洗的衣服。中野川瞧着四下没人,走到静子面前,借口说要帮她洗衣服,却趁机一把抓住她的手。

"中野君,请不要这样!"静子惊慌失措,用力挣脱开中野的手。

中野干笑两声:"哈哈,真想不到,根岸家的大小姐也会来参加花嫁团!"

中野向静子走近了两步,险些贴着她的脸,吓得静子连连后退。静子哀求道:"中野君,请你帮我去找我表哥好吗?"

中野川邪邪地靠近静子:"可以啊,嘿嘿,只要你跟我……"

正当这时,小村阴着脸出现了。中野退开两步,交代一声好好工作,便愤愤地走了。

小村生气地看着静子那张漂亮的脸蛋,大喊着男人没一个好东西,还威胁她不准再接近中野川,否则就不再帮她找松田三郎。

"看什么看?走,跟我一起去给勇士们绣护身符。"小村看静子一直看着自己,不满地说。

宿舍里,静子因为不善刺绣,总绣不好"祈武运长久"这几个字。小村一把扯掉静子绣的护身符,吼着说:"笨蛋!不会绣就用血写!"静子委屈地捡起布条,咬破了手指,指尖的刺疼让她心酸落泪。"三郎,我好想你。"静子在心中默念。

杨老槐家,杨长山和一帮抗联同志则在商量着行动计划。他们已经证实方宝胜的消息是可靠的,只等两天后拿到军火,就可以进攻日军驻满洲第100部队了。

"长山,明后天你们都有任务,我去村口把站岗放哨的小高换回来。你们吃完东西,好好休息休息。"杨大娘整饬完一大桌吃的,披了件棉袄准备出去。

"娘,辛苦你了。"杨长山认真地说。

"辛苦啥,不只是因为你是我儿子,更因为你们抗联干的都是帮咱中国人打鬼子的事。"杨大娘说得一脸实诚。

杨大娘到村口换回了小高,她打起精神在村口附近巡视着。

吴本正看到正在放哨的杨大娘,明白杨长山他们此时就在杨家店。他回想起儿子倒在他面前的场景,不知不觉十指紧紧掐着手心,终于找到机会报仇了。

吴本正等到了半夜,趁着杨大娘看向别处的时候,翻出矮墙,急匆匆朝着范家屯的方向跑去。

月光从窗口的缝隙里洒落下来,山本一郎早已经进入梦乡。睡在他身边的朴成姬悄悄地爬起来,小声地穿了衣服,蹑手蹑脚地开了门,惊慌地朝铁丝网跑去。还没等到网边,探照灯照在了她身上,放哨的士兵发现了她。

"站住!再跑,我就开枪了!"士兵边追边喊。

成姬一心想逃离这个魔窟,任凭士兵怎么喊她都不停步。士兵对准她身旁开了两枪,她双腿一软,吓得倒在地上,被追上来的士兵给拖了回去。

审讯室里,山本还穿着睡衣,一脸愤怒地用皮鞭抽打着成姬。成姬浑身是血,头发散乱不堪,不断哭喊着:"太君,你饶了我吧,我怀孕了,求你饶了我吧……"

山本一听,抽得更厉害了,大骂道:"谁让你怀孕的,你知道慰安妇怀孕的下场吗?"

这时,吴本正被士兵带进来,刚好看到山本一郎抽出战刀对着朴成姬,他吓得腿发软。

"队长,这个中国人是吴三省的爹,他说有重要情报!"

吴本正哆嗦地走上前,在山本耳边细细说着。

"你大声点说!杨长山真的带着抗联小分队进村了?现在在杨家店?你知道欺骗皇军的下场吗?"

山本的战刀在吴本正面前晃悠,吓得他扑通一声跪在地上:"我哪敢欺骗太君,那杨长山杀了我儿子,我和他有不共戴天之仇。太君,我给你带路,要是没有你就杀

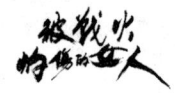

了我!"

山本看了一眼吴本正,点点头说:"你,大大的良民,这个女人就赏你了。"说完又转身吩咐一旁的士兵:"立即集合,出发向杨家店!告诉松田先生,明天不能陪他去新京找他妻子了。"

松田得到消息后,双眼充满怒火,一拳打在桌子上:"又是可恶的中国人,看我怎么收拾他们!每人配发两枚毒气弹!"

士兵递过来一个用血写的白布条,说是花嫁团那边的人做的护身符。松田只看了一眼就生气地扔在地上,除了静子,他现在什么都不想要。

天蒙蒙亮,吴本正领着日军悄无声息地摸到杨家店前面的田野上,山本打算分两队前后夹击。

村口放哨的杨大娘守了一夜,一脸困倦,正想揉揉眼睛提个神,突然看到远处人影晃动。定睛一看,她立刻清醒了,用尽全身力气敲着手里的铜锣:"鬼子又来了!鬼子又来了!乡亲们!"

日军循声开枪,杨大娘灵活地躲在大树后。

杨长山听到声响,一骨碌翻身起来,抄起手枪就冲了出去,其他战士也都闻声而动,往村口方向跑去,途中各自寻找掩护。

在村路上奔跑的杨长山,遇到了往回跑的杨大娘和杨奎。杨奎举着枪大声说杨家店已被日军包围。说话间,密集的子弹打得他们身边的土屑横飞。杨长山立刻发出命令,说南方枪声弱,让杨奎从南方冲出去。杨大娘立即拦住,说村南的路上月被河水冲塌了。杨长山没了主意,焦头烂额地看着乡民们四处乱窜,日本人的子弹像雨一样射进村子。

"跟我走,我知道还有路可以逃出去。"杨大娘突然想到了什么似的。

杨长山带着抗联小分队跟上临危不乱的母亲。杨奎一直在队尾掩护,快要撤退出村子的时候被日军一枪击中了腿部。他紧紧咬着牙,继续保护其他人的安全。

"大侄子,你的腿……"杨大娘往回走了几步。

"大娘,我没事,你们赶紧跑。别管我……"杨奎咬着牙说。

杨大娘只好快步跑到队伍前面,领着他们一起拐进山坡下的树林里。

松田和山本已经进村了,一个士兵气喘吁吁地跑来报告说,抗联小分队全部逃走了。山本眼角一抬,满脸怒气地大喊:"搜村!把所有的人都集中到这里来!"

一时间,杨家店鸡飞狗跳,哭喊声震天响。

日军顺着血迹找到了藏在草垛里的杨奎。山本邪恶地笑着,命人扒光了他的上衣,然后用绳子捆起来吊在树上,一旁烧着熊熊篝火。杨家店的男女老少都被集中在空地上,他们抬头瞧着吊起来的杨奎,心里难过极了。

第一章 | chapter |
新婚离别，踏上异国寻夫路

山本双手背在身后，抬头看着杨奎说："说！抗联小分队在哪里？"

杨奎冲山本脸上啐了口口水，骂道："该死的日本鬼子，杀了老子，老子也不会告诉你！"

"找死！"一旁的士兵转身取出篝火里烧红的铁钩子，狠狠地烫在杨奎身上，发出嘶嘶的声音。杨奎疼得双手紧握，忍不住叫出声来，妇女孩子们看了都大哭起来。杨五爹看着儿子遭罪，冲上前去想说些什么。松田误以为他要造反，迅速掏出手枪朝他胸口连开两枪，杨五爹应声倒在了血泊中。

看到老伴被打死，韩秀芬的婆婆哀嚎着，抹了眼泪冲出来，还没走到老伴跟前，就被松田一枪打中了脑门。

山本再次逼问杨奎，杨奎看着地上死去的父母，怒红了眼，却仍然一个字都不说。山本举起枪对准他的右腿开了一枪，韩秀芬发疯似的冲上来，死命踢打撕咬，哪知怀里的小豆子却被山本抢了去。

山本双手高高举起小豆子，威胁吊在树上的杨奎说出抗联小分队的下落。杨奎咬牙不语，不满一个月的儿子立马被狠狠地摔到地上，从脑后流出一滩鲜血。

"啊！小豆子！我的小豆子！"韩秀芬冲上去抱起儿子幼小的尸体。

乡亲们实在看不下去了，纷纷冲上前去。日军的枪声不断响起，冲在最前面的乡亲和杨老槐都倒在了血泊中。韩秀芬突然从地上挣扎起来猛扑上去，嚎叫着掐住山本的脖子，一把刺刀刺进了她的后背，她也倒下了。

愤怒的山本捂着脖子，朝吊在树上的杨奎开了一枪，杨奎梗着的脖子软了下去，嘴里吐出鲜血。

山本和松田都不打算放过杨家店的老老少少。"我军做好保护措施，投放毒气弹之后，立即撤退！"松田大声下令。

村民们，不懂松田在喊什么，只看到小鬼子们都用一个罩子罩着脸，然后向他们扔过来冒着烟的炸弹。烟雾让他们看不清任何东西，眼睛、鼻子和喉咙都感到疼痛难忍。

日军看着那些村民一个一个倒了下去，猖獗地大笑起来。哭声、喊声、求救声在田野间四处飘荡。日军们带着施暴后的变态快感，列队返回了范家屯的驻地。

村子对面山坡下的树林里，杨长山等人听到乡亲们的哀嚎，都忍不住要冲回去。

杨大娘甩了杨长山一嘴巴子："混账东西！你们也去了，谁给乡亲们报仇啊！"杨大娘老泪纵横，对儿子狠狠骂道。

"我们在村里的消息，一定是有人偷偷向松田报信的。"杨长山抹了抹眼泪，心里暗暗发誓，找到这个汉奸，一定让他血债血偿！

躲在地窖里的杨长水和杨长燕久久未听到动静，心急跑了出来。杨家店一片死寂，

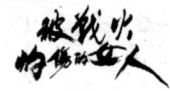

毒气还未完全散去。他俩和一些还活着的人捂着鼻子寻到空地,看着家人和乡亲们的尸体,哭得歇斯底里。

躺在地上的韩秀芬的手突然动了一下,杨长燕惊喜地奔跑过去抱起她,探了探她的鼻息,高兴地大喊:"秀芬姐还没死,她还没死!"

5/ 错失良机

开拓团的宿舍里,小村一早醒来后,发现静子不见了。

小村立刻四处寻找,丢了人她这个管理者怎么跟上面交代。她在临时驻地不远的街上堵到了背着包袱正在找路的静子。小村揪住静子的胳膊,扇了她一个耳光,将她往开拓团的方向拖,扬言要把她交给团长处置。

静子声泪俱下,苦苦哀求,小村却毫不妥协。静子从包袱里掏出两件首饰,塞给小村,说自己只是想去见三郎一面,见完就回来。小村看着手中华丽的首饰,想了想,放了手,但是警告她必须在天黑前赶回来,不然就告发她欺瞒已婚身份参加花嫁团的罪行。

静子拿着一张写着"范家屯100部队"的中文字条,好容易才找到驻满洲第100部队的驻地,守门的哨兵将她挡在门外。

"我是来找一个叫松田三郎的,他在这个部队做研究员。"静子对他说。

"松田上尉跟着部队出去作战了,还没回来。"哨兵口气不佳。

"我能进去等他吗?"静子恳求。

"这里不允许任何无关人员进入。快走,快走,不要在这里碍事。"哨兵不耐地赶人。

静子站在驻地前犹豫不决,眼看天色快暗了,想起临行前小村的警告,只好无奈地往回走。

静子刚走出不远,便听到后面传来了清脆的枪声。她回头一看,一个遍体鳞伤的女人向着她的方向跑过来。

"救救我,日本人正在追我,他们要杀了我。"看见静子,朴成姬扑身上来哀求道。她是趁着士兵大都被调去了杨家店,暂时没人看管她,偷偷从窗户爬出来的……

静子听到这话,扶着她躲在树后。静子一边小心观察着周围的动静,一边打量着这个狼狈的女人。

成姬小声向静子解释了自己的情况。

"什么!慰安妇不能怀孕?"静子非常震惊。

"按照惯例,怀孕的慰安妇都要被处死。" 成姬泣不成声。

"我们大日本国军人不是要在这里建立王道乐土吗,他们怎么可以这样……"静

第一章 | chapter 1
新婚离别，踏上异国寻夫路

子双眼迷茫地看着这片大地。

等了一会，看没什么动静，静子便搀扶着成姬走出来，两人沿着路边朝前走。成姬伤得很重，稍走一会就气喘嘘嘘，静子正想扶成姬坐下来休息一会儿，身后响起了摩托车的声音，日军又追上来了。

迎面来了一辆马车，静子慌张地伸出双手拦下了它。

马车的主人是百草堂的大夫范智博，他看着满身伤痕的成姬和双眼真诚的静子，又听到越来越近的摩托车声，顿时明白了。他立刻跳下车，扶着受伤的成姬上了车。

静子要回开拓团，并且想要拖延住追来的日军，便没有上车。范智博就载着成姬走了。

日军的摩托车在静子身边停下，向她盘问是否见到一个受伤的女人。静子摇了摇头，转身离开往新京的方向走去。日军也继续向前搜索。

范智博将几近昏厥的朴成姬带回了百草堂，妻子冷筱云问明成姬的来历后，便帮她仔细照料伤口。

成姬是朝鲜人，药店又龙蛇混杂不安全，范智博正在想着怎么安顿成姬。范老四恰巧从药店门口路过，进来跟范智博打声招呼，范智博一寻思，便让范老四将成姬领回了家。

开拓团里，团员们都排成队，谁都不知道静子去了哪里。中野川对小村大发脾气，并且斩钉截铁地告诉她绝对不会与之结婚后，便拂袖而去。

"就你还想娶根岸家大小姐吗？做梦去吧你！"小村朝着中野川的背影骂道。

静子回来时，加藤团长已经拿着鞭子在门口"迎接"她了。他叫人把静子吊在木杠子上，一边抽打，一边警告其他团员逃跑的下场。

中野川在一旁看着心疼，上来劝了两句，团长这才放了静子。

小村在一旁气得直跺脚，看着中野川扶着即将昏厥的静子回房间后，便去了加藤团长那里，把一张带血的白布放在团长面前，哭着说中野川已经占有了她的身子却不同意娶她，加藤愤怒地表示，一定为她主持公道，她才罢休。

屋子里山崎和千岛正在给静子擦洗伤口，小村怒气冲冲地跑进来踹翻了水盆："静子触犯纪律，必须受罚，出去站着。"

不管山崎和千岛怎么劝说，小村依然绷着脸瞪着静子。

静子无奈地走出房间，瞧向美丽的夜空："三郎，快来救我吧。"

中野川被加藤教训过后，被逼着过来跟小村道歉，却发现门外缩成一团的静子。问明情况后，中野川冲进房间就对小村拳打脚踢："你这个恶棍！我怎么可以娶你这样的女人！"

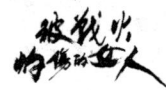

小村抱着头拼命地哭喊救命,其他的团员被吓得尖叫,却不敢拉架,最后加藤团长赶来才制止这场混乱。

深夜,小村等人全部睡去后,静子爬起来给三郎写了封信,让他来救她。她将写好的信装进信封,又照着怀中文字条上的字在信封上描了上去。

第二天,静子趁机将信交给每天来团里掏粪的中国男子门墩。静子跟门墩比划了半天,门墩才听懂她的意思。门墩摇头拒绝,静子从厨房里取了一袋白米递给门墩,门墩乐呵呵地直点头,拿着信就走了。可是一走出开拓团的驻地,门墩就把信给撕碎扔在了掏粪桶里,嘴里嘀咕着:"谁会给狗日的日本人送信啊!"

中午吃过饭后,静子一直精神恍惚,总是幻想着松田三郎骑着摩托车来接她了,可是等了好久都没见到人来。她只好跑去找加藤团长,说想请假去驻满洲第100部队。

"你难道还没有接受教训吗?我们花嫁团是有纪律的,不能外出,不能通信,不能见无关人员。"加藤团长回答。

"可是团长,他不是无关人员,他……他……他是我的……"静子支支吾吾地不知道要怎么说。

加藤斜着眼瞥了静子一眼,"你的什么?难不成是你的未婚夫吗?哈哈。"

"对!就是我的未婚夫。"静子终于鼓起勇气承认,神色也坚定不少。

"你说什么?你知道花嫁团是来干什么的吗?我告诉你吧,我们之所以组织花嫁团,就是要让你们这些花嫁团的团员嫁给我们大日本帝国已经派驻在满洲的几十万开拓团的团员,让你们在这块肥沃的土地上产下我们帝国为之骄傲的'大地之子'。"团长冷笑着说。

"可是小村,她……"

"小村和你不一样,小村的未婚夫中野川本身就是我们开拓团的团员,而且她报名时就说明了这一点。"

静子慌了神:"那……那我可不可以现在退出?"

团长勃然大怒:"不要痴心妄想了。你以为这是在日本国内,在你根岸家吗?我们这是在满洲,是在效忠天皇,执行我们大日本帝国的国策……"

团长把小村叫了来:"从今天起,你给我好好看管静子,一步也不允许她离开驻地。"

"是!"小村得意地瞅着静子。

收了白米的门墩因为高兴而喝多了,在街上转悠时吐出了白米饭,立即就被日军抓了起来,说他是经济犯。门墩吓得半死,说是花嫁团一个日本女人给他的,日军便抓着他去认人,还威胁说认不出来他就死定了。

加藤团长教训完静子后,便将中野川叫了去,命他立刻娶了小村,给花嫁团的姑

第一章 | chapter I
新婚离别，踏上异国寻夫路

娘们和开拓团的团员们做个表率。中野川无奈地同意了。

中野川将小村从静子行李中搜刮出来的首饰掏出来，递给加藤看。

团长拿起一只玉镯看了看："不愧是根岸家的小姐，一看这手镯就知道是上等货。我分析这个根岸静子一定是瞒着家里人参加花嫁团的……你马上想办法给根岸家捎个口信，就说根岸静子在咱们这，如果他们家肯出点钱，咱们就想办法把静子送回日本。"

中野川会意地一笑："明白。"

正说着，外面士兵来报告，说一名经济犯要来开拓团认人。说完就将五花大绑的门墩带了进来……

小村把所有的花嫁团团员集中在一起，静子一瞧见被绑着的门墩就慌了神。他们的眼神对碰后，她更是紧张得双手紧握，目光闪烁。

"是谁给你的大米，你给我认清楚了！"团长厉声喝道，还一脚踹在门墩的背上。

"我认不出来了，认不出来了。"门墩看了一眼静子，突然嚎哭起来。

"大胆的经济犯，你死啦死啦的。"一个日军对门墩嚷道，拉动了枪栓。

静子见状，突然出列，神色慌张地站到加藤团长面前："别开枪！是我给他的大米，是我！"

加藤冲过去一巴掌扇在静子脸上："开拓团的大米怎么可能落在中国人手里。"又转身对军警说："你们别听她的，她脑子有问题，是个疯子，中野君，还不把她拉下去。"

中野川强行拉走静子，她拼命挣扎着回头，她听见门墩大喊一句："要杀要剐随你的便，我们中国的大老爷们从来就不拿女人说事"，就被一枪打爆了头。

看着门墩倒下，静子身子一软，昏厥了过去。

宿舍里，千岛和山崎等人围着静子，她幽幽地睁开双眼，对周围的议论充耳不闻。她想起港口被炸得血肉模糊的尸体，想起遍体鳞伤的朴成姬，想起倒在血泊里的门墩……她惊恐地起身，一声不响地开始收拾行李。

小村拦下她的动作："我的静子大小姐，你还想去哪？你刚刚差点诋毁了开拓团的荣誉。你哪也别想去，团长罚你去伙房烧水！"

伙房里，满脸黢黑的静子突然一阵恶心呕吐，她轻轻地抚摸着自己的肚子，似乎意识到了什么，脸上有了一丝喜悦。

天还没亮，小村就敲锣打鼓地把大家叫起来："起床啦！起床啦！刚得到命令，一个小时以后就要出发去依兰了。"听说依兰跟范家屯相隔上千公里地，到了依兰要再想见到松田三郎可就难了。静子抚了抚自己的小腹，丢下行李向加藤团长跑过去："团长，求你了，让我去范家屯见一下三郎，我可能怀……"

团长看也没看静子，直接打断她的话："上级命令，这次行动，凡是擅自离队、

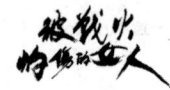

中途脱逃者，一律按叛国投敌罪论处，就地枪决！"

静子被他的话镇住了，想着自己现在也不是一个人了，不敢再说话，匆忙回去继续收拾行李。

很快，一辆辆载着花嫁团姑娘们的、被帆布封得严严实实的军用卡车鱼贯驶出临时驻地。卡车上，小村等人都昏昏欲睡，只有静子没有合眼，她满脸忧郁地想着心事。卡车的颠簸让静子一阵阵作呕，但她只能努力强忍着。

一辆三轮摩托车迎面飞速驶来，与这些装载着花嫁团姑娘的卡车擦身而过。摩托车上坐着的是来新京准备接回新婚妻子的松田和山本，松田好不容易才求得山本出面帮忙。

就这样，两人本来可以见面的机会也失去了。而这次的机会也许是两人今生唯一的机会……

6 / 静子的秘密

花嫁团经过漫长的旅途后，终于到达了黑龙江的依兰。开拓团团员们一个个目光贪婪地看着从车上走下来的姑娘们。

所有姑娘马上都被安排好了住处。

静子、千岛、山崎还有小村被临时安排住进渡边先生的屋里。房间本就不大，还用一张残破的布帘子隔成了两半。静子她们住在帘子东侧，西侧住的是渡边先生和快要生下"大地之子"的渡边太太。

等所有人都睡下，中野川跑到加藤团长的房间，报告说："驻满洲第100部队有人打电话过来询问有没有一个叫松田静子的人。"

中野川和加藤一分析，领悟静子已经在日本和松田成亲了，随了夫姓，难怪她如此坚决地要去找她的"表哥"。

"反正她报名时用的是自己的本名根岸静子，你就回复说没有此人。"加藤想了想说。

中野川有些犹豫不决："可是……这不是欺骗军方吗？松田毕竟是大日本帝国的军人。"

加藤拍案而起，气愤地说："什么可是？要说欺骗也是根岸静子先欺骗了咱们，欺骗了大日本帝国，她必须要为她的这种欺骗行为付出代价。再说，我们也没有义务去帮助军方核实静子报名资料的真伪性，你懂吗！"

"是是。对了，团长，根岸家的信已经寄出去了。"

"哈哈，怎么能让松田找到她呢，她可是我们的摇钱树。"加藤朝中野川笑着说，

第一章 | chapter |
新婚离别，踏上异国寻夫路

两人一副狼狈为奸的模样。

静子躺在炕上，听其他三个姑娘讨论着不久后她们将会嫁给什么样的男人，会不会在满洲大地上做大地主住小洋楼。她没有插话，只是暗自想着心事。布帘那边突然传来了渡边太太的呻吟。

"我妻子可能快要生了，请你们帮我照看一下我妻子，我现在去请大夫！"穿着睡衣的渡边先生突然拉开布帘，跟她们说完这句话就跑了出去。

渡边太太的肚子越来越疼，她开始哭喊起来。

静子起身跑过去，一边给渡边太太擦汗，一边安慰她："渡边太太，你坚持住，医生马上就来……"小村和千岛、山崎在一旁看着，紧张得不得了。

突然，渡边太太大叫一声，昏了过去。

静子掀开被子看了看，脸色苍白地说："她羊水破了。"

不一会儿，渡边太太醒了，又开始哭喊，而且一声高过一声。

渡边先生带着团长赶到，被小村拦在门外。

"大夫呢？渡边太太已经出了好多血了。"静子大声对外面喊道。

"咱们团里就只有一个大夫，原本还是个兽医，恰巧今天中午到另一个屯子给奶牛接产去了。"加藤说。

静子生气地冲出来："那赶紧去找他回来啊。"

渡边先生苦着脸说："往返要几十里，这黑灯瞎火的，就算找回来也得天亮了。你们能不能想办法救救我老婆。"

小村突然惊恐慌张地跑了出来："不好了，渡边太太又昏过去了。"

加藤突然想起静子是早稻田大学学医的，提出让她试试，渡边先生像是抓住救命稻草一样看着静子。静子喃喃解释说自己不是妇产科，不会处理这种情况，而且也没有行医资格。但在大家的逼视和哀求下，静子只好死马当做活马医，答应努力试试。

姑娘们在静子的指挥下，烧水的烧水，止血的止血，忙活了起来。

静子回想着医书中的记载，努力帮渡边太太接生。但渡边太太出血过多，没能挺过去，她肚子里的孩子也没能生下来。

静子呆滞地看着床上已经没有了呼吸的女人。渡边先生趴在床上抱着自己的妻子，哭得痛不欲生。三个姑娘也啜泣不已。

突然，小村冲上前来，揪着静子拳脚相加，怪她不早点去给她接生，所以现在大人孩子都死了。

静子心怀愧疚，任凭小村怎么踢打都无动于衷。

021

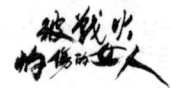

因为房间要留给渡边先生处理他太太的遗体,中野川重新给四个姑娘安排了住所。小村将静子推出门外,要她去外面的积雪上跪着请罪。山崎和千岛替静子求情,小村满脸坚决,脸上带着报仇后的快感。

静子跪在雪地里瑟瑟发抖,她不停地流着泪,风吹过之后,眼睛生疼生疼的。双脚很快麻木了,但她没有起身,想起昨晚渡边太太死去的样子,她心里难过极了。突然一阵腹痛,静子低头一看,自己腿间的雪被血染得通红,红色一点点吞噬着白雪,她却连喊的力气都没有了,只是在心中默念:"三郎,三郎啊,我要死了,我们的孩子要死了……"

千岛不放心静子,出来一看,发现静子已晕倒在雪地里。

中野川听闻消息赶了过来,弄清事情的原委后,他大发雷霆,指着小村说:"小村,你太狠毒了,是谁给你的权利让你这样折磨静子?"

小村刚想要反驳,又似乎想到什么,立刻做出一副可怜兮兮的样子,低下头说:"对不起,是我太过分了,我不该这么对待静子。可能是刚才渡边太太的死和她肚子里的'大地之子'的夭折让我一时难以接受,所以……中野君,你知道吗,我刚才真的有一种感同身受的恐惧,我担心我们的……"

中野川困惑地问:"你感同身受?"

小村点了点头,伸手轻轻地抚摸着自己的肚子:"中野君,自从我们上次……我就一直没有见红,我想可能我们也有'大地之子'了。"

中野川不敢置信地看着小村。

从外面走进来的加藤刚好听到他们的对话,高兴地说要尽快给他们举办婚礼,还要办场联谊会,让开拓团的团员们和花嫁团的姑娘们好好见见面,尽快组成家庭,以便多多繁衍大日本帝国的明日之星。

静子一醒来就听小村通知她这两个天大的喜讯。静子震惊地看着手舞足蹈的小村,虚弱地问:"联谊会?我能不参加吗?小村你明知道……"

"哎呦,我倒是忘了,你可是根岸家的大小姐啊,怎么能跟这帮开拓员成亲呢?"小村出声讽刺。

静子瞪了小村一眼,挣扎地下了床朝门外跑去,不明就里的千岛和山崎面面相觑。

静子来到加藤的房间,中野川借口说要准备下午联谊会的事便出去了。

"静子,你身体好点没?"加藤示意她坐下,故意摆出一副关心的神情。

"多谢团长关心。团长,我今天是有一件重要的事想告诉您。"静子看着加藤,表情坚定且严肃,"团长,事到如今我也没什么可怕的了,要杀要剐我都听天由命。我跟你坦白说好了,我在日本已经结过婚了,我的丈夫叫松田三郎,是驻满洲第100

第一章 | chapter |
新婚离别，踏上异国寻夫路

部队的研究员，我参加花嫁团就是来中国找他的，而且我已经怀上了他的孩子。"

加藤听完勃然大怒，拍案而起："根岸静子，你知道你这么做是在欺骗国家，欺骗天皇，欺骗组织吗？我现在就可以把你交给宪兵队，送上军事法庭！"

静子豁出去了，她双膝缓缓地跪在加藤的面前："团长，我知道我错了，我不该欺瞒组织，可是请您看在我的丈夫也是帝国军人，而且我们已经有了'大地之子'的份上，帮帮我……"

"你既然参加了花嫁团，我就只能视同你未婚，只要你能像其他花嫁团成员一样，我就可以不追究你的责任，你明白吗？"加藤狡猾地说。

静子神情木然，像是在自言自语："从下船的那一刻，我就知道我错了，是我错了，我根本就不该来，我也不配来。"

加藤看着她的样子，心下一软，安慰道："静子，你也别想太多，要顺其自然，只要你按照我说的做，我肯定会帮助你的，好在现在你结婚的事情还没有人知道……"

静子猛然站起，抄起办公桌上的一把军刀，迅速地拔刀对准了自己的肚子："团长，我承认我欺骗了国家，我有罪，为此我愿意接受组织上对我的一切惩罚，但是你们不能让我背叛我的丈夫，不然我现在就剖腹自尽！"她说着，手上一用力，刀锋刺破了衣服，小腹处已冒出血丝。

加藤吓得一头大汗，立即答应，让她放下刀。

下午，花嫁团的姑娘们都打扮得花枝招展，和开拓团的团员们坐在一起玩游戏和唱歌。

静子一个人躲在宿舍角落里落泪："三郎，你究竟在哪里啊？"

第二天一早，小村带领着花嫁团的姑娘们在空地上做体操。

不远处，小菊和其他几名中国妇女在一旁指手画脚地看着。小菊告诉其他人，这些姑娘们做的是"皇国体操"。妇女们调侃地说，一定是她家六斤半夜里告诉她的。小菊的脸霎时染上了红晕。

跳完体操后，小村就开始给姑娘们分工。她安排静子和几个面貌丑陋的开拓团团员去挖水渠，并且命令她挖不完不许回去。一个男团员指着静子说："你们看，那个扛铁锹的女人长得真漂亮啊。"其他几个男人附和道，还不时对静子吹口哨。静子毫不理会，只一心干活，男人还是不断调侃。

傍晚时，尽管静子已经累得浑身是汗，一身泥泞，但小村吩咐的任务还没完成，她只得继续拼命地挖着。

和她一起挖水渠的几个男人，坐下来抽烟又调侃起静子。

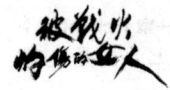

男甲:"跟我们一样把衣服脱了吧,光着膀子干得快。"

男乙:"要不你干脆嫁给他吧,他不让你下地干活,只在床上就行了。"

男人们一阵哄笑,静子头也不抬,挥动着铁锹拼命地挖土。

没多久,男人们就收工回去吃晚饭了,有一个男人走在最后,他见静子依然没有要走的意思,就偷偷地在土堆的一旁躲了起来。

天已如墨般漆黑了,田地间显得十分寂静,静子仍在拼命地挖土干活。她实在是疲惫得不行了,铁锹在她的手里都已经快举不起来了,她只好半锹半锹地往上挖土。身为根岸家的大小姐,她从小到大没做过任何劳力活,现在才知道原来干活是这么辛苦的事。

突然,一个人影慢慢靠近静子,从后面一把抱住了她。

"啊!是谁?放开我!"静子尖叫着,恐惧不已。

男人把静子手里的铁锹抢来丢在了地上,然后将静子压在身下,大力地撕扯着她的衣服。

静子初时拼命地挣扎,后来蓦地安静下来,那男人一时间反而有些不知所措了。静子望着漆黑的苍天,流出了眼泪:"你是男人吗?你就这样对待你的姐妹吗?"

静子无力再说什么,只是茫然地盯着男人的脸,尽管她看不清他的五官。那男人沉默半晌后,念叨着"对不起,对不起",提起裤子逃开了。

静子听着他走远,忍不住趴在地上放声大哭:"三郎……"

7/ 施种"伤寒疫苗"

山崎和千岛见天黑了静子还没回宿舍,便来水渠找她。她们找到静子的时候,她还在不停地挖土,没多久,她突然倒地不省人事了。千岛冲过去抱起静子,看着她双手的血泡,无声地流下泪来。两人将静子抬回宿舍,山崎给静子的手做了简单的包扎。

很久之后,静子才悠然醒来。

"要不,咱们就逃跑吧。"千岛突然哭着说。

山崎想到自从来到满洲后的日子,每天都心惊胆战,还要一直做苦力,她点点头:"跑就跑,总比累死在这要好。要真是死在这里了,我连这个地方的名字都说不清楚,那不成了孤魂野鬼了。"

静子看着眼前的姑娘,陷入沉思,像是在问,又像在自言自语地说:"跑?"

山崎眼神坚定地点点头,跟千岛商量起逃跑的计策。还没探讨出个结果来,就被小村叫起来集合。

第一章 | chapter I
新婚离别，踏上异国寻夫路

篝火旁，两个浑身是血的女人被绑在木桩上，中野川和几名开拓团的警卫牵着狼狗凶狠地站在木桩两侧。

士兵报告人已到齐，加藤团长从团部内走出来，目光凶狠地扫视了一下人群："这么晚把大家集中起来，就是想和大家通报刚刚发生的一件性质十分恶劣的事件……这两个女人擅自逃跑，企图叛国投敌，现已被警卫抓获……"

被绑起来的其中一个女人抬起头，拼命地申辩："我们没有叛国投敌，我们就是想回日本，我们就是想回家……"

静子认识那个女人，是和她一道来的，此前也有交流过几句，看到她现在浑身都是伤，忍不住打了个哆嗦。

"还想狡辩！给我打！"加藤恶狠狠地命令道。身旁站着的两个士兵便奋力地往她们身上抽鞭子，她们连声惨叫。姑娘们看着这两个被打的女人，害怕得不敢吭声。千岛吓得腿一软，倒在了静子怀里。

回到宿舍后，千岛和山崎面如土色，再不敢提逃跑的事。

静子脑海里一直回想着刚才那两个女人全身是血的样子，胃里一阵翻腾，忍不住吐了出来。在千岛的追问下，静子不得不承认自己怀孕了，此时她的小腹已微微隆起，再想瞒也是瞒不住了。

深夜，加藤把小村叫了去，说开拓团的土地已经耕种得差不多了，小村功不可没。

小村面露喜色，但很快又一副为难的表情，说道："谢谢团长夸奖，可是咱们开拓团的地太少了，根本就不够咱们分的，您看能不能再从当地的中国人的手里……"

加藤看了一眼小村，不悦地说："这个不用你操心。我听说当地的中国人最近在闹伤寒，团部为了体现咱们中日亲善的原则，决定从明天开始免费为附近的中国人施种'伤寒疫苗'，你立刻回去找几个会打针的人来。"

加藤看外面没人，对小村意味深长地笑了笑。小村正媚笑地向他走去，山崎突然冲了进来，大声责骂小村，说静子现在肚子都显形了，还让她去挖水渠，实在太过份了！加藤咳嗽两声，尴尬地坐了回去，思量片刻说："既然怀孕了，就别做太辛苦的活好了。静子是学医的吧，就让她去给中国人种'伤寒疫苗'好了。"

静子和几个姐妹身穿白大褂，站在团部门外的一张桌子前准备针剂和消毒用品。几步外，聚集着很多男男女女、老老少少的中国老百姓，大家都好奇地看着静子她们，悄声地议论着。

小菊对身旁的丈夫六斤说："你说日本人说的是真的？打一针就不会得伤寒？"

六斤憨憨地笑着说："我哪知道，我又没打过。"

不知道是谁说静子她们还挺像回事儿，穿着白大褂像镇上的老大夫。小菊立刻接

了话茬儿："穿白大褂怎么了？我们家那头母猪还穿着白大褂呢，浑身上下一根黑毛都没有。"众人一听都哄笑起来。

看静子她们已经准备好了，团长冲着大家鞠了一躬，而后用生硬的中文说道："老乡们，最近在咱们这里出现了伤寒病，我们开拓团本着中日亲善的精神，从今天开始免费给大家接种'伤寒疫苗'，这样就可以有效地预防伤寒病，保证大家的身体健康。因为药品有限，我们目前只能先给每户的男劳力接种，请大家排好队，一个一个来。"

男人们争先恐后地排起了长队。

小菊一推六斤："你还不快去，不打白不打，反正也不要钱。"六斤在小菊的推动下，站进了队伍。

很快就轮到六斤了，六斤看了一眼美丽的静子，嘿嘿地笑了笑，伸出手臂。加藤和中野川一直站在一旁诡异地笑着……

下午，村民们都在自己田里劳作。六斤突然丢掉锄头双手抱着双臂跌坐在田里，嘴里一直念叨着说冷，没一会儿便说不出话来了。小菊连忙招呼不远处的五嫂，打算让五哥扶六斤回家去休息，才得知五哥也不舒服早就回家去躺着了。

小菊看着满脸痛苦的六斤，嘟囔："怎么都不舒服了？"

六斤让小菊和五嫂一起扶回了家，他躺在床上，脸色铁青，身上已经盖了很多被子依然冷得厉害。

五嫂在一旁看着直蹙眉头，她有一种不详的预感，果然不一会儿，一个十来岁的小男孩跑来拉着五嫂说："娘，你快去看看爹，爹快不行了……"五嫂大惊，蹭地站起身跟儿子跑了回去。小菊也吓了一跳，担忧地看着自己的丈夫。

静子听渡边说起，种完"伤寒疫苗"的中国人都说不舒服，还发起烧来。她感到有些奇怪，便跟渡边一起赶到村里来看看。两人赶到时，六斤已经面如土色，在被子里蜷缩成一团。静子替他看了看，大惊失色，说他病得严重，要立即送去医院。渡边用中文向小菊翻译之后，这个农村女人却勃然大怒，硬是把静子和渡边赶了出去，还嚷着说六斤要是有事了，他们也别想活。

静子回到宿舍，和千岛、山崎二人讨论上午的针剂。她还想给自己打一针看看情况，立刻被山崎拦下了。就在这时，渡边惊慌失措地跑过来告诉静子，六斤和五哥都死了，只要是种了"伤寒疫苗"的人都死了。静子一听，手里的针管从手里滑落到地上，她怔了一会儿，就急匆匆地跑出门去了。

圆桌上摆着两个小菜和两壶酒，加藤和中野边喝着小酒边说话。

第一章 | chapter I
新婚离别，踏上异国寻夫路

中野川从口袋里掏出一封信："团长，根岸家已经回信了，说同意付钱。"

加藤拍手大笑："这下咱们可发财了。你马上通知根岸家把钱送到广岛这地址，我们保证会把根岸静子安全送回去。我也不会亏待你的，四六分，这件事要绝对保密，就小村也不能知道。另外，不能因私废公，正事还是要办……"

静子站在门外刚想敲门，就听见了里面的对话。

"你马上带几个人到那些打过针的中国人的村子里摸摸情况，如果不出意外，我们就把那些丧失了主要劳动力的家庭所拥有的土地收归开拓团所有。这样，我们开拓团土地不足的问题就解决了。"加藤得意地说。

中野川接到命令后刚转身就看见了门口的静子，问她是不是听到什么了，静子唯唯诺诺地说什么也没听到，就匆匆地进了屋。

加藤让静子坐下，给她倒了杯酒。静子没有喝酒，急急询问为什么注射"伤寒疫苗"的人会死，加藤避而不答。良久，他才说："静子啊，其实我很羡慕你的丈夫。"说话间，他把脸凑在静子颈间，静子吓得身子往后仰。加藤又说，"只要你肯跟我好，我一定会把你安全送回家的。"说着一把搂住了面前美丽的女子。

静子正想挣脱，转念一想，举起酒杯："团，团长，我敬你。"

很快，加藤被灌得有些晕乎，他口齿不清地说："告诉你吧，现在战局非常糟糕，苏联红军对东北虎视眈眈，而皇军现在的战斗力也不是很强，迟早会有动作，所以我们还是要早做准备。"

静子一脸严肃地说："团长，我不懂什么战局，我就是心里难过，想不明白为什么种了'伤寒疫苗'的中国人会突然死去，是我打针的手法有问题还是……"

加藤已经喝得有些醉了，他放下酒杯，伸手搂住静子："小美人，别想了，根本就不是你的问题，你知道那些药水都是什么吗？是伤寒病毒！哈哈。"

静子大惊，简直不敢相信，她握紧双手说："不是，不是伤寒疫苗吗？"

加藤轻蔑地笑了笑说："什么疫苗啊，这是你丈夫所在的驻满洲第100部队研发的伤寒病毒，用来传播伤寒的。"

静子腾地站起身来，简直不敢相信。"团长，我有事，我先走了。"说完，她头也不回地离开了。

8/ 非同寻常的"疫苗"

静子跌跌撞撞地往宿舍跑，在路上撞见了小村，她慌慌张张地把"伤寒病毒"的事情告诉了小村，却换来狠狠一巴掌。

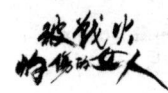

小村对她咆哮："你竟敢污蔑组织，污蔑天皇，你不想活了？我看你一定是跟中国人接触多了，被他们同化了，所以才说出这种疯话来！你先回宿舍吧，我去找团长问清楚！"

夜深人静，静子躺在床上辗转反侧，脑海里都是加藤跟她说的话，和那些死去的中国人。她决定去找渡边先生，他在中国待的时间久，和中国人也熟稔了。希望他能劝明天东边村子的村民不要来打针。

渡边先生听了静子的话后，气得说不出话来，他简直不敢相信他们的大日本帝国竟然对善良的中国人做出这么残忍的事。"静子，你放心，我现在就去通知他们。"

看着渡边先生走远了，静子才安心地往回走。可是走到一个拐角时，突然一个麻袋将她套住，她被人扛着走，途中还不断有人用棍子打她。静子被打得说不出话来。

过了好一会儿，她突然被放在了地上。麻袋被解开，静子睁开双眼，小菊和五嫂站在她面前。静子刚想说什么，嘴巴就被人塞了起来，她看着围着自己的两个女人和几个男人，吓得全身发抖。

小菊望着坐在地上的女人，突然声泪俱下："就是你，就是你害死了我们家六斤啊，你还我六斤！"

"还我五哥！"五嫂也跟着嘶喊。

静子恍然大悟，急忙想跟她们解释道歉，但她的嘴巴被布塞着不能说话，只好呜咽地流着眼泪。小菊恶狠狠地，扬言要杀了静子替六斤和五哥报仇。

就在这时，小菊的母亲突然跑了出来："不能杀啊，不能杀。丫头啊，你想让日本人来屠村不成！"老人急忙拦在静子前面。

小菊气愤地嘶喊着说："我不管，我家六斤什么事也没犯，就这么死了，我要让他给六斤和五哥陪葬！"

"胡说！日本鬼子什么人，你不晓得啊！你今天杀了这个女人，明天日本鬼子就会一把火烧了村子！"老人挡在静子面前，大声地呵斥着小菊。

五嫂摇摇头，抹了把眼泪，放下手里的棍子，让男人们都回去了，把静子重新套在了麻袋里："大妈说得对，我们先回去想想怎么处置她吧。"

静子被五花大绑在柴房里，清晨，小菊的娘偷偷溜进来，给她解开绳子。静子诧异地看着眼前这个头发花白的老妇人。

"不是我老太太怕你们这些东洋狗，我是担心村子里这百十号人的性命，谁不知道你们这些小日本都是些杀人不眨眼的畜生。"老太太边解绳子边愤怒地说。

"谢，谢谢。"静子含着眼泪出了门，走了几步又折了回来，她深深地对着老人鞠了一躬。

第一章 | chapter I
新婚离别，踏上异国寻夫路

"滚！"

静子浑身是伤地躺在炕头上，千岛和山崎在一旁不停地问她昨晚去哪了。静子怕她们担心，什么也没说。

"千岛，一会儿小村来了，就说我生病了，不能去给中国人打针了。"

这话刚好被外面的小村听见了，她勃然大怒地走进来，揪着静子的胳膊大喊："你反了？你以为这是在你们根岸家，你是大小姐，你想怎么着就怎么着吗？你错了，这里是开拓团，是我们大日本帝国的前沿阵地，你在这里就要为国家效力，就要效忠天皇。"

静子甩开小村的手，扬起脸说道："我可以继续去做农活，甚至还可以去干男人们的工作。就是不愿意去打针了！"

小村气得脸色发青，"不行！你信不信，如果你今天不去打针，我就立刻把你交给宪兵队。你的罪名可多了，擅自接触中国人，私下散布污蔑政府和天皇的言论，拒绝执行开拓团的命令……"

静子看了看小村，手掌不知不觉地放在了自己的小腹上，她突然想到了自己还未出世的孩子和一直深爱却难以见面的丈夫，无奈地垂下头去。

下午静子还是穿着白大褂坐在之前的位置上，却没有一个精壮的青年来排队打针，只有一些围观的老人，她在心里窃喜。

一个老人家徘徊地走到了静子面前，撩起衣服。静子手哆哆嗦嗦的，迟迟不下手，她的脑海里全是六斤和五哥他们的身影，还有小菊悲痛欲绝的表情。

小村在一旁不断催她打针，静子还是没有动作。

渡边不知道从哪里冲出来，对那些老人家喊道："乡亲们，这针不能打，这针有毒……"围观的老人们一听，吓得连忙跑得远远的。

中野川立刻命人把渡边抓了起来。过了一会儿，浑身是血、面目全非的渡边被绑在了空地的木桩上，就像上次那些逃跑的女人一样。

静子站在围观的人群里，噙着泪花，紧张地看着渡边。

团长走到渡边身边，指着渡边对群众喊道："根据大日本帝国的战时法律，渡边晋二犯了叛国投敌罪，诽谤和污蔑大日本帝国罪，破坏中日亲善和共建大东亚共荣圈罪，我现在宣布，对这个大日本帝国的败类执行死刑。渡边，你还有什么话说吗？"

渡边一口血水喷到团长脸上："呸，你这个刽子手。"

"立刻枪毙！"加藤久仁一脸阴狠地咆哮着。

静子冲上前，叫嚷着说是她害了渡边。加藤立即命小村把静子关进了禁闭室，他在小村耳边说："注意，千万别把她弄死。"

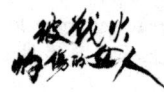

禁闭室里光线昏暗,潮湿不堪,霉味冲鼻,静子双眼无神地窝在一小堆稻草上。山崎给她送饭,叫了许久都没有反应,惊恐地大叫起来:"静子死了,静子死了!"小村立即赶了过来,突然听见静子的呢喃声:"渡边先生,对不起,是我害了你,是我害了你……"这才放心。

夜里,中野川递过那些死去的中国人的地契,加藤团长兴奋地笑着:"太好了,要照这么下去,用不了多久,这一带的土地就都成了咱们开拓团的了……"

中野川迟疑地说:"团长,你说这小村对静子是不是太狠了,万一她死了,这根岸家的钱可就……"加藤点点头:"嗯,你说得对,静子不能死,她可是咱们的摇钱树,明天就解除对她的禁闭吧。"

宿舍里,静子脸色苍白,眼神呆滞地看着破旧的屋顶,无论千岛和山崎怎么劝她吃饭,她都没有反应。

"你不吃,也得替你肚子里的孩子着想啊。"山崎流着泪说。

静子听到孩子两个字,眼睛立刻有了神采,双手不知不觉放在自己的肚子上。她猛地坐起身子,接过千岛手里的饭大口吃起来:"为了肚子里的孩子,我们都要努力地活下去。"

门外的小村听到后,下意识地摸摸她已经微微隆起的小腹,沉默了。

■ 看着周遭的一切，静子脑子里一片空白。过了一会，她推开满囡，眼神空洞地朝着海边走去。满囡还没明白她要做什么，就见静子一声不响地随着众人跳进了海里。

第二章 | chapter Ⅱ
战争结束，沦为难民

1/ 战争结束了

开拓团营地的空地上，小村虽然挺着大肚子，却还是颇有激情地带领花嫁团的姑娘们跳"皇国体操"。过去几个月，大家每天都忙着做苦力，已经没有了从前的激情，体操也跳得极其懈怠。

做完体操，小村带着领导人的口气，开始对大家讲话：

"姐妹们，经过我们几个月的艰苦奋斗，地里的粮食丰收在望。此刻，天皇正在关注着我们，国家正在期待着我们，我们一定要加倍地努力，多打粮食，支援前线，共建大东亚共荣圈。在满洲这块富足的土地上，我们一定会实现当上大地主的愿望的！"

姑娘们听到小村的话后，脸上似乎有了些神采，双眼流窜着憧憬和期待。静子抚着高高隆起的肚子，不置可否。

天空中突然传来隆隆的轰鸣声，两架军用飞机在她们的头顶上盘旋不定。

小村抬起头欢呼着大喊："飞机，姐妹们你们看，那一定是我们的飞机！"其他人也都纷纷抬起头看着飞机，脸上漾起兴奋的表情，都举起双手朝飞机挥舞。

飞机却突然投下两枚炸弹，炸弹在人群周围爆炸，登时火光一片。姑娘们惊慌地四下逃窜，她们不明所以地尖叫着，呼喊着：

"不是我们的飞机吗？怎么会投炸弹呢！"

"他们一定是认错人了！"

千岛双手捂着脑袋急忙往房子那边逃去。小村拔起插在地上的日本国旗，对着飞机挥舞呐喊，她一副不敢相信的表情。

她的呐喊和挥舞显然没起到任何作用，飞机又投下几枚炸弹，同时机枪也开始对着地上的人群扫射。一时间，枪炮齐鸣，石屑横飞，人群中血肉飞溅，死伤一片。

小村只顾着大骂，不像别人一样逃窜躲藏。一旁的静子正想去拉着小村逃走，却

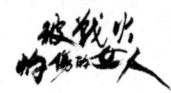

看到一颗炸弹向她的方向飞来，她立刻飞身过去把小村往旁边扑倒。炸弹在二人身旁爆炸，她们还没反应过来就被飞石土粒掩埋起来。小村满脸尘土和血迹，大声哭喊，手脚并用地挖着土堆，静子也吃力地从另一边的土石堆里爬出来，左边肩膀还淌着血。

小村冲过去抱着静子哭喊："静子，你有没有事？"静子抚摸着肚子，摇摇头，吃力地起身拉着小村往房子那边跑去。千岛和山崎都已经在那里了，她们哭得双眼红肿。

刚刚还欢乐喜庆的空地，眨眼间就变成了硝烟弥漫、尸横遍野的地狱。受了惊吓的姑娘们在她耳边哭喊，广场上受伤的人在痛苦地哀嚎。

过了一会儿，两架飞机盘旋着离开了空地上方，往远处飞去了。

小村怔怔地看了看四周，突然哇的一声大哭起来，她抱着静子说："这是怎么了？你告诉我，这是怎么了？"

静子皱着眉头，眼神茫然地看着那些躺在广场上的尸体，木然地摇摇头。

驻满洲第100部队的广播厅里，松田和山本紧张地守在广播面前。

"我们，谨代表日本天皇、日本政府及日本皇军总将，兹此接受1945年7月26日由美利坚合众国政府、中国政府及大不列颠政府于波茨坦协定所拟订的四个条款，和由苏维埃社会主义共和国联邦提出的附款，上述四强下称为同盟国。我们兹此宣布日本皇军总将，所有日本陆军部队以及所有日本辖下地区的武装部队向同盟国无条件投降……"

松田和山本目瞪口呆地看着对方，不知作何反应。电话响了，山本接到上级说要急速撤退的命令。松田蹭地站起身，对山本大喊着："我们撤退了，开拓团怎么办，静子怎么办？不行……我们不能撤退！"

山本哪里还有心思去理会松田的儿女情长，看了松田一眼，立即跑了出去，跟众士兵宣布了皇军投降，他们要立即撤退的消息。

花嫁团姑娘们都冒雨站在团部门外要解释，加藤拼命安抚大家的情绪。就在这时，中野川跑来报告："我们开拓团所驻防的'国防第一线地带'全都成了苏联红军的靶子。"

现场一片寂静，原来今天在广场上投放炸弹的是苏联红军。

突然电话响了起来，加藤冲进去接了电话后摔坐在了地上，双目呆滞。静子和花嫁团的姑娘们看着往日威武的团长，现在整个人像痴傻了一般，更加惶恐起来。

过了一会儿，团长开口了："皇军已经全部投降了。"霎时，开拓团内炸开了锅，哭喊声、吵闹声，姑娘们乱成一团。

大街上，所有的中国人喜形于色，各自奔走相告。

"小鬼子投降啦！苏联红军光复啦！"

第二章 | chapter II
战争结束，沦为难民

"小鬼子终于要被赶出中国啦！"
……

杨家店的坟场上，乡亲们正在烧纸，他们哭着告诉九泉下的亲人们小鬼子已经投降的消息。上次大屠杀，死去了太多的人，杨家店村民们的心里都埋下了很深的阴影。毒气让很多人的身体遗留下了毛病，韩秀芬最是可怜，虽然没死，却成了疯子。杨大娘看她孤苦无依，实在可怜，便把她接了去照顾。

王喜顺几年前被鬼子害得瘸了腿，一直娶不着媳妇。王寡妇就跟杨大娘商量着，要不就让韩秀芬跟着她的瘸腿儿子好了，好歹凑个伴儿。杨大娘看着现在智商比几岁孩子还不如的韩秀芬，抹了抹眼泪就答应了。

杨长山回到了杨家店，他把村民都集中在了一起，自己站在高台上喊道："乡亲们，八年艰苦的抗战，我们终于赶走了日本鬼子。从今往后，我们杨家店的人可以挺直了腰板过日子，再也不用担惊受怕了！"

乡亲们一听都拍手叫好，欢呼雀跃，但也有人暗自流泪。这么多年都受小鬼子欺负，死了那么多的亲人，现在终于要过上正常的日子了，想想就觉得心酸。

开拓团成员们一直以为上级会派人来接他们，但他们心目中神圣不可侵犯的天皇并没有派人来解救他们，也没有庇佑他们不受当地老百姓越来越严重的欺辱。加藤久仁决定带着他的团队，自行赶到方正坐船回日本。虽然不敢确定能够安全到达方正，但大家心里都明白，不走就只有死路一条。

天黑之后，下起了绵绵大雨，加藤带领着几十名驻留下的日本人向野外走去。孩子们害怕得大哭，加藤只得下令把孩子的嘴巴堵上，如果哭声引来了苏联红军，那所有人都别想活了。

小村和静子挺着大肚子，在雨中举步维艰。

半夜的时候，他们到达了河边。河水湍急，加藤让大家稍事休息，并派士兵去探查前面的路。

雨下得很大，姑娘们都瑟瑟发抖，静子让大家抱在一起取暖。千岛哭着说："政府为什么要抛弃我们呢，这样走下去，也不知道能不能安全走到方正。"山崎也跟着哭起来，而且声音越来越大。加藤突然冲过来打了她一巴掌，凶道："哭什么哭！要是被苏联红军发现就全部都死定了！你们还想不想回日本了！"

去打探的士兵很快就回来了，并带回了不好的消息：关东军为了阻止苏联红军的追击把桥给炸掉了。

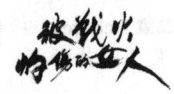

加藤愤怒地大吼大叫:"他们怎么可以这么自私!"

没有桥,也得过河。周围只有这条路能到达方正。加藤下令大家手牵手,互相搀扶着过河。静子小心地用右手托着肚子,迈进河里,河水冰凉刺骨。一旁的小村脚下一滑,险些摔在河里,还好,静子在旁边拉了她一把。

走到河中间的时候,一个妇人突然尖叫着说自己的孩子被水冲走了,哭喊着要身边的一个男人去救她的孩子。加藤为了大家的进程不受拖累,掏出枪对准妇人的脑门开了一枪。静子和千岛她们看着妇人的尸体被河水冲得越来越远,再也不敢出声,只小心翼翼地互相搀扶着往河对面走去。

雨后的山路满是泥泞,大家走了好一会儿,都累得不行,加藤便让大家停下来休息一会儿。饥饿难忍的孩子们开始抽泣,静子开口让大家把食物和水都拿出来先给孩子,加藤一听立即阻拦:

"食物和水要留给大人,我们要保护多数人的性命,谁家孩子哭出声来我就掐死他。"加藤凶神恶煞地说。妇人们吓得立即用奶头或者手指,有的甚至用破布堵住孩子的嘴。静子悲哀地看着这一切,但是却无可奈何。

实在渴得不行的千岛跑去找水,很久都没回来。突然,远处传来一阵呼救声。

"你们听到没有?好像是千岛的声音!"小村喊道,其他人也都紧张地竖起耳朵听起来。

"啊,是千岛的声音,她在喊救命!"静子也听到了,她站起身和山崎一起朝声源处跑去。

原来千岛落进了中国人用来捕捉野兽的陷阱里,竹签已经戳穿了千岛的大腿,她气若游丝地喊着:"救命……"

静子和山崎正打算救千岛上来,被加藤团长拉开:"她的大腿动脉已经被刺破了,就是救上来,她也走不了了。"

静子苦苦哀求:"团长,求求您,您别放弃千岛,我们去救她吧。"

加藤看了她一眼,抽出战刀向陷阱走去。过了一会儿,从陷阱里传来千岛一声撕心裂肺的惨叫,随后再没任何声音。

"啊!千岛她……"山崎正欲叫出声来,被静子一把捂住了嘴巴。

所有人目瞪口呆地看着加藤往回走,战刀上还在滴着血。山崎实在控制不住,趴在静子肩头无声地哭泣起来……

第二章 | chapter Ⅱ
战争结束，沦为难民

2/ 逃亡路上

天亮了，范老四端着一盆热水蹑手蹑脚地从外屋进来，轻轻地放在一张小方凳上，又把肩上的毛巾搭放在水盆外沿，而后转过身含情脉脉地看着躺在床上的朴成姬。

"四哥，你早起来了？"她也醒了。

范老四点点头，细声说："我早饭都给你做好了，小米粥加小豆包，外带两个茶鸡蛋。快起来吧，洗脸水我给你放这了。"

成姬感激地说："四哥，我可怎么谢你好啊？"

范老四傻笑着摸摸头："我大哥把你从日本人手里救下来，又让我们在一个屋檐下住着，就是我们的缘份。赶明你再给我生个大胖儿子，我就美得不知道姓什么了。嘿嘿，你等着，我给你盛粥去。"

成姬看着这个平时看起来很彪悍，对她却百依百顺的男人，鼻子一酸，眼泪掉了出来。她抚摸着自己已经高高隆起的肚子，脑海里出现往日的画面：一个士兵一边系腰带一边向门外走去，另一个士兵解开皮带往房间里走来，外面还有人喊着："排好队，十五分钟一个。"

突然，成姬狠狠地捶打起自己的肚子。她觉得自己很肮脏，不配做范老四的妻子，更不配生下这个不知道谁是父亲的孩子。

吃过早饭后，范老四去了百草堂抓补药，说要给成姬养养身子。成姬抚摸着肚子，暗自下定决心，朝后院的水缸处走去。她站在小凳子上，慢慢地爬上水缸，站在水缸的边沿上，摇摇晃晃。她自言自语地说："不管你是人是鬼，你都不配当我四哥的儿子，你不配。"说完一闭眼，从水缸上跳了下来。

"成姬，你为什么这么做？"范老四忘记拿东西，回来一进后院就看到成姬把自己摔在地上。

"四哥，你对我这么好，我觉得自己太愧对你了。我肚子里的孩子，连我都不知道是哪个乌龟王八蛋的！"面无血色的成姬说到后面，开始痛哭起来。

范老四一把抱起她往屋子里去走，边走边说："你怎么这么糊涂呀，这孩子在你肚子里，那就是你身上的一块肉，他将来在我范老四的家里生出来，那我就是他的老子。孔子的三字经是怎么说的？人之初，性本善，只要我们是善良的，孩子跟着我们就错不了！"

成姬泪盈于睫，心里又是愧疚又是欢喜。范老四小心地把她放在炕上盖好被子，

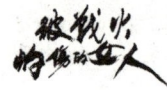

正想问她有没有大碍，突然看到她裤脚流出了鲜血，她的额头上也不断地冒出细密的汗珠。

"啊！怎么流血了，我去找大哥！"范老四顿时慌了神，蹭蹭地跑了出去。

范智博给成姬把脉之后说她动了胎气，需要静养。成姬看着一脸关切、细心照顾她的冷筱云一眼，突然又大声地哭起来。

"别哭别哭,太伤心会肝气郁结,对孩子不好！"冷筱云着急地抱着她,拍着她的背,叹了口气。她明白成姬这么做的原因，这事，搁哪个女人身上都受不了。

小路崎岖陡峭，一侧就是万丈深渊。开拓团走到现在，只剩下三十多个人了。刚下过雨，树木枝叶看起来格外嫩绿，但是谁也没心思去欣赏。每个人都小心地注意着自己的脚下，深怕掉进了万丈深渊里。

走在队伍最前面的加藤正喊着不能掉队，静子身旁一个背着孩子的妇女脚下一滑就滚下了山崖。大家都吓得尖叫起来，身体更加晃悠，只好都抓着一旁的树枝和藤蔓。队伍才前进了几步神，前面一个受伤的幻人突然倒在地上，嘴里哭着叫着走不动了。中野川从前面走回来，抱起妇女说了句"愿天皇保佑你"，接着就传来妇女坠落悬崖的声音。后面的人都心惊胆战，哆哆嗦嗦地继续前行。

走到山谷底下时候，加藤命令大家在此处休息。小村刚小心翼翼地坐下又腾地站起来，她指着前面不远的地方，哆哆嗦嗦地说："死……死人，那里好多死人……"

大家惊恐地顺着小村手指的方向看去，果然看到那里躺着十几具小孩和老人的尸体，他们一律的头东脚西，还都穿着很正式的日本和服。

"啊！太可怕了，我不要啊，我要回家，我要回日本……"山崎尖叫起来，她吓得已经站不起身了，想跑都跑不动。静子赶紧走过去，将她搂在怀里，安抚着她。

中野川走上前去查看了一下尸体，而后返身走回到团长身边，他压低了嗓音："团长，这些都是老弱病残，而且都是脑后中弹，看来是前面经过的开拓团留下的。"

加藤久仁抬头看了看眼前的峭壁悬崖，决定效仿前人，他命令中野川把老弱病残集中起来全部都杀掉。

大家一听吓得慌乱了起来，在山谷下哭声成片。

静子冲过去和加藤理论，他在她耳边说："别忘了，你也是在老弱病残之列，要不是看在……"

静子毫不畏惧地看着加藤，目光决绝地说："你开枪吧。"

加藤瞪了她一眼，叫人把她拖下去，捂住了她的嘴巴。

老人小孩不断地哭喊着，一阵枪声过后，这些声音都消失了。静子蹲在地上痛哭流涕,小村则安心地呼出一口气。中野川走到小村面前,在她耳边说:"你和团长的事,我不是不知道。不过现在他愿意保你和我孩子的平安,倒也是一件好事。"小村错愕地看着自己的丈夫。

加藤命令他们继续往前走,还没走多久,丛林那头突然出现了火光,还有断断续续的枪声。队伍末端的两名警备惊慌失措地跑过来,说:"不好了团长,我们的枪声把苏联红军给引过来了。"加藤一听,顿时面若死灰。

静子听到这句话后,绝望地跪在了地上,难道没有见到亲爱的三郎,就要从此别离吗?小村和其他人也都跟着哭起来。静子的肚子突然传来刺痛,她扶着树枝的手因为没有了力气而松开,突然一下重心失衡,整个人滑下了陡坡。

"静子!"小村和千岛失声喊道,可是已不见静子的身影。

后面的枪声越来越近,加藤突然抬起头,双眼通红地看着中野川:"中野君,我们是大和民族的武士,我们必须以身殉国,效忠天皇,明白吗?"

中野川和警备一致点头,大喊:"明白!"还没等众人反应过来,他们便端起枪向着妇女扫射,小村赶紧躲在一边。一名又一名的妇女中枪倒地,山崎也被一枪命中。

中野川看到躲在树后面的小村,毕竟不忍心对她动手,走过去递了一把枪给她:"小村,你自己尽忠吧。我们的孩子不能出世了,再见。"

小村眼睁睁地看着丈夫走到加藤身边,两人用枪对准了各自的脑门,砰砰两声,两个人同时倒下。"中野君!"小村歇斯底里地呼喊,刚想扑到中野川的身边时,脚下一滑滚下了山坡……

清晨,几滴露珠被风一吹,滴落在了静子脸上,她幽幽地睁开双眼,看到眼前的悬崖峭壁。她正想着要如何脱困,就发现离自己不远处昏迷不醒的小村。小村缓缓醒来,望着静子有气无力地笑了笑,流着泪说:"原来,我们还活着……"

3/ 临终托孤

松田三郎胡子拉碴,他一边焚烧文件一边大口喝酒。喝完最后一杯,他把杯子狠狠摔在地上。他拿起桌上他和静子的合照,深情地吻了一下静子的脸,然后拿出军刀对准了自己的腹部。

"亲爱的静子,咱们来世再见。"

"松田君!慢着!"山本一郎冲进来拦住了他。

山本抢下松田手里的战刀,严肃地对他说:"日军已经投降了,既然我们都抱着必死的决心,不如再多做些什么。我听说苏联人正准备坐火车赶来长春接受日军的投降,

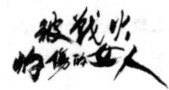

我们就让他们永远进不了长春城。对了,你的化学炸弹还有没有?"山本一郎露出阴险的笑。

静子和小村艰难地爬上了悬崖,看到了遍地的尸体。小村把静子滚下山崖后的事告诉了她。

静子跪在死不瞑目的山崎面前,双手抚摸她的脸颊,合上了她的双眼。

突然,不远处传来窸窸窣窣的声音,静子不敢再哭了,小村捡起手枪小心地走过去,发现那有个小山洞。洞里有两个日本女人和一个婴儿,抱着孩子的叫大岛里慧,另一个叫松本智子,她们是前面的开拓团逃走的人。她们已经在山洞里躲了两天了,实在是口渴得不行才敢出来找点水喝。

静子说:"我们不能再耽误下去了,只有在规定时间内赶到方正,才能坐船回日本。"她从加藤身上搜出一份带血的地图,开始研究方向。

她们一行人在林子里走了好几天。这几天一直都在下雨,到了晚上就异常寒冷,里慧已经发烧了。途中她们遇到另一支开拓团的队伍,对方只剩下十几个人。静子她们请求同行,那批人见有人在发烧,害怕是瘟疫就拒绝了。

静子她们独自走了一天后,在一座树林里又遇见了那个开拓团,不幸地得知,方正回日本的船早就已经开走了。而且为了避免苏联红军的攻击,日方也不再派船到方正了。静子简直要绝望了,她们已经饿得头昏眼花了。

里慧突然晕倒在地上,静子赶紧过去看看,却发现她已经没了呼吸。里慧怀里的孩子在一阵大哭之后,闭上眼睛睡了。三个女人抱在一起大哭起来。

静子慢慢冷静下来,决定换个路线,从新京坐火车前往通化,然后经朝鲜回到日本。小村从静子眼里又看到了曙光。

静子和小村挺着大肚子,智子抱着孩子步履维艰地行走着。天已经黑了,旷野无人,静子不停的咳嗽声在山路上显得尤为尖锐,小村说静子很有可能患了疟疾。智子突然坐下说走不动了,小村正说着不管她的话,肚子传来阵阵剧烈的刺痛,她顿时也瘫坐在了地上。静子一看就知道小村是快要生了,怎么也没意料到小村会早产。焦急之中,隐约瞧见了远处有灯火,静子便扶起小村,冒着被中国人打骂的危险,快步地往灯光处走去。智子抱着孩子跟了上来。

果然是一户人家,小院里安静得很,主人应该已睡下了。

静子惴惴地敲门后,听见一个年轻男人过来应门。

"儿子,可别开门,万一是日本人怎么办?"一个老妇的声音传来。

第二章 | chapter II
战争结束，沦为难民

"怕什么呀，现在小日本都已经投降了。"男子打开了门。

静子跟他比划着说，有个女人要临产了，能不能借下地方。

"还真是个日本人。出去出去！"男子怒火中烧，正要关门，被老妇阻止。老妇看见了站在静子后面，正在痛苦呻吟的挺着大肚子的小村，她对儿子说这女人要生孩子了，让他赶紧扶她去厢房。男子迟迟不肯去扶小村，老妇人立刻说："儿子，什么也别说了，举头三尺有神明，我们这是在积德行善呢。女人这时候是最痛苦的，你赶紧把你媳妇叫起来，让她去烧点开水……"静子连忙用生硬的中文向他们道谢。

在一阵忙乱之后，小村的女儿终于出生了。可是却偏偏没有奶水，她急得哭起来。这家的儿媳走了过来，看了小村和孩子的情形，大概明白了，她走过去抱起孩子撩起了衣裳。小村感激涕零地跪在这家儿媳面前不停地道谢。

休息了片刻，静子就提议说要告辞，她们怕把疟疾传染给他们的救民恩人。老妇看她们面黄肌瘦的，让儿媳进屋取了些干粮和水送给她们。

又跋涉了几天，静子和小村她们终于赶到了新京火车站。

车站里，人头攒动，杂乱无章，到处都挤满了面容憔悴的日本难民。火车一进站，大家都抢着上车。静子她们抱着孩子，异常艰难地挤上了车，小村抱着女儿忍不住地感叹终于可以回日本了。她们刚在一个角落里蹲下来，智子尖叫一声，然后她指着静子的下身。静子低头一看，她的裤子已经被鲜血染红，肚子也跟着疼起来，没一会就疼得她满头大汗。

小村赶紧扶着她坐下来，然后在拥挤的车厢内拼命地大喊："大家让一让，我们的姐妹要生孩子了，请大家让一让……"

车厢内躁动起来，大家叫喊着纷纷向两边挤去，试图给静子让出一块地方。女人们自觉围成一堵人墙，把静子她们围在了中间。还有人给了块毛毯，让静子垫在身下。

车站不远处，身穿中国老百姓服装的山本、松田和几名日本兵鬼鬼祟祟地从轨道上跑开，正要躲进树林。一个警备员向松田跑过来："不好了！有人追来了，我们被发现了！"一帮人赶紧逃跑。

车厢内，静子疲累但又欣慰地看着怀中的男婴，小村抱着自己的女儿坐着一旁，她感慨地说："谢天谢地，母子平安。还没取名字呢？"

静子微笑着说："我和三郎早就说好了，要是男孩就叫雄一，要是女孩就叫惠子。我既然生的是男孩，当然叫雄一了，松田雄一。"

"那我的女儿叫惠子好了，中野惠子。"小村兴奋地说。

智子抱着孩子，在一旁插话，要不再定个娃娃亲吧。静子和小村相视一笑，大家

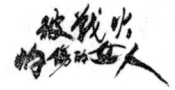

的心情终于没那么凝重了。

山本被打死了,松田也很快被抓住。杨长山审问他在轨道上鬼鬼祟祟干什么,他怎么也不说。远处突然穿来几声剧烈的爆炸声,轨道上黑烟升起,松田得意地大笑起来。杨长山正打算去查看发生了什么事,一名抗联队员跑来报告:"前面有一列坐满日本难民的火车被炸出轨,苏联红军让我们立刻赶去营救。"松田顿时目瞪口呆。

出轨的火车多处已经燃起大火,四周尸横遍野,一片狼藉。车厢中,很多难民浑身是血,哭爹喊妈,中毒者口吐白沫,浑身抽搐不已,惨不忍睹。

静子所在的车厢也被炸得半毁,她抱住哇哇大哭的雄一从座位下爬了起来,一只手臂受了伤,鲜血淋淋。一旁的智子被车皮卡住,血肉模糊,呻吟了几声便没了气息,她手里的孩子也早已经没了生气。小村跪趴着倒在一旁,奄奄一息。她向静子示意她身下,静子立即从她身下抱出还在酣睡的惠子。

小村看着女儿没事,双手失了支撑,歪倒在地上。她不舍地望了望惠子,抬头看着静子:"静子,我不行了,我的女儿惠子就托付给你了,请你一定要把她带回日本去……"

"小村,你别说话,你要坚持住。"静子声泪俱下。

小村吐了口鲜血,语气变得断断续续:"静子小姐,我求求你,我没有时间了,你就让我把话说完吧。我鼓动你参加花嫁团,跟你说到了中国就能当大地主、就能住洋楼,那其实都是我的自以为是。但是政府就是这么宣传的,我没骗你。可是到了这里以后,我的表现太激进了,我想早点改变身份,早点成为这块土地的主人,所以我对你……"

"小村,你别说了,你心里想的我都明白。"静子已经哭不出声了。

小村颤抖都伸出一只手,微弱地说:"静子,你能原谅我吗?"

静子紧紧地拉住小村的手:"小村,我原谅你,我原谅你。你知道吗?其实我根本就没怪过你。"

小村笑了笑,说话已经有些艰难了:"答应我,一定把我的女儿带回到日本去,她是我到中国后唯一的收获啊。"

静子咬着嘴唇一直点头,点头,小村微笑着闭上了眼睛。

突然,静子悲伤地仰头大喊:"是谁炸毁了这列火车?你们就不怕下地狱吗!"

第二章 | chapter II
战争结束，沦为难民

4/ 隔离区来的婴儿

夜深了，正在酣睡的范智博和冷筱云被一阵猛烈的敲门声吵醒。

"掌柜的，是我，前面柜台值更的小三……"

范智博披了外衣出去，小三说老毛子让他赶紧去长春客车制造厂帮忙救人，火车站被炸伤的日本难民都转移到那里去了。范智博有点想不明白，日本难民怎么会被日本人的毒气弹给炸伤了。

范智博才没走多久，范老四就慌张跑来说成姬难产了。冷筱云听他说接生婆折腾了一晚上了孩子还没生出来，就立刻穿好衣物跟范老四去了。

长春客车制造厂的一个车间门前，挂着一个简易的日本难民收容所的牌匾。几名戴着口罩、持枪荷弹的苏联红军在门外站岗。

晨曦中，一辆卡车停在门前，几名把自己捂得严严实实的医护人员进进出出，指挥着几名同样是把自己捂得严实的中国工人向卡车上搬运尸体。

范智博很快到达车厂，一名外套白大褂的苏军指挥官迎上前来："您是百草堂的范智博医生吗？我是这里的指挥官布哈林少校。"

"我是范智博。请问少校先生，这里的情况怎么样？"

少校叹了口气说，看着收容所的方向说："非常严重！很多人都被毒气弹炸伤，他们当中还有很多人感染了疟疾，为了防止病情扩散，我下令封闭了这里。"

范智博指了指卡车，"那么这些尸体？"

"送到郊外深埋……"

收容所内，浑身是伤的静子怀里抱着两个孩子，几次挣扎想坐起来，却一点力气也没有。一个苏联医生走了过来，静子立刻用尽力气坐了起来，恳求他救救她的孩子，但是医生听不懂她的话。怀里的惠子又哭起来，雄一也跟着哭起来。

医生对护士说："那个女人手臂被毒气炸伤，而且感染了疟疾，恐怕活不久了。你赶紧把两个孩子隔离起来，但愿孩子没事。"

护士无奈地回答："这里已经是隔离区了，任何人都不能离开这里。没办法，我们能做的最多就是给孩子找点奶粉。可怜的孩子……"

医生同情地看了一眼满身血污的静子，摇摇头就往别的病人那里去了。静子瘫软在了地上，怀里的孩子还一直不停地哭闹。

范智博提着一桶煮好了的中药汤剂在难民中巡视，看到有咳嗽得很厉害或者需要帮助的难民，他就给他们喝一碗中药。他来到静子身边，看了看她身边哭闹的孩子，

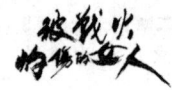

摸了摸静子的额头,而后从药桶里给她倒出来一碗中药递给她,用日语说道:"你烧得很厉害,把这碗中药喝了吧。"

静子惊喜地说道:"大夫,你会说日语?"

范智博点点头。

静子用尽了浑身的力气,挣扎着跪在了范智博的面前,声泪俱下地说道:"大夫,求求你救救我的孩子吧,我跟那些苏联人说过,可是他们听不懂我的话。我知道自己已经快不行了,可我不能不管我的孩子,求求你把他们带走吧!求求你了……"她见面前的男人面露难色,又不断地给他磕头:"大夫,你就行行慈悲吧,两个孩子都是刚刚出生的,他们没有罪,他们是无辜的。都是我们大人不好,我们不该把他们带到人世,可是他们已经降生了,我总不能眼睁睁地看着他们死去吧?我知道中国人都是好人……"

范智博急忙扶住静子:"太太,你别激动。不是我不想帮你,但这里是苏联人划定的隔离区,不能轻易带人出去。"他同情地抱起惠子,"乖孩子,不哭。"

静子流着泪哽咽着说:"那个女孩子的母亲一天前被毒气弹炸死了,我也快死了,实在管不了这两个孩子了。大夫,我求求你就把这两个孩子带出去吧,你们中国人心善,无论把他们送给谁,只要他们能活下去,我就是死也能闭上眼睛了。"

范智博看着眼前已经哭得声嘶力竭地女人,叹了口气,又向四周看了看,从口袋里掏出两片药片,"这是两片安眠药,你先给孩子吃下去……一会我来把他们带出去。"

静子接着药片,看着他离去的背影,心中揣测不安,但还是把药给孩子吃了下去。

冷筱云赶到范老四家时,成姬已经生下孩子,但因为失血过多而晕了过去。接生婆惋惜地告诉他们孩子是个死婴,母亲状态也不好。冷筱云和范老四赶紧将成姬送去医院抢救。

成姬昏迷了一整天都不见醒来,范老四心焦地在病床前踱来踱去。

"你坐下吧,人家大夫不是说了嘛,成姬是失血过多,身体过于虚弱,多睡会没关系的。我倒是担心她一旦醒来,知道孩子死了,肯定得伤心死了。"冷筱云开口。

"这孩子也真是个罪孽。前一阵子是成姬不想要,我好说歹说才给保了下来,可谁成想好不容易生了,却是个死婴,这不就是罪孽嘛。要我说成姬犯不着太伤心。"范老四说。

冷筱云拍了拍他的头:"你懂什么?再怎么说这个孩子也是成姬身上掉下来的肉,她不伤心那才叫怪事呢。"

范老四面露难色,一时想不出法子。

第二章 | chapter II
战争结束，沦为难民

突然小三满头大汗地跑来，说范智博让他立刻到长春客车制造厂去。

静子躺在地上紧紧地抱着两个熟睡的孩子，一会亲亲这个，一会又亲亲那个，眼里全是悲伤与不舍，她想也许只能来世见了。

范智博带着两名抬担架的中国工人停在了静子面前。他警觉地看了看四周，低声对两名工人道："就这俩孩子。"两名工人把担架放在地上，上前就要抱走孩子。静子立即紧抱着孩子："请等一等……"两名工人一愣，困惑地看看眼前的女人，又看看范智博，不知所措。

范智博立即蹲下来跟她说："这可不是儿戏，你要是改变主意，现在还来得及。"

她摇摇头，泪流满面地看着孩子痛苦流涕，"雄一，对不起。惠子，对不起……"然后她狠狠地咬破了自己的手指，用血在两个孩子的最里面一层的衣服上，写上了他们各自的名字。

远处，一名苏联医生走了过来。"苏联人来了，你快做决定。"范智博说。

静子赶紧松开了两个孩子，痛苦地闭上了眼睛。范智博一挥手，两名工人迅速抱起孩子走了。

范智博带着两名工人假意把担架抬到了运送尸体的卡车后面，趁没人注意的时候，三人迅速拐进了树丛。范老四早已经牵着马车等在那里了，范智博掀起担架上的白布，把两个小孩子抱上了马车："老四，快走！"范老四一甩鞭子，马车很快消失在了夜色丛林中。

冷筱云兴奋地抱着两个孩子："真是老天爷有眼，成姬的孩子没了，这会刚好送来俩。哎，快说说，这俩孩子从哪抱回来的？"

"日本难民营。"范智博回答道。

冷筱云一怔："什么，什么？日本人的孩子？你脑袋进水了是不是？小日本把我们害得这么惨，我们凭什么收养他们的孩子呀？"

范智博望着俩孩子说："刚生下来的孩子懂什么呀？他们不过就是一条无辜的小生命罢了。再说了，等咱们把这俩孩子养大了，他们不是一样说咱中国话，管咱中国人叫爹娘。"

冷筱云一想也是，就没意见了。

范智博继续说："路上我都和老四商量好了，男孩身体好，就把他送给老四和成姬。女孩眼下有点发烧，我担心她被传染了疟疾，咱们先抱回去调理调理，等她好了以后再想办法。"

冷筱云看了看惠子，说："多好看的小姑娘呀。"

成姬终于恢复了意识，她一睁眼就往旁边看，一个俊秀的婴儿躺在襁褓之中。

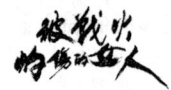

范老四见成姬醒了，一脸惊喜："成姬，你终于醒了啊！吓死我了！"

成姬坐起身，满脸慈爱地抱起孩子。她打开襁褓看了看，兴奋地大喊："四哥，是个男孩！我们有儿子了，四哥，我们有儿子了……"突然，她又想到什么，抬头看着自己的男人，小心翼翼地说："四哥，你真的会喜欢这个孩子吗？"

范老四憨笑着说："我当然喜欢了，你生的孩子不就是我的孩子？"

成姬会心地笑了："真憨……四哥，我们就管儿子叫憨憨吧，跟你一样。"

范老四兴奋地抱起孩子："对，我是你的憨爹，你是我的憨儿子。范憨憨，哈哈，儿子，我的儿子！"

朴成姬见他这么高兴，也由衷地笑了出来。

5/ 乱葬岗获救

静子已经奄奄一息，但她不知道范智博到底有没有把孩子安全带出去，所以一直强撑着。

范智博一直在忙着，过了很久后才终于来到静子身边，低声告诉她："孩子已经安排好了，放心吧。是个没孩子的人家，女的生了个死胎，她有奶水，孩子饿不着。"

静子的眼睛有了神色，嘴角稍稍动了一下，想笑没笑出来，头一歪，终于闭上了眼睛。

范智博叹了叹气，让人把静子抬到尸车上去，接着又去看其他病人了。

两个工人将满满一车死尸运到了郊外。他们将尸体扔进坑底，正准备掩埋，突然下了阵雨，他们就先离开了，打算明天再来处理。

雨一直不停地下着，静子的睫毛突然颤动了一下。

雨越下越大，静子的睫毛又颤动起来，不久她便睁开双眼。静子发现自己躺在一个丢满死尸的黑坑里，她努力地挣扎起来，爬出大坑，然后继续在地上爬着，不知道爬了多久又昏了过去。

满囤和小六子冒雨经过树林，他俩边走边抱怨着这倒霉的天气。突然，小六子被什么东西绊倒了。那个"东西"发出一声呻吟，把小六子吓得魂不附体，他知道这一带最近有很多的难民尸体。

满囤强自镇定地走近一看，一个女人倒在地上，他探了探女人的呼吸，发现还活着，惊喜地把她抱回了家。

静子是被猪的嚎叫声惊醒的。她睁开眼睛，出现在她眼前的除了简陋的家具外，杀猪的工具比比皆是。她恐惧地迅速坐了起来，缩在炕角，惊慌失措地看着四周的杀猪刀和铁钩子。

满囤杀好了猪，便往卧房走去，耳边响起去杀猪之前小六子说的话："这小妞长得挺漂亮，趁她还没清醒，把她睡了嘛。"

满囤傻笑着进了屋，看到静子醒了，立即冲过去把她摁倒在炕上，静子吓得直抖。满囤马上又松开了她，让小六子端来了药，逼着她喝了下去。

静子喝了药，满囤就问她叫什么名字，为什么会晕倒在坟地。

静子微颤颤地不敢说话，她怕被知道她是日本人，那样的话，眼前这个面目凶恶的男人恐怕会杀了她。

满囤又逼问了几句，静子无法回应，索性装晕了。

满囤和小六子见她又晕了就出门去了。

"我早就说让你把她睡了吧，现在醒了吧！"小六子在院子说。

"急什么，现在不又晕过去了嘛！"满囤说。

"那还不赶紧下手。嘿嘿。"小六子一脸坏笑。

"好，外面你照应着，我现在就去。"

满囤正准备去，他嫂子就过来了："满囤啊，听说你带回来了个女的……"

满囤无奈地看着嫂子推门进屋。

满囤嫂子仔细观察着炕上这个眉目清秀的女人。

满囤得意地说："长得不错吧？去大屯杀猪回来的路上遇上的，看见时都快咽气了。"

满囤嫂子问满囤要这女的干啥，他说自然是给他当媳妇了，嫂子立刻说不行，长这么漂亮，万一要是个日本娘们怎么办。

"你快给我醒醒！你是哪个旮旯的啊！"满囤嫂子不停地推搡静子，语气不善。见她没反应，猛地抽了两耳光，静子吓得睁开眼睛，但是依然不说话。

满囤嫂子见状，大喊说："她肯定是个日本娘们，我要打死她。"

满囤赶忙拦着，说静子马上就是他媳妇儿了。

嫂子非常气愤："你别忘了你爹是怎么死的，是让他们拿刺刀给挑死的！还有你哥的腿！难道你都忘了？那天鲜血流得满地都是，他们还笑，还笑……"

嫂子又要踢打静子，满囤在一旁劝说，嫂子转身对满囤一顿拳头，说满囤是汉奸！她打得一下比一下狠，最后抄起地上的铁锹朝满囤打去。

静子再也忍不下去了，对着满囤嫂子用日语一声嘶喊："不要！"

满囤嫂子顿时停了手，满囤的脸变黑了，愤怒地瞪着静子。

静子用日语哭喊着说："杀了我吧，让我死吧。"

满囤嫂子像是听懂了静子的话，举起铁锹就要往她头上打去。最后还是被满囤拦了下来。

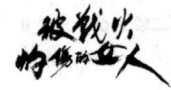

嫂子大声说:"满囤,你要干啥?"

满囤不语。

倒是小六子在一旁叫着:"大哥,让她给你生孩子,给你生孩子!小鬼子怎么对付俺们的,俺们就怎么对付她!"

嫂子生气地看着满囤。

静子突然一头朝墙上撞去,所幸被满囤一脚踢倒在地上了。

夜里,静子睡着了。满囤端着油灯进来,看着床上的女人,欲望越来越强,几乎无法控制了,他一步一步向前走去。熟睡的静子猛然睁开了眼睛,眼里流着泪水,默默地注视着满囤,神情凄楚无助。满囤似乎被这个女人的眼泪镇住了,他恨恨地来到屋外,把油灯摔在地上,一屁股坐在地上,捶打着自己的脑袋。

房间内,静子坐了起来,她好像察觉到了满囤刚才的心思,紧紧缩成一团,看着窗外的月光,心里一片凄凉。

第二天一早,满囤抱柴火进厨房。嫂子拉着风箱在做稀饭:"昨晚上什么都没干吧?我就知道你就是孬种,到了关键时刻,你自己就得败下阵来。"

满囤低着头,语气有些失落,"嫂子,说句老实话,我自己都恨我自己,你说我为什么就不能狠下心来呢?日本人能做的事,怎么到我自己这就做不出来了呢?"

嫂子叹了口气:"唉,咱们中国人就是太善良了,做不出伤天害理的事情。我把话放这,别看你的炕上躺着个娘们,你根本就不是那块料,你就等着绝后吧。"

满囤看了嫂子一眼,郁闷地出去了。

6/ 真是一个日本人

满囤总归是心软,虽然是个杀猪的屠户,可是怎么也做不来欺负女人的事。他和嫂子商量着,等静子伤好了就放她走,留下是祸害。

这时,小六子带着几个悲愤不已的村民进了院子。

小六子走在最前头,他说:"俺看你就是不敢上那个日本女人,你不敢上就让咱们上了,好让乡亲们报了仇!连几十岁的老太太,日本人都不放过……"

满囤上前一步,怒吼道:"我看你们谁敢!"

就在这时,一个村民发现了偷溜到门口的静子,大喊着说:"你们看,那娘们想逃走!"

静子看到被发现了,索性直接朝门前跑去。村民们很快堵住了她的去路,大家的眼睛里充满了仇恨,手里拿着木棍铁锨斧子,一步步朝静子走去。

第二章 | chapter Ⅱ
战争结束，沦为难民

静子看到了案板上的杀猪刀，企图过去拿刀自尽，被小六子拦了下来。

静子的内心充满着恐惧，她瞪了一眼满囤，然后闭上眼睛，做好了死在这帮人手里的准备。

满囤站在静子面前，眼睛瞪得溜圆："臭娘们，俺们和你们日本畜生不一样，俺们恨你们，恨得牙根疼，恨不能杀了你们，可俺们不会强奸女人！"

满囤气愤地脱掉了上衣，身上露出无数的伤疤："你看吧，这是枪伤，这是刀伤，这是用斧子砍的，这是你们的日本狼犬给咬的！"小六子和众人都脱下上衣，露出身上的屡屡伤痕。

静子看着他们身上的伤，心里难过不已。她瞄着小六子脱衣服时丢在一旁的杀猪刀。趁人不备时突然冲上去，攥起刀对着自己的脖子。刀口锋利无比，她一用力就刺破了皮肤，流出血来。满囤大声喝止，却不敢上前。

静子泪流满面，对大家喊道："不要过来！你们知道吗？我后悔不该来到你们的国土，我以为在这里可以找到我的丈夫，寻找我的幸福。但是我错了，全错了！你们的亲人没了，我的丈夫也没了，连孩子都失去了。都是这场该死的战争，我恨战争，我恨大东亚共荣圈，我恨侵略。虽然我没杀一个中国人，但对你们来说，我就是罪人，因为我的同胞对你们犯了罪。我要赎罪，替我的国家赎罪，替我们的军人赎罪，替我们做了那么多的坏事赎罪。我知道，我一个弱女人，无法承担那么多的罪。但是我，活着已经没有任何意义……"

现场一片平静，大家虽然听不懂她在说什么，但是被她的举动震惊了，怒火也似乎被熄灭了。就在她打算将刀刺进脖子的那一瞬间，满囤飞身扑过去将她的刀抢了下来……

王喜顺正在伙房里包着酸菜团子，母子二人一边做饭，一边说着话。

"儿子，娘想让你跟秀芬把房圆了。"王寡妇边烧柴边说。

王喜顺说如果生个孩子也是疯子怎么办，王寡妇说秀芬不是天生就是疯子，是给日本人逼疯、毒疯的。说着话，杨大娘就来了。她把一床旧被子和一小袋玉米面递到王寡妇手里，说："家里就这点粮食了，秀芬就当是我自家闺女，没疯之前可好了，要不是给日本人糟蹋了……"说着杨大娘就抹起眼泪来。

"放心吧，家里只要有我吃的，就亏待不了秀芬。我那个瘸儿子也是个老实孩子。你就放心吧。"王寡妇安慰道。

杨大娘去看了看在门口剥葱的韩秀芬，不知道她在傻笑着什么。只见她把葱掐成一小段小段的，王寡妇跑出来说："啊，一会儿蘸酱吃的时候不用刀切了。"韩秀芬

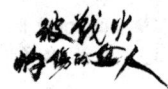

嘿嘿地笑，杨大娘心酸不已，看不下去便转身回了家。

"秀芬啊，一会儿我给你吃两个酸菜团子，你脱光衣服钻被窝里，你男人在那等着你呢。"韩秀芬听了婆婆的话，高兴地一个劲点头。

没过几天，就见韩秀芬拽着王喜顺的衣襟下地干活，杨大娘和王寡妇跟在后面感叹道："要是有个孩子就更好了。"

范老四赶着马车，范智博问他媳妇身子怎么样了，有没有怀疑孩子，范老四高兴地说："半点没有。"

"这就好。老四啊，长春可能又要乱一阵子，日本人虽然投降了，可国民党反动派又都来抢夺抗战的果实了，你要多加注意呀。"范智博嘱咐道。

范老四哼了一声道："大哥，你放心吧。小日本我都不怕，更别说国民党了。"

"你现在不一样了，有儿子有老婆，还是小心为好。对了，得想办法弄点粮食藏起来……我这就这些了，赶快去买些粮食。还有，这事千万不要告诉别人。"范老四接过范智博递给他的金圆券，收进口袋里。

晚上，朴成姬在做着家务，范老四在一旁逗憨憨笑。成姬看着憨憨傻笑着，突然那张小脸突然变成一张又一张日本鬼子的笑脸，每张脸都狞笑着朝她凑了过来。成姬浑身一颤，手里的饭盆摔得粉碎。

"怎么了，成姬，怎么了？"范老四紧张地跑过去询问。

成姬突然跪在了范老四面前："四哥，我真害怕这孩子会变成那些日本人当中的一张脸，我，我恨，可是，可是我又害怕失去孩子，失去眼前的一切……"

范老四紧紧地抱着媳妇，安抚她的情绪。

成姬依偎在丈夫的怀里想，四哥对自己这么好，下辈子给他做牛做马也愿意。那晚上，她一整晚没睡，给范老四缝了件新衣裳。

静子打扫着小院，里里外外都打扫得干干净净。满囤端来一盆猪下水让她洗干净煮熟，再把玉米面贴成饼子，她好像听懂了，一直点头哈腰。

满囤看她这样就火了，大喊道："笨蛋！你就是大笨蛋！你要是这样，人家一眼就能看出你是日本人。你还想不想活了？"静子又似懂非懂地一个劲点头。

静子在锅里煮着猪下水。院外传来孩子的笑声，静子想起了她的雄一，顿时难过了起来。静子哀伤的眼神正好被满囤看在眼里。

满囤端了做好的猪下水和玉米饼子送去嫂子家，可是嫂子就是不吃，他又拿去给他哥吃。满囤他哥躺在炕上，他的腿上有一个溃烂的大伤口，上个月他中了日本人的枪。

第二章 | chapter Ⅱ
战争结束，沦为难民

因为附近的大夫都被老毛子的军队拉走了，没人帮他把子弹拿出来，所以伤口一直无法愈合。

满囤他哥问起满囤收留了日本女人的事。他是个爱憎分明的人，他说他的伤也不是静子造成的，让满囤放静子走。满囤嫂子一听，拿起菜刀冲进来大喊："满囤，你和你哥都不是人凑的。我，我怎么嫁给你这么一个窝囊废！我看你让日本人打得不够惨！还不如让刀捅死算了！"

满囤他哥看媳妇的举动，一激动昏了过去。满囤大喊两声，他哥还是不醒，嫂子也慌了神。他想起一直以来都是用酒喷下伤口，他哥就会醒，就飞奔回家去取酒。他拿了酒就往他哥家跑去，小六子听说他哥不行了也跟着跑，静子想了想也跟了上去。

静子一进满囤嫂子家，满囤嫂子就大骂着叫她滚。静子不以为意，见满囤他哥的伤口已经发炎红肿，便冲上前去，用嘴去嘬里面的脓水。

满囤嫂子要将静子推开，被满囤拉住。

"我说嫂子啊，你就让她试试吧，死马当活马医也好啊！"满囤说。

静子吸完脓，一边比划一边用半生不熟的中文说道："他的腿发炎了，必须把脓水弄出来，不赶快医治，生命就有危险。那个酒呢？给我。"

满囤把酒递给她，对嫂子说："嫂子，咱就相信她一回。要是她救不了哥的命，治不好哥的病，再杀了她也不晚。"

满囤嫂子想想，低下头不语了。

静子把酒洒在了满囤他哥的伤口上，满囤他哥醒来大叫一声又昏了过去，满囤嫂子操起家伙就要打静子，被满囤拦了下来。

嫂子对着满囤喊："汉奸汉奸！"还对满囤啐了口口水。

静子看着满囤和大家说："我，我是日本医学院的学生，相信我，他一定会好的。"

满团嫂子看了看她之后，转身去磨菜刀。磨刀的声音一下又一下传到房间来，听起来让人发瘆。

突然，满囤大叫他哥醒了。

满囤嫂子立即丢了刀跑进来，抱着满囤他哥大哭。

满囤他哥了解原委后，对满囤说，把静子送走吧。

满囤嫂子抬起头说："对，咱们知道她不是坏人，但是别人不知道，乡亲们不会放过她的。"

见满囤不说话，嫂子又说："你要是真的喜欢她，就放了她。今后是死是活，让她自己走去。你管不了她一辈子。还有，如果嫂子不是看她救了你哥得命，打死我都说不出来这话。"

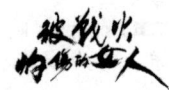

满囤回家想了很久,终于决定送走静子。嫂子说得对,村民们不会放过静子的。

晚上小六子带着一帮人闯进了满囤家,但满囤和静子已经从后门跑了。

满囤送静子走到路口,给了她几个钱,让她自己离开。静子感激地点头鞠躬,满囤一副恨铁不成钢的表情,咬牙切齿地说:"这个女人,怎么这么笨哪?都说不能做这个动作了。快滚!"

静子感激地看了满囤一眼,终于转身走了,满囤望着她的背影看了很久。

静子站在长春城外,望着四周的路,不知该往何处去,她彷徨着,犹豫着。一队国民党士兵开车向静子驶来,她都没发觉,一直按喇叭她也像没听到一样。眼看就要撞到她了,一个男人将她拉了过去,她一抬头,看到了满囤。

满囤带着静子去吃饭,问她想去哪里。见静子不回答,满囤打了一下她的脑袋,叫喊着:"我见过笨人可没见过你这么笨的!你说你,这么单枪匹马地瞎胡乱闯,是不是想找死呀?啊?我能放心吗?你说!"虽然是很大声的责骂,但话语的怜爱静子都听在了心上。

静子终于开口,说要去找儿子。

静子费了很大功夫,才让满囤了解了她的故事。她讲了寻找丈夫松田的事,讲了她们在开拓团被遗弃,大批日本人自杀,还有她生孩子的前前后后,和在难民营,把孩子交给百草堂的范先生的事。

满囤简直不敢相信她说的这些经历:"哎,日本人怎么连自己人都不管呢。我帮你去找孩子。"静子点点头。

7 / 回不去的祖国

满囤陪静子来到百草堂。范智博刚好外出,不在堂里。

冷筱云过来问他们有什么事儿。满囤说静子是来范先生要回孩子的。

一听说静子是日本人,冷筱云的脸立即冷淡下来,她不客气地说:"我不知道什么孩子,也没见过孩子。"

静子突然跪在地上,她扯着冷筱云的衣裳苦苦哀求,满囤也在一旁劝说着冷筱云把孩子还给她。

冷筱云看着跪在地上的女人,动了几分恻隐之心。可是丈夫并没有跟她提过孩子的母亲,谁知道这个日本女人说的是不是真的。这兵荒马乱的,还是得多一份心眼。再说范老四和成姬那边已经把那男孩当成自己的儿子了,自己也收养了女孩做闺女。反正这日本女人,也未必能保护好那两个孩子,就让她死心吧,省得她日后纠缠。

第二章 | chapter II
战争结束，沦为难民

她看着跪在地上伤心欲绝的静子，狠下心说："孩子得了疟疾，已经死了。"

静子一听，立马晕了过去。满囤抱起晕倒的静子出了百草堂。

静子躺在田地上，表情凄楚悲凉。满囤在一旁同情地看着她。

静子突然坐起来，抱着满囤的双腿嚎啕大哭起来。

"回家，我要回家。我知道你是好人，求求你了，送我回日本吧！我要见我爸爸妈妈……我什么都没了，什么都没有了……"

满囤看着眼前这个悲戚的女人，眼睛也蓄满了泪水。他把静子扶起来："好，好，我送你回日本。我刚听人说葫芦岛还有最后一班船回日本，我就带你去葫芦岛，你别哭了，我带你去……"

一列开往葫芦岛方向的火车进站了，车上早已经挤满了人，但是车下的日本难民依然不顾一切地往上挤。

一名孕妇在人群中挤着，被一个日本军官看到，他说孕妇占位置太多了，便把她推下了火车。放眼望去，火车站的地上婴孩哭喊一片，那都是些被遗弃的孩子。

满囤好不容易把静子推上了火车，火车就开动了，满囤心里突然咯噔一声响，他对静子招手，喊着他要送她去葫芦岛。静子请旁边的男人把他拉了上来。

"我还是把你送过去吧，你一个人，我不放心。"静子听着眼前男人的话，再一次感动得泪流满面。

车厢里的人挤得满满的，都是日本难民，多为老人、妇女和孩子，也有少数的伤兵。大家情绪低落，谁都不想说话。车厢里只听见几个妇人呜咽地哭着，说自己的孩子被日本军官扔下火车了，理由是孩子走得慢，影响其他人回国的行程。

静子身旁一个年轻女孩突然哭喊起来："妈妈，妈妈！你快醒醒啊！妈妈！"静子按着那个中年女人的脉搏，轻柔地对少女说道："你妈妈，她，已经去世了。"

女孩一听，嚎啕大哭起来。一个伤兵走过来，扇了少女一个耳光，叫她不要喊。静子突然抬起手对着伤兵连扇了两个耳光，满囤和一旁的人都震惊地看着静子。

"她妈妈死了，为什么不让她哭？"静子质问伤兵。其他人也附和着静子，对伤兵表示不满。

"战争就是这样，必须得承受。"伤兵显得有些理亏，低下头说。

"战争是这个孩子决策的吗？你这个混蛋！你为什么没有死？该死的人应该是你！是你！混蛋！混蛋！"静子开始大骂起来，连着自己的遭遇和悲伤一起发泄了出来。

静子让伤兵给少女道歉，群众也都跟着叫嚷，伤兵匆忙道歉后去了其他车厢。满囤第一次发现静子也是个强悍的女人。

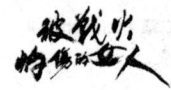

火车停下来的时候。几个士兵上车,将死去的中年女人抬了下去。女孩儿大哭不止,几次上前阻止,但无济于事。士兵把死去的女人用破布裹起来扔进了河里。静子和满囤在一旁无奈地看着,她现在只希望到了葫芦岛以后就可以回家了。

一艘轮船停在港口。轮船上已经非常拥挤,码头上的人比轮船上的人还要多。还有更多的难民拥向码头,企图登上轮船。由于太拥挤,很多人被挤得掉进了海里。他们有的在挣扎叫喊,有的渐渐沉入海底。

满囤拉着静子和众多难民一起跑向码头,跟在人群后面向前拥挤。然而没等他们靠近轮船,船就开动了。静子和其他没上船的日本难民看着轮船越来越远,哭着,喊着,绝望,愤怒,不知所措……

突然,身后传来"噗"的一声着火的声响。静子回头看,一个日本伤兵往身上浇上了汽油,自焚了。他在火中大声呼喊:"天皇啊,你为什么要抛弃我们!"

静子捂着嘴巴尖叫,眼泪还没来得及落下,又被后面的人的举动震惊了。不远处几个军官面如死灰地跪在地上,口中喃喃自语,然后他们面对面剖腹自杀,一个个面目狰狞地倒在了血泊里。码头的空地上,躺着哭泣的婴儿和孩子,他们只是一味地哭喊,不知道这世界究竟发生了什么。

静子不忍地转回头,却又看到许多人毫不畏惧地跳进了海里。

看着周遭的一切,静子脑子里一片空白。过了一会,她推开满囤,眼神空洞地朝着海边走去。满囤还没明白她要做什么,就见静子一声不响地随着众人跳进了海里。

满囤大叫一声,立刻跟着跳了下去。

静子被救上岸后,满囤对她一顿大骂,她却神情呆滞地说:"丈夫不见了,孩子死了,又回不了日本,我真的什么都没有了。"

"跟我回长春,我不会抛弃你。"满囤对她大喊。

回长春的路上,静子就偎在满囤身边一动不动,也不说话,那一副悲怆的样子,满囤看着心疼极了。

静子又回到了满囤家。满囤嫂子看到被送走的静子又回来了,一个劲地问满囤出了什么事。

满囤心情低落,到厨房喝了一口水,才答话:"没赶上船。没人性的小日本鬼子自己人都不要就跑了。满大街都是女人和孩子,死的死,哭的哭,都没人管,真不是东西啊!"他脑子里还不断放映着在火车站和码头上看到的那些画面,不禁觉得心寒起来。

晚上,静子不知道为什么突然有了精神,开始麻利地收拾东西,把房间打扫得干干净净,还把厨房里的菜都洗干净了。然后她进屋给自己洗头发,还去里间洗了澡。满囤在院子里奇怪地看着她,心想她肯定是想通了,抽完最后一袋烟就去睡了。

第二章 | chapter Ⅱ
战争结束，沦为难民

静子把洗好的衣服晾在院子后，悄悄地从房间里搬出一把凳子，放在树下。接着又拿起一根绳子挂在了树杈上，她看了看漫天的星星，嘴角泛起笑意，随后便慢慢地把头伸进绳套："爸爸，妈妈，三郎，对不起……"她说完就踢翻了脚下的凳子。

凳子砸地的声音响起，满囤立马就从里屋跑了出来，连上衣都没穿。他冲上去把静子抱了下来。嘴里大声骂着说："笨蛋，你干吗在我家上吊，要死出去死！没出息的东西！"他嘴里虽然这么说，却还是一脸关心的表情，抱着她不停地拍着她的背，帮她顺气。

静子缓过来咳嗽了好了一阵子，然后对满囤拳打脚踢，她说她想死，为什么要救她，他不是恨日本人吗？

满囤说："刚见到你的时候，俺恨不能杀了你。后来，尤其是去了葫芦岛以后俺明白了，其实你们日本老百姓和俺们一样惨，一样无辜啊。侵略者犯的罪凭什么让你来赎呀？这不公平。"

静子凄然地哭起来。

满囤又说："俺明白你的苦，可好死不如赖活着。好好活着吧，只要你不死，兴许就有回日本的那天。你的家人一定会等着你的……"

静子的眼泪未止，但已然平静了很多。

深夜，满囤嫂子跑来敲满囤家的门，说她爹不行了，想请静子去给瞧瞧。满囤知道嫂子她爹住的那个村子之前差点被日本人血洗了，所以那村人对日本人格外痛恨，便有几分犹豫。静子走过来，用中国话说道："我去。"

"你会说中国话？太好了。我本来还想让你装哑巴呢。"满囤嫂子高兴地说。

静子和满囤跟着满囤嫂子来到她爹家。静子上前给老人家检查，老人家敏感地察觉出静子不是中国人，嚷嚷起来。满囤嫂子说，不管静子是哪里人，治病要紧。老人家却坚决不给静子医治。双方争执不定，满囤嫂子她三弟嗖地跑了出去，看样子是打算去叫周围的村民来抓静子。

"赶紧走，从后门走！"满囤拉起静子就跑。

嫂子追了出来："满囤，家你不能回了，我三弟一会儿肯定会带着人过去找你们。你们先到二道河子避避，家里的东西我替你收拾了，回头给你们送去。"

8 / 中国式生活

满囤和静子来到二道河子时，天已经亮了。

满囤在一个龙蛇混杂的大杂院租到个小房间，房间里面只有一个小矮桌和一张榻

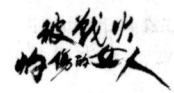

榻榻米。满囤将榻榻米让给静子，自己在墙角铺了层稻草，两人暂时安顿下来。

房东是个教书先生，姓刘。他知道静子是日本人，但看她可怜，就没声张这事，平时还教她写字读书。满囤表示要交学费，刘老师笑着说："不用了。我只有这点本事，放着也是放着。"

满囤说："赶明有了猪尾巴大肠头，一准孝敬你。"

满囤每天杀完猪回来，也都教静子说中国话，从简单的顺口溜说起。静子笑着学着满囤的话："高粱米籽大苤子窝窝头，大酸菜，大咸菜……"

静子学得很快，一段日子后就能说出听起来挺地道的汉语了。

满囤给静子取了中国名字叫刘思田，田，是因为满囤姓田；刘，则是因为刘老师教她认字。

满囤还教静子走路，他说她走路的方式，一看就是日本人，以后准给人欺负。静子学了许久才终于有模有样，走得像个中国劳动妇女了。

杨家店的大槐树下，王寡妇正和几个女人聊天。

翠花说："你家那个疯媳妇最近似乎好了点了，不再抢人家孩子了。这酸菜团子可真是包治百病啊，她啥时候能怀个孩子啊。"

"现在没酸菜团子，咱那媳妇就不上炕。也不晓得什么时候能给我生个孙子。"王寡妇语气不悦地说。

"俺家那点酸菜可全都给你了。你再上谁家去借点吧。"孙玉娘说。

"俺家有，一会儿给你拿去。你媳妇要是能生个儿子，可得记得我这人情呀。"翠花笑着拍拍手，就回家拿酸菜去了。

王寡妇拿了酸菜回家，打算做酸菜团子。一回家就听儿子说，秀芬到吴本正的麦地里去玩，摘了两根麦子就让吴本正给打了。王寡妇气得把酸菜往厨房一扔，就去找杨大娘了。

王寡妇一进杨家就嚷嚷："俺让秀芬来俺们家是为了生孩子。她不生孩子，光惹事，俺养她干啥？养个狗还能看院子呢，她能干啥？你说！"

杨大娘叹了口气说道："你啥话都给说了，连狗都给捎上了，俺还能说啥？秀芬是个苦命的孩子，你不心疼俺心疼！燕子，去你王婶家，把你秀芬姐给领回来，我还把当闺女一样养着。"

"走走走，现在就去。一看见她我就闹心！"王寡妇丝毫不客气，还拉着杨长燕往她家去，杨大娘气得跟着一块去了。

秀芬不知什么时候又跑去村口了，杨大娘他们找了许久才找到。王喜顺一听杨大

第二章 | chapter II
战争结束，沦为难民

娘要把他媳妇带走，死活不答应，趁着王寡妇和杨大娘争吵时，背起秀芬就往家跑去了。王寡妇跟在后面又是骂，又是跺脚的，但也无可奈何。

夜里很晚了，静子突然听见了外面有人在呻吟。她打开窗子仔细听了听。

"呀，好像是琴兰！"静子出于本能反应，立刻跑了出去。满囤不放心静子，便也跟了出去。

院门外，琴兰躺在地上，她的腿边流了好多血，正不住地呻吟，脸上化的妆都被汗弄花了。

"快！帮我把她抬进屋里去！"静子说。满囤老不愿意了，这个人在背后可没少说静子的坏话。静子又催了催，他才照做。

静子帮琴兰把下体的血迹清洗干净了，为她上药，还用烧酒给消了毒，因为有撕裂伤，怕感染。琴兰嗷嗷直叫疼，刘老师媳妇秀华低声说："还不嫌丢人啊，叫得这么大声。"

"算了别说了，她也不想这样。"静子在一旁劝说。

秀华去拿开水的时候，静子附在琴兰耳边告诉她："琴，琴兰，你得了淋病。"床上的女人登时怔住，而后迅速抓住静子的领子，威胁她不能告诉别人，否则就杀了她。静子吓了一跳。

静子走后，琴兰郁郁寡欢地倚靠在床上。

静子进房前，秀华跟她提了个醒，说得小心点琴兰，这种人什么事都做得出来。

第二天，静子给老高家的孩子包扎了伤口，老高家媳妇硬是塞了一碗高粱米饭给她。刚好被琴兰看到了，低声对静子说道："哎呀，人家怎么都对你这么好啊，下啥迷魂药了？啊？小日本的本事不小嘛！"静子没说话。

经过的秀华拽着琴兰进了自己家门："昨天人家静子辛苦给你治伤，又那么照顾你。你对人家什么态度啊？"

"我真奇怪了，你们咋都那么向着她呢？她是日本人，该千刀万剐的是她不是我！"琴兰说完理也不理秀华，就准备出门。

伪巡警马大山带着几个巡警走进大杂院，看到了院子里洗衣服的静子，他觉得静子的一举一动都让他神魂颠倒。

琴兰见到马大山，腰一扭就走过去了，语气也立刻变得温柔了，"哟，马大巡警！什么风把你给吹来了？"

马大山一看她脸色马上就变了，怒火中烧地质问："正找你哪！昨晚上，你是不是把人家灌醉，把钱给偷了？"

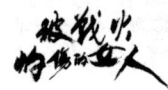

琴兰刚开始死命否认，马大山一个巴掌打过去，她就承认了，但是说昨晚被那人折腾得都晕倒了，那是她应得的。马大山不信，还要打，静子和秀华立即围了过来给琴兰作证。

马大山盯着美丽的静子，缓了脸色。

他对琴兰说："这次就相信你！今天赶快把钱给还了，他可是警备司令的小舅子，要是翻了脸，我可兜不住你。你看着办吧！"

琴兰立马拉住马大山，哀求着说："马大巡警，麻烦你帮帮忙，以后别让那个司令的小舅子找我了。他那么折腾我受不了，非死了不可。"

马大山不理会琴兰，转身就走，但临出门还不忘朝静子看了两眼，嘴边一抹诡异的笑，正好被琴兰看在了眼里。

满囤在市集的肉摊上卖猪肉，生意还挺好，静子在一旁帮忙。一个中年男人一瘸一拐地过来。"满囤家的，脚崴了，给我整饬整饬。"他毫不客气地对静子说道。满囤和静子对外都以夫妻相称，所以大家都叫静子满囤家的。

这时，马大山满脸笑意地凑过来，心疼地看着静子说："杀猪的，你就舍得让你媳妇摸那么臭哄哄的脚丫子？她要是我媳妇，我铁定成天给她吃香的喝辣的，买首饰买新衣服，供着她养着她让她享福，什么活儿都不让她干。"

满囤头也不抬，边切肉边说："这是她祖传的手艺，治病嘛还能嫌臭？可惜呀，俺媳妇成不了你媳妇。"

马大山恼羞成怒地不知道说什么，只好让他交今天的税，满囤拿出单子说今儿已经交了。满囤看他就是故意找茬，就说了一堆关于杀猪的技巧，听得马大山胆颤，只好讪讪地看了一眼静子，自个到街上的酒馆喝酒去了。从肉铺那就一直跟踪着他的琴兰走了过来，她早已经洞悉了马大山对静子的心思。琴兰对马大山说，只要他帮她摆平了那什么小舅子的事，她就帮他把静子弄到手。

马大山看了一眼琴兰："真的？"

"谁说谎谁是鳖犊子生的！要是真不行，您就娶我回家呗，我保证给你伺候得舒舒服服。"琴兰故意往马大山身上靠，却被马大山一把推开。

"你？我娘要是看见我娶你，能用刀把你捅得浑身大窟窿小眼子和漏勺没两样你信不信？她最恨你这样的窑姐儿了。"马大山一副厌恶的表情，看也不看琴兰，就走了。

琴兰越想越气愤，把静子恨得牙痒痒的。上回静子帮她看病的事，她还一直耿耿于怀呢。第二天，她去找了马大山，把静子是日本人的事告诉了他，还给他出了一个主意。

静子抱着满囤,想起不久前,他还抱着她,还说一定会回来的。她又开始哭起来,只是没了眼泪。

第三章 | chapter III

患难夫妻，情深缘浅

1 / 告密者

隔天，马大山就带人把满囤的猪肉摊给拆了，弄了一张化验单，说他的猪肉不符合卫生标准，把猪肉全部都带走了。满囤愤怒地冲上前一把抓住马大山，两人扭打起来。一个伪巡警从后面偷偷上来，打昏了满囤，马大山还狠狠地踢了他一脚。

昏迷的满囤被带到驻地，扔进了小屋。秀华惊慌地去通知买药的静子，她一听满囤被抓走了，顿时慌了神，丢下药就匆匆回了大杂院。

大杂院里大家都在议论满囤被带走的原因，静子在一旁不停地擦眼泪，一点办法也没有，连满囤犯了什么法都不知道。琴兰在一旁抽着烟，表情有些不自然。药店的伙计突然跑来说静子的药忘记拿了，她擦了擦眼泪谢过伙计就把药递给琴兰说怕她没好，又给她抓了药。哪里知道琴兰突然发疯似的大喊："我没病！你才有病呢！"还把药扔在地上踩了又踩。

刘老师夫妇和其他人都看不下去了，纷纷指责琴兰。

琴兰愤愤地说："哼，在你们眼里，她是好人，我是恶人对吧？好啊，今天我索性就把话说明白了。告诉你们吧，你们眼里关心的这个好人，满囤媳妇，她是日本鬼子，满囤被抓都是因为她媳妇是小日本！"

大家都很震惊地看向不知所措的静子。

琴兰看着惊慌失措的静子，冷笑一声，继续煽风点火，"谁包庇她，谁就是汉奸！"

刘老师和秀华看不下去了，他们说静子虽然是日本人，可是她救死扶伤，这院子里的人生病了不都是她帮着瞧好的嘛。琴兰依旧嘟着嘴，不依不饶。

静子抹了抹眼泪，突然给大家深深一鞠躬："对不起大家。我，我确实是日本人。对不起，对不起……"

大杂院里的人，看着可怜的静子，也一时不知道要表什么态。刘老师趁机让大家

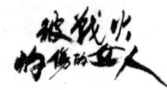

都早点回去休息了,有什么事明儿再说,静子一时也跑不了。

很快,院子里只剩下静子和琴兰了。

静子开口问琴兰:"为什么?你为什么要这样?"

琴兰苦笑了笑:"我为啥?就因为你!为啥人家都看着你是好人,我就不是东西?为啥你有男人养活,我就没有?为啥大家都瞧不起我,对你倒客客气气?为啥马大山想让你给他当媳妇,却打心眼里厌恶我?"

"我,我……"静子不知道说什么好。

琴兰继续说道:"我愿意卖吗?要是没有你们日本鬼子打进来,我能干这事吗?能这么惨吗?现在你倒成了好人,我却被骂被糟践,还染了脏病。你给我说说这是为啥?"

静子看着面前悲愤的女人,一言不发。

"赶快滚出这个地界,别再让我看见你,兴许到时候连你的小命都保不住了。你是日本人的事马大山已经知道了,就是我告诉他的。"琴兰说完甩甩袖子就走了。

静子冷冷地看着她的背影,心里一片悲凉。

过去没多久,刘老师和秀华来敲静子的门,让她赶紧走,满囤被抓了,她肯定也跑不了。静子哭喊着说要和满囤在一起,她说她不能苟且偷生。

秀华在一旁哭着说:"能活一个是一个,总不能两个都去送死。"

静子抱着秀华,哭得昏天暗地,刘老师匆匆安慰了两句,就把她连推带拉地送出了大杂院。临了,刘老师递给静子一个纸条:"上面是我一个朋友的地址,要是有困难,让他给帮个忙。"

巡警房里,马大山和手下的人边喝酒边吃肉。满囤躺在地上,浑身疼痛,却依旧喊着他的猪肉没有毛病。

马大山笑了笑说:"我知道你的猪肉没毛病,没闻见猪肉的香味吗?我们兄弟今儿都开荤了,还得感谢你呀。哈哈。"

满囤有气无力地问:"你到底想干什么?"

马大山抿了一口酒,悠然地说:"把你媳妇让给我,我就把你放了。你还可以继续摆摊卖猪肉。"

满囤一听这话,突然跳起来死死掐着马大山的脖子。巡警的子弹马上射穿了他的肩膀和大腿,满囤疼得在地上滚来滚去。

被满囤险些掐得咽气的马大山,深深呼吸几口空气,对手下的人吼道:"赶紧去把他媳妇给我带过来!"

第二天一早,静子又来到百草堂前,她手里攥着刘老师给的纸条,上面写着三个字:

第三章 | chapter Ⅲ
患难夫妻，情深缘浅

百草堂。

静子刚要进门，一队武装的国民党将她推开，他们冲进了药店，抓住了冷筱云和范智博，把他们带上了汽车走了。

人们纷纷议论着："听说两口子都是共产党……"

静子欲哭无泪，不知自己还能往何处去。

刘老师不知何时出现在百草堂前，见到无助的静子，便把她领到了大庙。

庙里的老和尚很同情静子，便告诉她，马大山的母亲初一要来庙里进香，那个老人很通情达理，跟她老人家求求情，兴许能把满囤救出来。

静子在庙里待了七八天，终于等到了初一，也等到了马老太太。

马老太太装扮朴实，大脚大脸大眼，和一般东北老太太没两样，她在一个女孩儿的陪伴下前来烧香。

静子扑通一下跪在马老太太面前，对她说了满囤的事，求她帮忙。

马老太太仔细打量着静子，许久说："日本人是对不起俺们中国人，但你一个娘们懂什么打仗，怎么能把仇压你一人身上呢！我儿子那儿我去讲，明儿就让他把你男人放了。"

静子立刻感激地给老太太磕头。

"行了，你回二道河子去吧，没两天你男人就回家了。"老太太让她起来。看着面前慈祥的老太太，静子心里一阵感动。

静子回到二道河子，满囤果然已经在大杂院的房间里了，只是他受了伤，昏迷不醒。静子趴在他身上痛哭了很久，满囤半夜才幽幽醒来，伸手摸了摸哭得满脸都是泪的女人，心里一酸。

"思田，我们离开这里吧。"

第二天一早，静子就收拾了行李，搀扶着满囤和刘老师夫妇告别了。她想，这天大地大，有手有脚的人走到哪里都不会饿死，哪里都可以容身。

静子走时，琴兰偷偷地从门口探出头去，说了声"对不起……"可是谁也没有听到。

杨家店今天格外热闹。一队解放军雄赳赳气昂昂走进杨家店，杨大娘为首的乡亲们喜气洋洋欢迎着解放军。

吴本正没去，他知道解放军一来，他这地主是当不成了。他将值钱的金银细软用油纸包好，挖开了隐秘的地窖。这是他爹当年放土匪时挖的，里面老深了，住几个人都没问题。"把这些宝贝放在这里，谁都找不着！"吴本正得意地想。

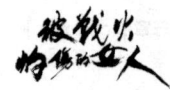

旁边看着的三姨太小红,好像在琢磨什么。

肖胜利被杨长山和乡亲们迎进了村,他们聚集在杨家堂屋里开会。

杨长山看着杨家店里的乡亲们,一脸严肃地说:"我们村现在的头等任务就是要支援围困长春的部队,肃清国民党特务,部队的同志也会配合我们的行动。大家鼓掌欢迎肖胜利同志!"乡亲们还不太适应鼓掌,掌声七零八落的,但人人都满脸笑意。

杨长山接着问,大家有没有觉得什么可疑的人。杨大娘说起上次杨家店差点被屠村的事。杨长山说,"我知道,娘和村里的乡亲们都怀疑吴本正是汉奸,我也怀疑。这是大事,要把情况弄清楚了才能下决定。"

肖胜利接着说:"在这个时候,要看好这个吴本正,防止他外逃。希望乡亲们也都多注意他的举动!"乡亲们纷纷点头。

为了方便肖连长办事,杨长山让他暂时先住在杨家。肖胜利命令不到二十岁的通讯员:"八斤,把你我的行李都拿过来。咱们的连部就设在杨大娘这里。"

八斤立正行军礼大喊:"是!连长!"杨长燕一脸倾慕又羞涩地看着肖胜利。他笑了笑,也注意到这个俊俏的姑娘。

没几天,吴本正就遭了批斗,他家的房子和能找着的好东西都充了公。乡亲们一边瓜分吴家的财产,一边喊着:"打倒地主吴本正,一切权利归农会!"

批斗完后,吴本正和小红便被赶到他家马棚旁的小屋去住了。吴本正倒还能接受,因为地窖里的宝贝还没丢,他在这也算能守着它。小红可不乐意了,哭起来说:"我才不要跟你一起受罪呢,我要……"还没说完就被吴本正捂起嘴巴了。"你还要不要命啊你!被人听见就惨了!"

2/ 太平的杨家店

下着雨,远处的山被雾水挡得看不真切,杨大娘满脸笑意地往县城的方向走去。

到了杨长山的县长办公室,杨大娘便跟儿子询问肖胜利的具体情况。杨长山一问才知道,他娘是想着给杨长燕找归宿来的。

"肖连长为人确实很不错。但是娘,现在都解放了,不兴包办婚姻,得看燕子和肖连长他俩的意愿。"杨长山心里虽然也很赞成,但还是有些犹豫。

"娘观察过了,他们俩对彼此的印象都不错,也都有那么点意思。"杨大娘笑着说。

"那成,咱就给他俩撮合撮合。"杨长山兴奋地说。

第二天,杨大娘做了一大桌子菜,把肖胜利叫来,开门见山地提起他和杨长燕的婚事。肖胜利看着一旁一脸羞怯的杨长燕,也有几分腼腆地点了点头。杨长山拍了拍他的肩膀，大笑起来。席间，杨大娘问起肖胜利老家还有什么亲人。肖胜利原本喜悦的表情黯淡了下去，他说他的父母早就被鬼子杀害了，杨长燕在一旁心疼地看着他。

吃完饭，杨长山和肖胜利一起在村子里散步。

肖胜利说："民兵一直监视着吴本正一家，没什么动静。"

杨长山背起双手，道："是啊，我们不能冤枉一个好人，也绝不放过一个坏人。"

晚上杨长水去吴本正家，打算通知他和小红第二天去开大会。一进门，吴本正正哭天抹泪，原来小红带着他藏起来的金银细软跑了。杨长水看了他一眼："明天顺便也把这批金银细软交代交代。"

吴本正一到空地处，就被老百姓围攻，有人骂，有人直接冲上去要打他！王寡妇和王喜顺也在里面满脸愤慨，杨长山突然赶过来大喊："住手！大家住手，住手！大家都听我说，土地改革是要把地主的土地分给大家，而不是动用武力。吴本正在村子里的所作所为大家心知肚明，现在需要做的就是清算……"

杨长山还没说完话，人群里突然引起一阵骚动。只看见韩秀芬疯狂地跑进人群，抢过翠花怀中的孩子撒腿就跑。翠花跟在后面大哭大叫，人群一时炸开了锅。杨长燕追了出去，想帮翠花抢回孩子，但秀芬死活不撒手，杨长燕怕生拉硬扯伤着孩子，只好放弃。

杨大娘领着翠花去了王寡妇家里，秀芬抱着孩子关上了门窗。

杨大娘从窗口看着秀芬把孩子紧紧地抱在怀里，满脸警惕，顿时也没了法子。只好转头对翠花说："翠花，你也别难过了。放心吧，明儿我准把大龙给你送回去！你回去吧。别哭了。"

秀芬抱着大龙，手轻轻地拍着他的背，哼着小曲哄他睡觉。此时她的眼中已经没有疯傻，满满的都是母爱。杨大娘一直在外面透过窗子看着，双手紧握在一起焦急地只想跺脚。但是，她一想到秀芬那个一个月大的孩子被日本人活活摔死的画面，对她也没了责怪，要怪就怪作恶多端的日本人。她在外面一直守到秀芬睡着，才把大龙给抱出来。

把孩子送还给翠花后，返家途中的杨大娘在路上遇上了杨长山。

"长山，审讯得怎么样？吴本正咋说？"杨大娘问。

"他报出来的金银细软跟我们追回的相差很多，问了很久才问出来，说是被妇救会主任杨玉环和杨亮偷偷地拿走了。也不知是不是真话，我怕到时冤枉了杨玉环他们。"杨长山有些不知所措。

"这有什么难？拿了肯定要去当的。"杨大娘笑着说。

"娘，您真是太聪明了！"

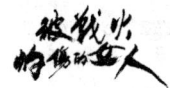

日头高照,集市里的人熙熙攘攘,小摊贩的吆喝声此起彼伏。杨玉环和杨亮走到一当铺门前,看看四周没有熟人,杨玉环一闪身进了当铺,杨亮煞有介事地站在门前放风,眼睛却紧紧地注视着当铺内。

很快杨玉环就从当铺里出来了,二人神色慌张地回了杨家店。

杨玉环小心地关了门,和杨亮又数了数钱,一起躺在炕上嗑瓜子。

"过两天,再去卖对儿耳坠子。"杨玉环说。

"小心着点,别让爱管闲事的杨家人看到了。"杨亮说着就在她脸蛋上亲了一口,正想解开她的纽扣,就听见有人敲门了。

杨玉环从炕上跳了起来,理了理衣裳,去开门。

"你来干啥了,吴本正。"她一看是吴本正,没好气地说。可是当她看到吴本正身后的肖胜利和杨长山时,就紧张了起来。

杨长山说想和她核实一些事,杨玉环一听就什么都明白了。她刚开始矢口否认,可是当杨长山拿出镯子时,她就傻眼了,可是嘴上依然不肯就范。

杨长山语气变得严肃了,他说:"杨玉环,今天本应该把你叫到武装部去谈话的,我是看在我们从小长大的面子上才上的你家。你和杨亮拿了吴本正的首饰到当铺去典当,武装部的同志就跟在你们身后,人家都看见了。要是你还不承认,我就把当铺老板叫来,再把你带到武装部去对质!"

杨玉环不说话了,哆哆嗦嗦地进屋去拿出了剩下的金银软细。

杨长山说:"你不是一般老百姓,是党干部,乡亲们要是知道这件事,受影响的不单是你,而是党,你让党的威信受到了损失!"

杨玉环低着头,不说话。

杨长山拿了那些东西刚走了两步,又停下说:"杨玉环,从今天起,妇救会主任你就不要当了。好好做检查,等候组织处理。还有,你和杨亮的关系不要以为大家不知道。你也是有家的人了,虽说你男人王远来是外姓,是过门女婿,可人家也是人,不能欺人太甚知道吗!你知道别人都怎么议论你们?啊?丢人现眼!"然后对着里间大声喊了一声:"杨亮,你屁股上拴着磨盘哪,咋那么沉哪?"

杨亮吓得赶紧站起身跟着走了。

杨玉环往外看的时候竟然发现丈夫王远来在门口鬼鬼祟祟,立即跑去他跟前。怒火万丈指着丈夫骂:"王八犊子,你敢在外面偷听?给我喂猪去!"

杨玉环坐在炕上生闷气。她娘在一旁劝着她,说那什么妇救会主任不做也罢,可是杨玉环竟突然委屈地哭起来。

她娘说:"别哭了,别哭了,娘知道你从小就喜欢当干部,山不转水转,说不定

第三章 | chapter Ⅲ
患难夫妻，情深缘浅

哪天还有机会。不过，你要马上和杨亮断了。那个臭小子就知道吃你的喝你的，啥本事都没有，和长山差远了。和他分了，赶快分！"玉环她娘看着女儿，越说越气愤。

见女儿还是一脸生着闷气，不说话，玉环她娘恨恨地咬着牙说："杨长山这个王八蛋，真是一点面子也不给！"

村里，肖胜利和杨树魁张罗着要重新选举村干部，并且要按照乡亲的意愿公平、公正、公开地选举。白日里，刚宣布这消息。晚上杨玉环就请了杨树魁去她家喝酒，张罗了几个小菜，她一脸忧伤地说起杨长山撤她职的事。

"玉环哪，长山为啥把你给撸了，别人不知道，你不会不知道吧？你说你和杨亮干得那叫啥事？啊？说起来我都觉得丢人。"杨树魁喝了一口小酒，毫不顾忌地说道。

"原来你已经知道了？"杨玉环惊讶地说。

"我是村长，有什么事我不知道呀。不过我一个老头子也帮不了你什么。"杨树魁摆明了不会帮她。

"这么说，你是不打算选我了？"杨玉环看着对面的独臂大爷说。

一直在外面听着的玉环她娘走了进来，她坐在杨树魁身边说："树魁呀，咱们认识也有几十年了吧？你就帮帮我们玉环吧。这孩子太任性，做了错事，她已经承认错误了，而且答应改。"

杨树魁笑着放下酒杯："我说了，这事我一个人不能决定。这是公开公正的选举。"

杨玉环气急败坏地说杨长山肯定会让他娘当村长，杨树魁笑了笑，一副无所谓地表情，他说谁愿意当谁当，说完放下酒杯就起身走了。

几日后，杨家店举行了选举活动。一溜的候选人，乡亲们用黄豆来投票。很快就出了结果，独臂大爷杨树魁还当村长，杨长燕被选上了妇救会主任，杨书礼还是文书。

过几天，杨长山又回了杨家店，杨家人坐在一起吃饭。

杨长山跟杨大娘说："我被调到敌工部当领导，负责对长春60军的策反工作。上级领导下了命令，长春这么大的城市不能强攻，那样不但会死伤太多的人口，还要毁坏城市的建设。我们的工作就是让60军投降，和平解放长春。"

杨大娘高兴了一会，想起一件事："那你走了，这边的土改工作咋办呀？"

杨长山笑着说："你女婿做了工作组的组长了。"

杨长燕听到这句话，顿时羞红了脸。杨长山笑着对她说："你和肖胜利早晚要结婚的，肖组长不就是娘的女婿吗？"而后又转回头告诉杨大娘："燕子也调到工作组了，负责妓女改造的工作。"

杨大娘乐呵呵地看着自己的儿女们说："好啊，俺闺女也当干部了。"

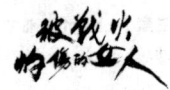

杨长山和肖胜利正在交接工作。

"咱们杨家店多太平,多好。长春那边还没解放,老百姓还有一顿没一顿呢!"杨长山突然说道。

肖胜利想起长春的情况,担忧地说:"国民党部队在长春就有两个军团,第七军和六十军,无论兵力还是作战能力都非常强,十多万人哪!杨书记,你要多保重啊!"

杨长山笑了笑:"你们在外围的部队,随时会配合我们的行动,我们还会见面的。"

3/ 长春围城

市集上,静子和满囤一边顾着肉摊,一边听着旁人的议论。

"听说了吗,解放军已经把咱们长春围起来了。长春已经戒严了,现在只准进城,不准出城。第七军准备死守长春,不让解放军进来。"

一个好事的人回应道:"还有六十军,合起来差不多十万人哪!"很快就有其他人插入了这个话题,围在一起讨论起来。

"第七军是蒋介石嫡系,王牌军。你说共产党打得过他们吗?"

"解放军不打,想来个瓮中捉鳖。"

满囤刚打算过去问明白,就看见一群人扛着麻袋从他们身边跑过去。有人嚷嚷长春城的粮食全让有钱人屯走了,再不买就一点都买不到了。大家一听说也都跟着去买粮食,等满囤赶去粮食铺时,人头汹涌,挤都挤不进去,别说买粮食了。

很快,长春城里就没有粮食可卖了,大街上满是饥饿的难民,时不时就有人倒下再也没起来,抢东西的事也时有发生。

静子在厨房里煮着上次满囤帮人杀马时好不容易得回来的马下水,满囤在一旁用斧头劈桌椅。

"这么好的桌子都要烧掉,好可惜。"静子说。

"没有比人命更值钱的了,别的全都是瞎扯。"

满囤说话间突然发现,门口已经围了好些难民,全都都虎视眈眈地盯着静子锅里的东西。

几个难民相互交换了下眼色,突然朝锅扑了过去。满囤和静子也想保住自己仅剩的口粮。争抢中,大锅倒在了地上,冒着热气的下水撒了一地。大家一哄而上,有些人甚至把热腾腾的下水抢了直接塞进嘴里……

满囤好不容易抢回了一些,拉着静子跑回了房间。

静子发现满囤的肚子上烫起了大水泡,伤心地大哭起来,倒了凉水拿布条帮他敷

第三章 | chapter Ⅲ
患难夫妻，情深缘浅

着伤口。"别哭了，不管怎样咱们还活着，大街上已经饿死那么多人了。今天这点东西，要是不抢回来，咱们也就没命了。"他想起了今天在集市上看到的，收尸车上堆满的那些面黄肌瘦的尸体，他想，现在他们还活着已经是万幸了。

半夜，静子刚睡下，就听见从院外传来邻居的声音："满囤，听说广场上夜里有空投，好多人都过去等着了。你也赶紧去吧！"

长春广场周边，三步一岗五步一哨的站立着大批持枪荷弹的国民党士兵，一个个神情戒备。两辆军用卡车停在面对广场的主路上，车上都架有机关枪。夜很深了，几架飞机隆隆地出现在广场上空，不断地往下扔货物和粮食。

飞机扔完货包便飞走了。一队士兵上前清理搬运地上的货包。突然，一大群老百姓从黑暗的角落里冲了出来，他们不顾一切地冲向了空投物资，和守护的士兵争抢起来，现场一片混乱。

"不准抢，不准抢！再抢我们就开枪了！"有个负责人模样的向空中开了一枪，然后举着喇叭喊道。

可是饥饿的老百姓像是没听到他的话似的，只顾着疯抢东西，抢了就跑。

"这是国民党的东西，你们也敢抢，真是不要命了！给我开枪！"那个人见根本没人理会他，便下令开枪。

周边的步枪响了，卡车上的机枪也响了，百姓四处逃窜。有些人吓得丢下了手里的粮食，有些人仍然死死抱着粮食不肯放开。有两个人抬着一大包粮食往巷子里移动，突然就被枪击毙，那包大米也被子弹射穿，哗啦啦洒了一地。一些想混乱投机取巧的人，还没把粮食搬走，就被人一枪爆头……满囤和静子远远地趴在地上，吓得腿都软了，等待没人的时候，互相搀扶着拼命地往家里跑去了……

半个月过去了，长春城内，河里的鱼虾被捞没了，树皮都让人给扒光了。城里已经饿死了好多人，现在连尸体都没有人处理了，整个长春城都臭气熏天。

静子已经两天没吃东西了，面无血色，满囤端了一碗水给她喝下，走出门去。

满囤正发愁去哪找吃的，就听说今夜又有空投，他决定去试试。但是他怕静子担心，就自己一个人去了。

飞机在广场上空盘旋，四周黑暗里隐藏的老百姓虎视眈眈地盯着。飞机上刚扔下几包物资，百姓们就一窝蜂地拥上前去疯抢。枪声大起，但百姓们还是不怕死地往前冲，大有前赴后继之势。满囤就是其中一个。他好容易抢到了一个罐头，正要再抢滚落在前面不远的另一个罐头时，子弹从他后方射来，打在一旁的地上，火星四溅。他被吓

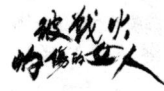

得急忙趴在了地上，子弹不停从他脑袋上方扫过。他眼睁睁地看着在他不远处，很多老百姓都随着枪声倒下，手里还紧紧抱着粮食。就在他要起身逃跑的时候，一个不怕死的女人朝他冲了过来，把他扑倒在地，从他的怀里抢走了罐头。

"那是我的！我媳妇快饿死了。"满囤拉住女人的袖子说。

"我的孩子也快不行了。我不能让他死，不能……"女人踹开满囤。她抱着罐头刚要跑，就被一颗子弹击中，鲜血喷在满囤的脸上。

他睁大双眼，惊恐地看着那个死去的女人。国民党士兵走过来，他立即闭上眼睛装死。士兵拿走了死者手中的罐头。

过了好一会儿，广场上没人了，满囤胆战心惊地站起来，步履踉跄地逃到了小树林，脸上还带着没有擦干净的血迹。

他举目四望，找不到任何可以吃的东西，看到不远处的地上有一些小草，便过去挖了些草根。

静子躺在床上似乎没有一丝活气儿，满囤捧着一些草根说给他煮碗汤。

外面突然传来一阵吵闹，一个少年趴在一个浑身是血的男人身上大声哭泣，口中喊着爹。那个孩子叫狗蛋，身边围着一群人麻木地看着，他们早已经没有了同情的表情。

"狗蛋，你娘也不行了！"突然又有一个人朝少年喊道。

静子抹了眼泪，趴在窗口幽幽地说："死了也好，什么都不用愁了。"听到这话的满囤突然发火了："你再说，再说我就扇你！""你打死我才好呢！"静子也大吼一声。

满囤一愣，蹲在地上嚎啕大哭起来，他看着她的脸，觉得对不起她，一个大男人竟然让自己的女人饿肚子。他突然说要出去找点吃的，静子问去哪儿，他只是说出去转转。

"你骗我，我知道你是要去抢空投，不能去，你不能去！"静子撕心裂肺地喊道。满囤擦了擦眼泪说："你不是说死了更好嘛！"

静子大哭起来，冲上去抱着满囤，"你混蛋，混蛋。你要是死了，我还怎么活呀？"满囤愣住了，怀里的女人依然哭喊着："不准你去，我不让你去！"面对倔强的女人，满囤无可奈何，外面又传来了哭叫着。

晚上，满囤端详着被饥饿和疾病折磨而昏睡的静子，眼眶湿润了。他想，就算他死，也不能让自己的女人饿死。他站起身，轻手轻脚地打开门，出去了。在院子的门口遇上狗蛋，他也跟着去了。

黎明，街道上静悄悄的，一个人影都没有。满囤和狗蛋沿着街道走到了一间小破屋门前，他们上前辨别了一下，确定了才敲门。买主给了些马下水，满囤不想要，狗蛋劝说再不买就买不到了，可以拿去黑市换些粮食。这时天已经快亮了，小巷里十分诡秘，有些探头探脑的人们在小巷里走动，一看就是黑市。游商们偷偷摸摸地带着一点儿粮食走街串巷。几个想买粮食的也很小心。有巡警不停地在小巷中巡逻，其中似乎还有穿便衣的警察故意摆出一副悠闲的姿态迷惑百姓。

满囤和狗蛋一直躲在一边观察，想等警察们都走之后再去买粮食，可是几个便衣一直在里面晃来晃去。满囤决定等天黑之后再去，他和狗蛋进了一间破窝棚，里面的炕上还躺着尸体，他们把尸体移出去之后打算躺在上面等天黑了。

"这上面刚躺过死人呢！"狗蛋惶恐地说。

"你怕了？"满囤说着已经躺上去了。

"我才不怕，说不定一会我就死了。"狗蛋也躺了上去，他看着快要倒塌的窝棚，很久都不敢闭眼，脑海里想起刚才的死尸。他说："满囤哥，听说有人吃人肉了。"

满囤闭着眼睛不说话。狗蛋又说他如果买到粮食了，就一定要赶紧吃光然后跑出长春去。满囤终于开口了说静子身体不好，跑不了，最后想了想又说，还是要跑，他要背着静子跑出去，反正一定要活着逃离这个人间地狱。

狗蛋和满囤提着手里的马下水，在那个小棚里躲了一整天，刚看到一个卖粮食的人，正想跑出去，就看到那个商贩被人打爆了头，死在他们不远的地方。狗蛋看着吓得浑身发抖，连连说他要回去，就算饿死也不想被打得满身都是窟窿。

狗蛋慌张地跑回院子，刚好撞见跌跌撞撞走出门的静子，她问他满囤去哪了。狗蛋如实相告，静子吓得赶紧朝狗蛋说的地方跑去。

满囤正准备和游商交易，四周就响起了枪声，静子此时正好赶到，她跑过去拉着满囤就跑，如果被国民党士兵发现交易粮食，肯定必死无疑。

4／相依为命

两人逃回家时已经是深夜了，静子把煮好的马下水端给满囤吃，他一直摇头说要留给她吃。

静子把碗一搁，大声喊着说，"让你吃你就吃，你不吃我也不吃了！"满囤只好接着碗。静子突然含情脉脉地看着他："满囤，你吃吧，我今天决定把我自己交给你了，你做我的男人吧。"

满囤一时怔住了。

"你要愿意的话，以后就要听我的话，不能随便出去。"静子说。

满囤高兴又沉重地点点头。

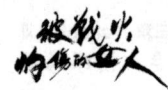

满囤觉着不能让静子跟着他就这样饿死在长春城，所以决定试着逃出去。晚上，他跟狗蛋，还有几个不怕死的人，躲在东郊关卡附近的荒草里查探情况。

不远处，马大山正亲自带着人巡逻，只听见马大山跟守城的士兵们大喊："仔细看着点儿，只要觉得可疑就开枪，管他是谁呢！"

一辆吉普车开来，车上下来两个人，他们对哨兵说是自己人。马大山大喝一声："什么自己人，打他们！"立刻一阵枪响。那两人赶紧趴在地上，子弹从他们头上掠过。

趴在地上的这两人，正是杨长山和范智博，他们此行是为了打探一下情况，看是否能帮一些同伴逃出长春城。他们完全没想到这里关卡会如此严。

见眼下情势不对，杨长山说："我开枪掩护，你去开车！"

"你小心点！"范智博起身朝着马大山的方向开了两枪，自己跳上了车。杨长山站起身朝着四周的士兵们开枪，脸被一颗飞来的子弹擦伤。范智博大喊一声，杨长山跳上了车，吉普车很快便绝尘而去。

满囤和狗蛋他们死死趴在远处的草丛里一动不动，想着，连杨长山那些人都过不去，他们想赤手空拳简直是去找死。

"满囤哥，咱们回去吧。再想想办法，这里是不能硬闯的！"狗蛋说着不管满囤回不回答，自个往回跑去了。回到院子里，静子问他们去哪里了，满囤刚想拦着，狗蛋已经脱口而出了。

"想跑出去都不成，差点儿没给人打死。东郊关卡上全都是拿着枪的大兵，老鼻子了。除非有翅膀，不然根本就跑不出去。"

"狗蛋，别说了！"满囤大声喝道。

"干啥不让我说呀？就这么围着，咱们早晚都得饿死！"狗蛋瞪着眼睛说。

静子看了一眼自家男人，转身进了屋。

满囤也跟着进去了，静子正默默垂泪。满囤开口："我知道你担心我，但你看你都啥样子了？我就是想把你带出去。我咋样都行，就是看不了你受苦，更害怕你死在这里……"一个男人竟然哭了起来。

静子泣不成声："满囤，我，我只有你一个亲人了，要死我也和你一起死。我知道了，你在用你的命护着我。但你知道吗，你的命也是我的……"

满囤感动地看着她，他紧紧抱着面前这个倔强的女人。

月黑风高，天上连一颗星星都看不到，街上几个人转悠了一会儿，便都溜进了百草堂。早已在里面等候的范智博，把他们带进了里间。没一会儿，冷筱云就抱着毓敏走了出来，站在门口警惕地四处查看。

第三章 | chapter Ⅲ
患难夫妻，情深缘浅

狭隘简陋的房间里，范智博点燃煤油灯，那几个人摘下帽子，各自坐了下来。杨长山脸上的擦伤在火光下异常明显，刘老师夫妇看起来比平日里要严肃许多。

"各位都到了，那我就先把情况介绍一下，国民党的部队以中央大街为界分为了两个守备区。东半部归六十军，西半部归新七军，司令部设在中央银行大楼。"范智博报上最近视察的结果。

杨长山站起身，转了一圈，略有所思地说："他们以中央银行为核心，以坚固建筑物层层设防，派新七军的五十六师两个团的兵力控制西门外的大房身机场。"

刘老师点点头，也站起身说："六十军的一个师防守东郊城防工事外的一些战略高地。"

几个人一直谈论着军事机要，秀华在一旁细细听着，她看着高谈阔论的丈夫打心眼里佩服，也不枉她当年哭喊着要嫁给他，还和他一起入了党，做了地下党员。

谈完军事机密，又说起长春城如今的形势，杨长山说："六十军在东郊设置的关卡很严，我和范先生已经去过了，没法逃出城。上级开会后决定从明天开始在东郊开个口子。"

范智博突然笑道："太好了，城内的老百姓已经没法儿活了。"

杨长山叹了口气，"是啊，老百姓为了解放付出了很大的代价。开了口子，我们也可以利用这个机会把我们需要的情报送出去。还有就是把我们受伤的党员一起送出去。老刘，你要带着秀华同志尽快出城。"

刘老师点点头，又一脸担忧地问："那你怎么办？还不走吗？"

杨长山坐下来说："这里还很多工作需要做。对了，我已经和六十军的长官谈好了，这是我们第一次的合作。"

范智博一听，语气激动地说："这么说，策反六十军起义的工作已经开始了？"

杨长山笑了下，看了看其他几个人，感慨地说："是啊。六十军早一天投降，长春就可以早一天解放。"

一直不说话的秀华，伤感地说："现在老百姓太困难了，饿死的人越来越多了。再不解放……"

杨长山看了她一眼说："秀华同志，你放心，长春解放已经是大势所趋。虽然艰难，但胜利一定会属于我们。"秀华坚定地点点头。

范智博看着大家信心大增，也放心了。他似乎又想到什么，去了隔壁屋，拎着两半袋东西进来。

"现在粮食越来越困难了，你们拿去分了吧。"

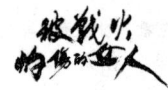

租赁的小屋子里,满囤正拿着生锈的剪刀专心地剪着喜字,静子在一旁惊讶地看着他,怎么也没想到他还会这么细致的活计。

满囤得意地笑了笑说:"还是俺娘教我的呢!在俺们老家,结婚都要贴大红喜字,喜庆,吉利。可惜啊,俺娘没看到这天。"

静子看着这个男人,眼眶泛红,她看着他把红彤彤的喜字贴在窗户上,想起了她和三郎的婚礼。看着满囤转过身,她立刻摇摇头不再回忆往事。

晚上静子在炕头用各色的布缝补着被面,看起来竟也有另一种奇特的美感。

"晚上,我们一起盖新被子吧?"满囤走过来说,看着静子羞涩地点点头,他兴奋地跳了起来,朝窗户外看了看,苦恼地说:"天咋还不黑呢?"

静子又羞涩地笑起来。

范家屋子里,朴成姬翻遍了整座房子也没找到一点吃的,一旁的范老四看了,告诉她说他把粮食都送去给范智博了。

"那是给孩子留的!"朴成姬生气地放下手里的东西说。

"我知道,可是我大哥那不是也有个孩子嘛,要是没我大哥,你我早就饿死了,憨憨也早死了。"范老四虽然愧疚,可是想到范智博平时对他的照顾,又觉得理直气壮。

朴成姬看着自己男人不再说话,房间里气氛有些压抑,憨憨醒来,一直哭闹不断。范老四只好抓抓头皮,说出去找点吃的。

到百草堂药店时,冷筱云正在收拾行李,他们夫妇下午就要带着小毓敏一起出东郊关卡。冷筱云一看到范老四,就把一小袋玉米面给了他。

"没粮食了吧,这个你拿回去,憨憨总要吃的。赶紧回去收拾收拾,下午跟我们一起出城!"冷筱云说完就督促着让他赶紧回去。

5/ 满囤惨死

杨长山给六十军的后勤长官介绍了范智博。

范智博想起前两天,他们闯东郊关卡时的情形说:"前几天我去了一趟卡子那里看了下,那个马大山好像不是你们六十军的吧?"

长官一听这个就啐了一口,不满地说:"那个马大山是新七军临时调去的,说是联合作战,其实就是监视我们。他们仗着是委员长的嫡系欺负我们六十军。"

范智博这下放心了,故意激将地说:"老百姓都知道,空投的粮食都是给新七军的,没你们六十军的份儿……"

第三章 | chapter Ⅲ
患难夫妻，情深缘浅

长官听到这里，更是火冒三丈："再不做这点儿生意，哪有钱买粮食呀，全军不就都饿死了嘛！"

范智博心里笑了笑，故作疑虑地说："我还是担心下午，马大山给咱们找麻烦呢！"

长官哼了一声，大声说："我和你一起过去，我就不信他还敢拦着我！"说完便吩咐刘副官做好战斗准备，范智博抬头看了一眼天，晴空万里，一切都是好的预兆。

六十军后勤长官带着几个士兵拉着大车出城，范智博穿着军装，压低帽檐跟在后面。东郊关卡处马大山正在做例行检查，见到长官的两挂大车后叫嚷着让停下说检查。

尽管长官危言恐吓，马大山依然不屈不挠。长官轻蔑地看了马大山一眼说："例行检查？你是哪棵葱哪，敢检查我？"马大山手下的人一下子围了上来。

六十军一连的士兵，也突然从四面八方围了过来。两队人马都手持枪弹对峙而立，气氛一下子就紧张了起来。马大山看对方人多势众有点打退堂鼓，但是对这些人的疑惑更大了，便用缓兵之计说去打电话向上级通报。

"汇报个头！给我打！"长官眼看要露陷，一声令下，他的手下已经开了枪，马大山的人也开枪了，顿时枪声四起，四周得到消息打算趁机逃走的老百姓吓得都趴在了地上。

马大山人少，很快就被打趴下了，长官冲过去一脚踩在马大山的脸上，让他下令开门。范智博护送车队和百姓都离开了之后，正要转身离开，突然不知道从哪里射过来一颗子弹，准准地贯穿了他的胸口。

"你是共产党！我认得你！"马大山举着枪，冲着范智博不停地扫射，他手下的士兵都死伤得差不多了，没有人去管一大批逃出城的百姓。范智博倒在了血泊中，那些枪弹把他的身体打得全是窟窿，面目全非。原本他打算等护送完军队和地下党员之后，再回去接冷筱云和范老四一家，却就这么一去不复返。

满囤把炕收拾干净了，又把喜字翘起来的地方重新贴了一下。他准备叫静子起来看，却突然发现她的额头跟着火似的烫得不得了，面上一点血色都没有了，嘴唇干枯得像脱皮的树枝。满囤明白静子是饿病的，立马说要出门去找点吃的。

"明天再去吧。外头太黑了，很危险……"静子声音虚弱，眼神空洞。

"黑了好，兴许这回出去真能找到呢。你好好躺着啊，找到了俺就回来。你别忘了，今天可是咱们大喜的日子，俺总不能让媳妇空着肚子入洞房吧？不然俺算什么老爷们，不管你说什么，俺都要去！"

静子心里感动，用尽力气支撑着身子坐起来，摸了摸满囤的脸。满囤扶着她重新躺下。

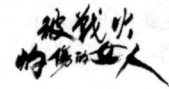

"你答应我,一定……一定不能出事,不管找不找得到都要回来,一定要回来……"静子把脸贴在他的手心,不停地嘱咐他。

"你放心睡吧,俺肯定会回来的,俺还要跟你洞房呢!"满囤故意大声说道,好让眼前的女人安心,说完帮她把被角掖好,就出去了。

街上四处都是国民党巡逻的士兵,满囤畏首畏脚地跟流动商贩做着交易,他将粮食揣进衣服紧贴肚皮的地方,开心不已,一路哼着小曲,心里想着要赶紧回去找静子。

"红彤彤洞房之夜烛光闪啊,静悄悄手拉手来肩并肩啊,慢腾腾铺床捂被芳心震颤啊……"

"前面的人,给我站住!"几个士兵追了上来。满囤刚一回头,一个士兵就冲过去,一把撕开了他的衣服,粮食掉了出来。

"看到没有,这小子竟敢在国难当前倒卖粮食,按照长春国民政府的战时条例,应当就地正法。"为首的士兵捡起粮食,对四周围观的群众说,想要用以警示众人。

满囤惊恐地说:"俺不是,俺不是……"

他还没说完,一个士兵已经开了枪,一连串的子弹穿透了他的胸膛,顿时血流如注。

因为憨憨一直哭,上街来买奶嘴的朴成姬刚好看到这一幕,她站在街角,呆呆地看着满囤痛苦挣扎地倒在了血泊里……

满囤身上被枪贯穿的地方不断地流着血,把四周都的马路都染红了。围观的人们看着士兵走后,才开始壮起胆子破口大骂,但没有一个人敢上前救治。

"这帮王八犊子,还有没有王法了?"

"什么他妈的战时条例,就是不让咱们老百姓活了!"

"这人也真是够倒霉的……"

静子醒来没瞧见满囤,心里涌起一阵强烈的不安。像是突然有了某种信仰,支撑着她走到了街上。

正当她在街上嘶喊着满囤的名字时,一连串的枪声传入她的耳朵,她失措地朝声源处跑去,正好和吓得惊慌往回跑的朴成姬擦肩而过。

静子用尽全身力气扒开人群,一眼便看到了躺在地上的男人,她登时惊呆了,不顾一切地扑上去抱住他,歇斯底里地哭喊起来:"满囤!满囤!"

满囤身上的献血很快染红了静子的衣裳。他深情地凝望着自己的媳妇,笑了笑,嘴里喃喃地:"媳妇,洞房我是入不成了,你一定要活着啊!活着……"他说着话吐出一口鲜血来,伸出手指指自己的肚子,似乎还想说些什么,还没说出来就咽气了。

静子不断呼喊着满囤的名字,只是他再也没有睁开眼睛。很久之后,围观的人逐渐散去，她从满囤双手捂着的怀里掏出了一小袋被鲜血染红的小米。

"满囤……"她又开始抱着他的尸首嚎啕大哭，那声音听起来撕心裂肺，路过的行人都要落泪了。

静子抱着满囤，想起不久前，他还抱着她，还说一定会回来的。她又开始哭起来，只是没了眼泪。

突然，一个人怒气冲冲地路过她身边，身后还带着一小队人，静子认出那个人是马大山，只是他完全没有注意到路边的静子。静子看着他冲进了对面不远处的百草堂，然后就听见了冷筱云呼天抢地的哭声。他手下的人把冷筱云架着往外走，药店里面传来女孩儿的哭声……

静子没力气去顾及其他人的生死，看马大山的人都走了之后，又继续抱着她的满囤哭起来……

凌晨，静子默默地把缝好的鲜艳的被子盖在满囤身上，又拿了一张大红喜字盖在他脸上。她去舀了些水给自己洗了脸之后，整理了衣服，也躺在了满囤身边。

"满囤，我来陪你了，我来陪你入洞房……"静子凄凉地笑了笑，用手抚摸着他冰凉的脸。她想起了第一次看到满囤的时候，还有满囤护着她不被满囤嫂子欺负的时候，以及他送她去葫芦岛时，拼命钻进火车里的情景。

"满囤啊，你别走太快，我会找不到你的……"静子吻了一下满囤的脸，温柔地像在说着情话，四周寂静无声。

突然，她的脑海里跳出满囤的声音："你要活着，活着……"

静子一怔，看着满囤紧闭的嘴巴，想起他临死前说的话。片刻后似乎决定了什么，她立刻从炕上起身，跑出去喝了一口凉水，然后舀了两碗带血的小米倒进了锅里，她像是在对满囤承诺似的大喊："我要活着，要活着！"

外面的狗蛋听闻了静子的叫喊，立即冲过来查看。静子看到他后，大喊："狗蛋，今晚我们就一起逃出城吧，这长春城的人都要死光了……"

秘密根据地，杨长山集合了其他的地下党人开会。

他无比悲痛地对大家说："同志们，范智博同志为掩护物资和老百姓光荣牺牲了，冷筱云同志也被马大山抓起来了……"

在座的同志们都义愤填膺。

杨长山见气氛有些压抑，为了鼓舞士气，站起身扬高声调说："同志们！现在是黎明前的黑暗，越是在这种时刻我们越应该顾全大局，我们的任务是把长春完整地交到人民的手里……"

他看了看怀里的小毓敏,这是百草堂伙计小三交给他的。他郑重地把小毓敏交给自己的老婆张文秀,接着说:"张文秀同志,范智博的女儿就是我们的女儿,我们一定要把她抚养成人。"

"是!"张文秀立刻站起来敬礼,并接过毓敏抱在怀里哄着她入睡。

范老四得知范智博死了,冷筱云也给马大山抓起来了,决定连夜就带着朴成姬和憨憨离开长春城。

马大山把六十军后勤长官违反军令私自带人冲出东郊关卡的事汇报给了新七军的负责人,还说六十军他们藏有血料子要卖给共产党。那负责人一听就立刻和马大山带人将六十军仓库包围。

马大山刚带人冲进去,子弹突然从仓库里射出来,他应声倒在了地上,还没弄明白到底怎么回事,就闭上了双眼。

仓库里传出来后勤长官的呐喊:"委员偏心,什么都给新七军,老子六十军连根毛都没看到!兄弟们,我们要自己打出一片天来!冲啊!"

新七军的负责人一听这话,也气不打一处来,还想着要解释,里面人就开火了,他的手下倒了一片。他只好鼓着腮帮子大喊:"打就打!来人!命令东郊出城的关卡,今天一个人都不许放走!我倒要看看谁厉害!"

双方迅速地展开了激烈的交战,老百姓们更是乱成一团,都想着要赶紧逃离长春城,都涌着往东郊关卡的地方跑去。

"跑不了啦,跑不了啦,国民党内讧,要封了东郊关卡,一个人也不准走!"有人边喊边跑,还没到关卡处就被人一枪打死了。

6/ 家破人亡,亲人离散

东郊关卡处,百姓们蜂拥而至,看守的士兵试图阻止不果,一个暂时负责的士兵下令开了枪。子弹在人群里乱飞,很多的老百姓都倒下了,遍地都是衣服的碎片和鲜血。静子在人群里看着那些人倒下,有些害怕起来。

范老四赶着马车从人群中呼啸而过,子弹不停从他们身边飞过,还有人们胡乱地呼喊声,他全然不顾,只看着前面不远处的关卡栅栏,狠狠在马腹上甩了一鞭子。朴成姬恐惧地趴在车上,怀里的憨憨还在不断地哭喊。

静子正往栅栏那边冲过去,被范老四的马车撞倒在了地上。狗蛋冲过去想拉起静子,被人一枪贯穿了胸膛。静子想要过去看看狗蛋,却被拥挤的百姓一次次推倒,她颓然地躺在地上,看着身边无数个奔跑而过的脚,就算踩在她身上,她也一动不动,只是趴在地上双手护着脑袋。

范老四赶着的马车终于冲出了关卡，但他丝毫不敢懈怠，一直朝马肚子甩鞭子，往范家屯的方向而去，范老四知道那里早就解放了。

走了许久以后，马儿越走越慢，范老四下车去找水喝。朴成姬抱着憨憨，看着他们身后的路，想到终于逃出了长春城，激动得快要落泪。

这时，她突然发现山坡上有几个男人不怀好意地向他们走来。

"四哥，那边来人了！"她赶紧对着河边的丈夫喊道。

"他们肯定是冲着咱们的马来的，赶紧走！"范老四丢下手里的破碗，赶紧上了马车。可是由于之前马跑得太累了，无论他怎么甩鞭子，马都跑不起来。

那几个男人见他们要跑，铆劲在后面追。有一个男人跑得很快，没一会儿他就抓住马车后面的绳子，快要爬上去的时候，被朴成姬一脚踹了下去。

马越跑越慢，范老四看着其他两个男人离他们越来越近，使劲地往马肚子上甩鞭子，马儿竟然掉头向荒地里跑去。

"啊！这马发疯了！成姬，你抱紧憨憨！"范老四对着朴成姬大喊。

刚一喊完回头，马的前踢突然踏空。"吁……吁"他突然勒马，却被刹车惯性甩得飞了起来，一头撞在了路边的石头上。

朴成姬抱着憨憨也一起被甩了出去，幸运的是，孩子被她在落地的刹那间举了起来，没有摔着，只是她自己却狠狠摔在了地上，昏厥了过去。那几个男人看出了人命，吓得也不敢再追了，他们原本也只是想抢点吃的而已。

周遭一切变得异常宁静。不久，天上下起了小雨。水冲打在朴成姬的脸上，她怀里的憨憨拼命地哭叫着，很久才唤醒了昏死过去的母亲。她立即忍着痛起身，看憨憨没事，赶紧把憨憨紧紧抱在怀里，亲了几口。突然，她想起了范老四，抱着孩子往他躺着的地方爬过去。当爬到范老四跟前时，她才发现他已经断气了，眼睛睁得大大的，似乎还有许多的话没有说完。

朴成姬看着死去的男人，痛苦不已，她哭叫着自己的不幸，任凭雨水冲刷她伤痕累累的脸颊。她就在不久前还想着，逃出长春城终于要重新开始生活了，却又出现这样的事，她哭着哭着，昏死在泥水中……

第二天早晨，朴成姬才又醒过来，她看到儿子的小脸通红，伸手一摸才发现他正发着烧。她举目四望一个人影都没有，只好抱着孩子往前面继续爬。很久之后，她看到了一座村落，烟炊里的烟火徐徐上升，一个普通的村子，在她看来却像天堂一样美好。

刚下过雨，杨家店像是被水洗过一样，绿树白墙，令人异常舒服。王寡妇正在院子里"咕咕"叫着喂鸡，她往屋里瞟了一眼，不知道疯媳妇又上哪里去了。

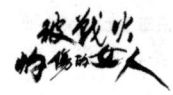

"王婶!"孙玉娘跑来站在门口说:"你瞧瞧你们家秀芬呀,跑人家翠花大门前使劲敲,嚷着要儿子,赶紧把她拉回来吧!"

王寡妇一听就皱起了眉头,冲着这屋里喊道:"喜顺,去,把你媳妇带回来!"见儿子一动不动地坐着,又喊道:"去呀!"王喜顺只好一脸不情愿地出门。

王喜顺死命把媳妇往家里拉,到家门口了她又突然往村外跑去。王喜顺气得张牙舞爪,在后面一瘸一拐地追赶着。眼看着她都跑出村子了,也无能为力。韩秀芬突然看到一片野花,嬉笑着停下来去摘野花。王喜顺看着她在采花也就放心了,骂骂咧咧地坐在了村口的石头上等她。

韩秀芬采了一大把野花,正想回头,突然听到了孩子的哭声。她下意识地扔了手里的花,循着哭声走去。走了一会儿,便看见躺在地上哭闹的憨憨和昏睡的朴成姬,她心里大喜,准备上前抱走憨憨。成姬突然睁开眼,她看到了韩秀芬的眼睛,突生一种恐惧的感觉。她把憨憨牢牢地抱在怀里,韩秀芬不管不顾地向前和她争抢孩子。

"我的儿子,我的儿子!"韩秀芬力气大得像头牛,受伤又一直疲惫不堪的朴成姬自然抢不过她。她看着儿子被人抢走了,着急地扑上去抢。疯婆子似乎被刺激了一样,瞪着双眼愤怒地对她一顿踢打,直到将其打晕了过去,而后抱着孩子疯狂地往村里跑去。

王喜顺坐在村口的石头上,远远就看着媳妇抱着一个孩子回来,惊吓地问孩子是哪的。她也不搭理,径自抱着孩子跑回了家。王家院子里,王寡妇一看疯媳妇抱着孩子回来,吓得以为她又把谁家的儿子给抢了。举起扫把就开始追打,只见韩秀芬抱着憨憨在屋里转圈跑着,就是不给孩子,也说不出孩子的来历。刚开始憨憨还有哭声,渐渐地在韩秀芬怀里没了动静。

"疯子,你别再闹了,孩子都没声了,让我看看他怎么了。"王寡妇吓得半死,赶紧丢掉扫把,可是韩秀芬依然不给孩子。她只好猛地上前把韩秀芬推倒在地,然后抱着孩子边跑边跟儿子说:"喜顺,我看这孩子是饿的,赶紧找点吃的来,要是把人家孩子弄死了,咱们赔不起呀!"王喜顺也惊慌失措地跑进厨房,找了些中午剩下的面汤给憨憨吃下,很快孩子就睡去了。

"儿子,去外面转转看看有没有人找儿子,没有就别出声。"王寡妇说。

王喜顺听了老娘的话,一个人在街上转悠了一圈,没发现谁家丢了孩子,就回去报告了。王寡妇一听乐得屁颠屁颠的,"那这孩子就是咱老王家的了。指不定几天你媳妇的病就能好了。"可是王喜顺摸摸脑袋,一脸疑惑地说:"要是人家问,孩子哪儿来的?我咋回答呀?"

"就说是长春亲戚的孩子,大人都死了,没办法,只能我们养活了。放心,现在乱着哪,哪有人查啊!"王寡妇得意地说。

第三章 | chapter Ⅲ
患难夫妻，情深缘浅

他们说着话的时候，韩秀芬在憨憨身边又是喂水又是盖被子一刻不闲地忙碌着，神情完全变了，看起来就像一个正常的母亲一样，满脸慈爱。

躺在草丛里的朴成姬渐渐苏醒了。她看着自己空空的手，脑海里浮现出憨憨被抢走的一幕，顿时嚎啕大哭起来。她泪眼朦胧地看着不远处的人家还亮着微微的灯火，努力爬起来往那走，刚走进村子，就一头栽到在村口的马棚外。正在喂马的吴本正，听见扑通一声，赶过去才看到是一个女人晕倒了。

"救人一命，胜造七级浮屠。能救干啥不救呀。救个人，共产党说不定还能对我宽大呢！"他自个说着，就把朴成姬扛回了自己家。

夜深人静时，朴成姬才幽幽地醒来，入目的是昏暗的油灯，她迷迷糊糊中看到油灯后有一个巨大的黑影向自己压了过来，她顿时紧张的缩到墙角，神志不清地大叫："太君饶命，太君饶命。"

吴本正倒吸一口凉气，手一哆嗦，油灯掉在了地上。火苗迅速燃烧起来，他赶快用脚把火苗踩灭了。炕上的女人一直瑟瑟发抖，他走上前看着她的脸，越看越眼熟，而且他听得出她说的竟然是日语。他直直地盯着朴成姬，突然回想起日本人还没有投降之前，他为了给儿子报仇而向日军山本一郎出卖了杨长山，他去告密的时候，山本一郎曾经说赏赐一个女人给他。

"没错，就是你，你就是那个朝鲜的慰安妇！"吴本正突然想起来就对炕上的女人大喊，而后忽然想到，共产党正在调查杨家店惨案的告密者，如果这个女人认出自己就是那个告密者，他肯定要完蛋了。想到这里，他竟然跑出去拿了一把斧子进来，对准朴成姬……就在这时，外面突然传来了杨长水的声音："哎！吴本正，你喂马了吗？"他犹豫片刻扔下斧子，走出了房门。

杨长山说村口不远的地方发现一匹死马和一个尸体，要吴本正去帮他抬回来埋掉。

"杨兄弟，你饶了我吧，我真的病得很严重啊。"吴本正故意捂着肚子对杨长水嗷嗷嚎叫起来。

"那我自己去好了，不过吴本正我告诉你，最好少给我整什么花花肠子。"杨长水说完就走了。

吴本正回到房间，又拿起了斧子。朴成姬神志似乎清醒了一些，突然出声："你是谁？我儿子在哪？四哥，四哥在哪儿？他们在哪儿？"吴本正这才知道原来这个女人并没有认出他。成姬突然想起了丢失的孩子和死去的范老四，心下悲怆，又昏迷过去。吴本正端着油灯走近朴成姬，她脸上虽然脏乱，但眉眼清秀，更重要的，还有一副诱人的身体……欲望的火焰在内心燃烧起来，他不顾一切地扑上去开始撕去她的衣服……

完事之后，趁朴成姬没醒，吴本正将她丢进了地窖里。

7 / 地窖里的罪恶

长春城东郊的关卡处，尸横遍野。静子伤痕累累地在一旁呆滞地坐着。她想过好几次，就这样死去算了，可是一想到满囤死前的话，又鼓励自己好好活下去。

中午时，听人说二道河子那边关卡不严，会比较好过点，她就赶紧过去了。没想到在街上遇见了之前在大杂院的邻居秀华和琴兰。

秀华拥抱着静子哭了："满囤媳妇，你，你咋上这儿来了？这些日子你都在哪儿呀？我们老惦记你了……"

琴兰已经没了往日的光鲜亮丽，想起之前对静子的行为，觉得愧疚，语气也变得平和起来，"满囤哪，他哪儿去了？"

静子看着她们，幽幽地说起了满囤的死，三个女人抱头痛哭。天黑前，三个人赶回了之前的大杂院。

静子看见桌子上的半杯水，冲过去扬起头喝起来，喝完又直奔水缸，舀起半瓢水，大口地吞咽。

秀华走过去，握着静子的手，心疼地说："静子，好几天没吃了吧？我这儿还有一个皮袍子，原本想带走的。琴兰，你拿去卖了吧。换点儿吃的，保命要紧哪。"

琴兰走过去把袍子披在身上，仔细打量着，语气幽怨又悲凉地说："你早给我多好，穿上这个，那些狗男人还能多看我几眼，也能多黑他们几个钱。"

秀华皱眉不悦地说："什么时候了还说这话？"

琴兰哼了一声说："不是穷开心吗，我可不想这么等死。走了。"

琴兰走后，剩下两个人把仅剩的粮食拿去煮了。

琴兰穿着袍子像个流落街头的富贵太太，她正和一个卖饼的小贩讨价还价："多给两个不行吗？三个女人正好一人三个。"

"你也知道现在这点粮食可是能救命的，也不是不能多给两个，只是……"那人不怀好意上下打量着琴兰。琴兰自然也明白他的意思，故意扭动腰肢，扬起脸说道："我知道你想要啥，行。要多给几个饼子就行。"

那小贩却哼了一声，低着头故作忙碌地说道："想啥呢？多一个都没有。"还作势要走。琴兰想了一下，说道："那，那你先把饼子给我。九个啊，一个都不能少。"

那人一脸贼笑地把饼子给她后，就领着琴兰进屋了。临进门时，她下意识回头看了看破旧不堪的街道，和熙攘慌乱的人群，片刻间，有些凄凉的感觉。但那种感觉一闪就消失了，她扬起了脑袋，裹了裹身上的皮袍，摆出一副高傲的样子踏进门槛……

第三章 | chapter Ⅲ
患难夫妻，情深缘浅

秀华和静子正在灶炉里烧着从马路上挖下来的柏油，用来煮酒糟和糠麸。届时，刘老师从外面走了进来，身穿一套军装，他现在在六十军当文书。他看到静子时，诧异地说："满囤媳妇？你怎么在这里，满囤呢？"

静子一听这话，眼神立即黯淡下来，她低下头说："死了，去黑市换粮食给打死了。"

刘老师愣了一下没说话，解下身上的米袋子递给秀华，说上头今儿分了点高粱米。秀华担忧地看着丈夫，迟迟不接米袋。

"我自己跟着士兵混点吃就可以了，你们女人不能饿着。"刘老师明白妻子的担忧，接着说："听说半个月以后南关大街那边的卡子兴许会开，你们做好准备。满囤媳妇，你就跟着我媳妇吧，到时候我送你们出去。现在，我先走了，被国民党发现就完了。"

琴兰用布包着饼子，小心翼翼地穿过街巷，往大杂院里走去。那个卖饼的男人说自己的老婆怕打仗，跑了，就让琴兰给他做临时的媳妇。男人还说他大哥是新七军的大灶师傅，谁饿死了他也饿不死！琴兰想了想就跟了他，保管饿不着就行。但是，要先把饼子送给她的姐妹，再回去找那个男人。

"一件袍子才换这么几个饼子？"秀华看着几个饼子，不可思议地说。

琴兰急了，站起身说道："你是不是以为我贪污了？"

"我是骂那些奸商呢，个个满脸长麻子，坑人！"秀华说。

琴兰听着和秀华一起哈哈大笑起来。静子却在一旁愁眉不展，琴兰看出来她定是在想满囤了，搁下手里的饼子说："满囤媳妇，要我说你就是生在福中不知福。最幸福的女人什么样？就是能有个男人愿意为你死。你够幸运的了，你应该笑不应该哭！"

"咋说话哪？"一旁的秀华嗔道。

"我的话咋就不对了？有男人愿意为我死吗？有吗？一个都没有！为了不饿死我能做的除了去卖还有什么？啊？让人家瞧不起让人吐吐沫，你们说，该哭的是谁呀？是我！"琴兰想起自己老家的儿子来，要不是为了山东老家的孩子和爹娘，她怎么会出来卖呢。说着竟也啜泣起来。

静子看着琴兰一直哭，自责地在一旁劝解了一会儿。秀华说："我们三个都还没死，又再遇见了，已经是福气了。"其他两个人一听也是，三个人手牵手坐在炕上聊天，夜深了，就睡去了。

早晨醒来时，静子发现琴兰不见了。

杨家店的马棚外，杨长燕正给一群当过妓女的女人开会。

"把你们召集起来学习不为别的，就是让你们明白一个道理。世界上最光荣的是什么？是劳动。是劳动创造了人类，是劳动让社会不断进步。"杨长燕的声音洪亮，

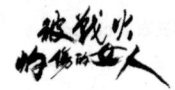

表情也严肃许多。

坐在一边的肖胜利欣慰地听着,并且不断给杨长燕鼓励的目光。

"没错,你们过去当过妓女,被人瞧不起。我知道,你们其中很多人都是因生活所迫,不得以的。但是,长时间过这种不劳而获的生活,慢慢地在改变你们的想法。其中许多人,已经不知不觉地习惯了这种生活,这就是最大的问题。现在解放了,妓院被取缔了,不管你们愿意还是不愿意,必须开始新的生活,必须参加劳动,成为为新中国增添砖瓦的劳动大军中的一员。"杨长燕看到自己未婚夫鼓励的眼神后,喊得越发有劲了。

肖胜利赞许地鼓掌,然后走上前站在杨长燕身边说:"姐妹们,大地主吴本正你们都认识。我知道,你们其中许多人都受过他的蹂躏和欺诈。"

妓女们互相看了看,谁也不敢说话了。

肖胜利接着说:"今天,你们可以什么都不说。大家回去要好好想想。你们是希望做新人,还是想回到过去那种日子。但我可以告诉大家,回到过去,绝对不可能。只有重新做人才是你们真正的出路。"

杨长燕立刻跟着说:"你们可以揭发可以控诉。控诉大地主吴本正的罪行,控诉一切欺压你们的剥削者的罪行。不愿意在会上说的,私底下告诉我也行。还有,抗日时期那次日本鬼子来到咱们杨家店大屠杀的事件,上级非常重视。大家知道多少就交代多少,一定要把出卖我们同胞的汉奸揪出来!立功者受奖!"

一直躲在矮墙后面偷听的吴本正,等到会议结束,大家都走了,才敢深呼吸,匆匆地回了家。

朴成姬躺在地窖里,看着从地窖口那里投下来的一点光,眼神麻木。她听见有人在往地窖下来的声音便闭上眼装睡。吴本正举着油灯走了下来,他走到成姬身边,狠狠抽了她几个嘴巴子,见她还不醒,又泼了一瓢凉水,朴成姬这才睁开眼睛。慌忙地缩在角落里,她看了一眼吴本正,总感觉在哪儿见过,却又想不起来。

"臭娘们!看什么呢,怎么,你认识我?"吴本正又扇了她一耳光,试探地说。他见朴成姬使劲摇头,继续说道:"你没见过我,我可见过你!你是朝鲜人,是伺候日本鬼子的妓女。现在我们这里解放了,到处都是解放军共产党。你想过没有,如果他们知道你成天和小鬼子睡觉,会怎么样吗?他们会把你送回朝鲜!要是你的家人知道你干过这么些下三滥的营生,你还能活吗?有脸活吗?还能有男人要你吗?就是吐吐沫也能把你给淹死!"吴本正故意说着这些话来恐吓她,效果很明显,她已经吓得说不出话来了。

吴本正内心得意,却还板着脸说:"告诉你吧,共产党把那些妓女都给抓起来了,今天他们开会的时候我看见了。如果你老老实实在这里待着,什么事情都不会发生。

如果你要出去，让共产党见看了，不被打死也会被关进监狱，他们就是要整治你这样的人，狠狠地整，往死了整，把对小鬼子的气统统都撒在你的身上！"

朴成姬吓得哆哆嗦嗦，发誓说："我不出去，绝对不出去……"吴本正邪恶地笑了笑，吹灭了油灯，向她扑了上去……

琴兰拿回来的饼子被吃光了，秀华决定把丈夫上次拿来的高粱米蒸了，静子在一旁说能吃上这样一顿饭，死也值了。

"再胡说我可就扇你了！满囤兄弟可是说让你好好活着的。"秀华故作生气地说，静子不说话了。

这会儿，大门突然从外面开了，秀华警惕地看了看，一看是琴兰，就高兴地迎了出去，只看到她的肚子鼓鼓囊囊的。

"这几天你死哪儿去了？明天卡子就开了，再不回来我们可就走了。"秀华说。

琴兰得意地笑着，把怀里的东西倒在小桌子上，竟然全都是吃的，高粱米饭、馒头，还有腌菜什么的。秀华问她，这些东西从哪来的。

"告诉你们吧，我真是遇见好人了。一个特别有钱的老太太，她闺女死了，想让我给她当姑娘，我就去住了几天。我不能看着你们挨饿呀，就偷了这些，回来了。"琴兰夸张地说。秀华笑着说她鬼点子多，琴兰看正在吃饼的静子，想到从前害过她，现在总是还清了。三个人饱饱地吃了一顿，又睡了一觉。

8/ 一个叫刘思田的难民

南关大街的关卡处，成百上千的老百姓排着队接受士兵的盘查，士兵将他们的箱子打开，杯子和枕头全部都打开，检查里面是否藏了粮食，一旦查出就没收。琴兰紧张地拽紧手中的箱子，她把吃的全藏在箱子中的被子里了。刘老师让她别害怕，带着秀华、静子和琴兰来到关卡前。哨兵看到刘老师穿着军装，敬了一个礼。刘老师说三个女人都是她的家眷，士兵嬉笑着，没有盘查就让她们顺利过了关。

三人激动不已，跟刘老师挥手告别。

突然，那些来不及等待的人们强行打开了铁丝网，全部都向外冲去。后面等候的人群瞬间就乱了起来，也都跟着跑出去。人们潮水一般就往外冲去。

静子被一个中年男人撞倒在地上，觉得头重脚轻，费了很大力气才爬起来。秀华和琴兰已经不见了。

静子四处望了望，依然没看到琴兰和秀华，无奈只好独自跟着人群往前跑去。听

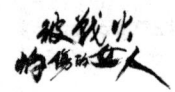

说解放军设了一个难民站,有免费的稀饭,很多人都跑去了那里,静子便也跟着众人来到了难民站。

难民站已经聚集着许多的难民,旁边的一个大锅里熬着稀粥,冒着热气。解放军给排队的难民盛稀饭,静子赶过去排队的时候突然看到了秀华和琴兰。原来她们也分别来到了这里,三个人又为重逢而哭泣起来。

"琴兰,你弄的那些饼子咸菜呢?"秀华说。

"丢了。什么都没了,只剩下这个小包袱了。原本想着给孩子带点儿,都没了,就几件孩子衣裳了。那可是我拿血肉换来的……"琴兰看着自己空空的包袱,悲从心来。

静子目瞪口呆地看着琴兰,才明白她之前说的给有钱人当"闺女",实际上不过是重拾老本行而已。

琴兰难过了一会又埋头整理着包袱,把孩子的衣服玩具一一整理好,紧紧地捆在身上,"这下可丢不了了。见孩子一面多难哪,怎么也得带些东西给他。以后我真的再也不跟儿子分开了。"

喝完粥后,三个女人和几个难民结伴而行,每个人都是一副精疲力竭的样子,静子更是步履蹒跚,出关卡前她其实就已经发烧了。

突然,有人大喊起来:"胡子来了,胡子来了!"所有人又不顾一切地奔跑起来,没有方向没有目的地逃窜,都是一副惶然的表情。人人都知道胡子是奸淫掳掠,无恶不作的贼人,提起来都令人不寒而栗。

三个女人夹杂在中间,被人潮推挤着往前跑。可是,静子实在跑不动,三人很快就落在后面,眼看胡子就在身后了。

琴兰突然停下来说:"秀华,你带着满囤媳妇躲到庄稼地里去,我去引开他们。"说完继续跑,秀华拉着静子躲在了庄稼地。

胡子见人就砍,见东西就抢。琴兰的包袱已经被挑开了,她慌张地抱着包袱继续跑着,一个胡子见她一直抱着包袱,以为里面藏着什么财宝,挥起手里的刀就朝她砍去。刀砍在琴兰身上,她随着惯性甩出去很远,最后摔倒在地上,手里的包袱早不见踪影。胡子骑马跑过,用刀挑开了那个包袱,小孩的衣服鞋子和一些糖果玩具从里面哗啦掉出来,那个胡子皱了皱眉头掉了头。

静子和秀华各自捂着嘴巴惊恐地看着,直到胡子的马队跑远了,才跑出庄稼地。她们疯狂地跑向琴兰,可是她已经死了,浑身是刀伤,那些伤口还潺潺地流着血。琴兰的眼睛睁得大大的,手里还抓着一件小孩的衣服。静子难过地抱着秀华,两个人哭得泪雨滂沱。

哭了很久之后,秀华的双眼都干涸了,她说:"咱去把琴兰葬了吧。"

第三章 | chapter III
患难夫妻，情深缘浅

空旷的野地里，一处新土堆成的坟头格外孤单和醒目。远处的太阳快要落下了，干枯的树枝上，有两只乌鸦不停叫着。

"走吧。满囤媳妇，人死不能复生，别难过了。"秀华抹着眼泪。静子喘着粗气，木然地跟着秀华走着，只是她烧得越来越严重了，全身乏力。

她们走着看到一个水库，打算过去弄点水喝，刚走过去，静子就一头栽倒在地上。秀华死命摇晃着静子，可是静子没有丝毫反应。

一辆牛车经过，一个男人和一个抱着孩子的女人坐在车上，男人下车来看发生了什么事。他把手放在静子鼻子前探了探，说她已经没气了，让秀华跟他们走。秀华想了想，上了车，她坐在牛车上看着水库边躺着的静子，泪水不停地流淌……

第二天早上，来水库打鱼的杨长水发现了静子。他探了探静子的脉搏，还有微弱的跳动，但却怎么叫也叫不醒，他捧了一些水灌进静子嘴里，静子被呛得咳嗽了几声，但依然不省人事。他想了想，抱起她往村里去了。

杨长水一路把静子抱回了家，一进家门就喊道："燕子，娘，你们在吗？"

"你嚷什么呀，娘去王婶家了。王婶说她家捡了个约莫两岁大的大胖小子，秀芬姐一抱他就哭，秀芬姐又非要抱。所以，就让娘过去瞧瞧了。"

杨长燕边说边往出走，一看她哥抱着个女人往西屋去了，吓得惊叫："呀！她是谁啊？她怎么了，小哥？"

杨长水丝毫不理会妹妹的叫嚣，小心翼翼地把静子放在炕上，还给她盖好了被子，才跟杨长燕说上话："我在水库边发现她的，你赶紧去把娘叫回来再说。"

杨大娘回到家里看到一个容貌清秀的女人躺在炕上，杨长燕已经把她的脸擦干净了。杨大娘说，"八成是从长春城里逃出来的难民。"

这时，正在厨房熬姜汤的杨长燕说红糖没了，杨长水一听立即出去找了。杨长燕奇怪地说："娘，我小哥这是咋了？"杨大娘在一旁看着笑而不语。

杨长水从王喜顺家借来了红糖。熬好姜汤后，杨长水端着红糖姜水走到炕沿边上，一脸小心翼翼的紧张模样，在一旁观察许久的杨长燕突然一把将碗抢了过来："我就知道你没安好心。"

妹妹的话令杨长水顿时火冒三丈，但又不好发作，杨大娘在一旁笑着，继而想起什么似的，问儿子："你抓的鱼呢，晚上肖连长还要来家里吃饭呢。"

杨长水答非所问："鱼汤，她是不是也能喝呀？"

"你说的她是谁呀。"杨长燕笑着故意打趣道。

"小孩子懂个啥，一边去。"杨长水说完就拿着鱼篓出门去了。

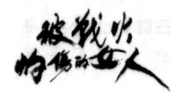

"娘,我看我小哥呀,肯定是看上这个姑娘了。"杨长燕偷笑着说。

"早看出来了。"杨大娘笑得眼睛周围都堆着皱纹,但是心里也有些隐隐的担忧,不知道这个漂亮姑娘是啥来路,可千万别是个日本人啊?

晚上,肖胜利来杨家吃饭,对鱼汤赞不绝口。

杨长燕瞥了一眼她哥说:"瞧把他美的。他可不是给你熬的。"

杨长水不悦地夹了一筷子咸菜塞进杨长燕的嘴里。妹妹皱着起眉头:"干啥呀,想咸死我呀?"

"堵住你的嘴!"杨长水埋头吃饭,脸都羞红了。杨大娘略显不好意思地说:"你瞧瞧这俩人,老跟孩子似的。肖连长,让你见笑了。"

肖胜利看看兄妹二人,大笑着说:"哈哈,我看很好嘛!"

杨长水找借口去盛饭,站起身假装不经意地撩开西屋门帘看了看小屋,突然惊喜地喊道:"娘,她醒了,她醒了!"

杨大娘他们立刻闻声进了西屋。

静子醒来看着一群陌生人,本能地感到恐惧。可是看到杨长水端来的鱼汤,她毫不客气地端起来一饮而尽。又看到了杨大娘手里的饼子,扑过去抢了就往嘴里塞。旁边的杨长水看她这样吃吓了一跳,连连说:"你不能吃这个,不能吃这个。"

杨大娘也在一旁焦急地说:"孩子,你现在不能吃这个,会撑死。听大娘的,不能吃,你会死的!"

听到这里,静子突然松开了手里的饼子,看着她们说:"让我死吧,让我死吧。"

杨长水一听这话又吓又气,扬起手掌扇了她一耳光,还冲出去拿了把菜刀放在静子面前,把在场所有的人都吓了一跳。谁也没想到,他的反应会这么激烈。静子看着菜刀,全身哆嗦,她想起了满囤,想起满囤死前说的话,还有秀华说的话,突然嚎啕大哭起来。

杨大娘上前把菜刀不经意地拿过去递给杨长燕,她坐在炕上,握着静子的手说:"孩子,受了不少苦吧。"

静子抬起头看着杨大娘,好像看到了自己的妈妈,她不断地喊着:"妈妈,妈妈……"

杨长水双眼湿润了,有些后悔刚才的举动,站在一旁手足无措。杨大娘抚摸着静子的头发,轻拍着她的背说:"孩子别怕,你回家了,回家了。"

杨长水又跑去厨房端了一碗汤来,静子喝了几口,昏睡了过去,只是现在眉头不像之前一样紧锁,呼吸也均匀平稳许多。

地窖里伸手不见五指,还有老鼠唧唧的声音,朴成姬摸索着前行。她的腰上次撞

第三章 | chapter III
患难夫妻，情深缘浅

伤后一直隐隐作痛，很久之后她终于爬到梯子前，又直起身子慢慢向上爬，就在要爬上去时，脚下一滑又摔了下来。客厅里的吴本正听见声音后立刻赶过去，他点了煤油灯，看她在梯子前，就明白了她想逃跑。他上前狠狠地就揪住她的头发，对她一阵踢打，还不断威胁她。

"再想着逃跑，我就把你交给共产党，他们会把你遣送回朝鲜！让你一辈子抬不起头来做人。"

朴成姬一听吓得瘫软在了地上，又突然跪下磕头，眼泪啪嗒啪嗒地掉下来，"我求你了，求你了，我只是想找我的儿子。"

吴本正惊奇地说："你还有儿子？日本人的？国民党的？土匪的？到底是谁的？"

"是我的儿子，是我的！"朴成姬愤怒地嘶吼，眼睛里都燃烧着愤怒，又换来一阵拳打脚踢，'直到她一点也不再强硬。

杨家大院里，肖胜利和八斤在挑水打扫院子，女人们都在厨房做饭。突然西屋传来了声响，杨长燕赶紧搁下手里的东西跑进去。

杨长燕进去后，发现静子从炕上摔在了地上，就上前去把她扶起来躺好。"你别乱动啊，我小哥去给你捞鱼了。他让我好好看着你。"

静子又挣扎着坐起来，虚弱地说："我已经好了，你们救了我，可是我也不知道要怎么报答你们。"

杨大娘也进来了，听见静子的话，便接着说："别说报答不报答的，把身子先养好最重要。"

静子一脸感激，正欲开口，听见了杨长水在院子里说着："娘，我今儿捞了好大一条鱼。"很快，杨长水已经走进屋了，看见静子醒了，高兴地不知所措。

杨大娘把所有人一一介绍给静子认识。静子这才得知是杨长水救了她，一个劲地对他说谢谢，把杨长水弄得怪不好意思的。

"姑娘，你叫什么名字？"杨大娘问。

"我男人让人打死了，他们都叫我满囤媳妇。"静子想了想说。

"你大名叫什么？"杨长燕也凑过来问。

"刘思田。"静子一字一顿地说。

杨长燕一听，称赞这名字好听，又问她有没有上过学。静子说之前在教书先生那里学过一阵子。

"那我认你做老师吧，你教我读书认字。"杨长燕激动地说。

杨大娘拍拍女儿的手，示意她别说话了，又转头问静子："思田，你还有亲人吗？"

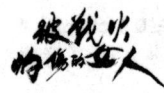

静子摇了摇头。杨大娘又问："你要不要留在我们家，或者你还有别的想去的地方？"

原本乐呵呵地杨长水一听这话就着急了："她不是说了嘛，啥亲人都没有了，去别的地界干啥呀？燕子，你说是不是？"

杨长燕看了眼哥哥，也帮忙劝着，静子一时还不知道要如何回答。

"没事，我们没有要赶你走，你先好好养好身子，再想去留的事。长水，去盛点饭来。"杨大娘说。

杨长水又屁颠屁颠地跑去盛饭，还看着她吃完。

杨大娘看着饱受磨难的静子，突然感叹地说："如果，你们的爹没被日本鬼子打死该多好啊！"

听到这里，静子眼泪哗哗地流。她没想到一场劫难后，还能遇到了这么善良的人家。可是杨大娘的话，又让她万分恐惧和无奈。她也知道，隐瞒自己日本人的身份很不道德。可是如果不这样，她立刻就会被赶出家门，或者被村里人置于死地。她想了想，还是决定隐瞒下去，她要好好活着，做一个善良的中国人。

■ 已经是初冬季节了，院前的大树叶子落了薄薄的一层。静子心里的酸楚不可言说，她回头看了一眼院门，哭着走远了。

第四章 | chapter IV
落户杨家店

1/ 红蜻蜓之歌

长春郊区的某个旅店中，杨长山和刘老师等几个地下党员正在开会。

"同志们，我刚得到消息，六十军起义的时间定于明天凌晨1点。同时，六十军指挥所搬到五四七团的团部。12点，六十军撤出防区开往九台。"

"这回，六十军同意起义，功劳都在老杨身上，他可是冒着生命危险去和六十军的部长交涉的。现在终于可以起义了，长春城的百姓有救了……"刘老师欣慰地说，其他人也纷纷点头。

"那我们现在一起来商量一下明天可能会发生的突发情况。"杨长山说。

众人点头。

突然在外面放哨的党员，跑了进来，还大声喊着："外面有情况……是新七军……"话音还没落，几十颗子弹已经穿过窗户射了进来。

"你们赶紧从后面撤离，我在前面掩护！"刘老师说着就跑出了房间，和新七军的人打了起来。

终究是寡不敌众，子弹穿透了刘老师的腿和肚子。刘老师见杨长山他们已经安全撤离，突然把掩护自己的桌子推倒，双手持枪向着敌军跑去。刚冲出去就被雨林似的子弹射穿了脑袋，他睁大双眼倒在了地上，血流了一地……

第二天，六十军连同解放军成功占领了长春城。长春终于解放了，杨长山想起牺牲的范智博、刘老师他们，心中万分感慨。

长春城内城外的百姓都欢天喜地，敲锣打鼓地庆祝着。

为了庆祝，杨家店的妇女们自动组队在广场上扭起了秧歌，男人们在一旁敲锣打鼓。

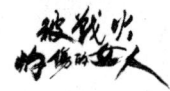

杨长燕拉着静子钻进人群里，跟着人群里的大婶们一起扭秧歌。

静子想起了在长春的日日夜夜，现在还觉得后怕。可是当她看着欢庆的人们，又高兴地流出了眼泪，她心想，如果满囤还在该多好。

任务完成后的杨长山，也终于回到了杨家店，他和张文秀抱着毓敏走进杨家院子。杨大娘一听见动静就跑出来了，昨晚她还梦见大儿子回来了，现在一看果然美梦成真了。她高兴地围着儿子转了一圈，见他只是脸上擦了点伤，感慨不已。

杨长山把身后的女人拉出来："文秀，快，叫娘啊。"

张文秀怯生生走到杨大娘面前，叫了声娘。

"真俊的媳妇啊。跟着我们长山东跑西跑可苦了你了。"杨大娘笑着说。又把小毓敏接过来，又是亲又是抱："这是我大孙女儿吧。哈哈，好俊俏的娃儿。"

张文秀只是笑了笑，杨长山把他娘拉到一边耳语了几句。杨大娘点点头，眼神里满是心疼，说道："又是一个可怜的娃儿，以后你们就当她是亲闺女养，就是我亲孙女！"张文秀一见这婆婆是如此善良的人，心里一阵欢喜，上前拉着婆婆的手连连点头。

杨长燕和杨长水他们回来后，兄弟姐妹抱在一起高兴坏了，又拉着静子介绍给大哥认识，静子很有礼貌地跟他们打招呼。杨长山瞟了一眼自己的弟弟，心里已经分明。

"长山哪，你和大媳妇都不走了吧，现在长春都解放了。"杨大娘说。

"娘，长春虽然解放了，但是还百废待兴，我这次和文秀就是赶回来看您老人家一眼，明天我们就得赶回去。"杨长山无奈地说，气氛又沉寂下来。

看气氛不大好，杨长山问起肖胜利和自己妹妹的婚事什么时候办，妹妹顿时羞红了脸。杨长水说："燕子就等着那天呢，都快急死了。"杨长燕一听就追着二哥打，众人都笑了，气氛缓和不少。静子也笑呵呵地在一旁看着嬉闹的兄妹二人。

静子和杨家人在田里，整理着刚收割下来的庄稼。

她虽然不是很会干农活，但她很勤快，看杨长水怎么干她就怎么干。因为她老是看着杨长水干活，不小心割伤了手。杨长水放下手里的庄稼，急忙跑过来，他又是责怪又是心疼，把她的手指放进嘴里嘬了血，然后又跑去炉灶捏了一点儿灰，小心洒在伤口上，接着就准备撕衣服。

静子立刻阻止说："这好好的衣服……"

"你别管。"他已经扯下一块布条了，接着说道："弄不好化脓就麻烦了。"静子感激地看着眼前的男人，又想起了满囤，那个曾经对她那么好，还因为她而死了的男人，一时心酸不已。

"思田姐！"静子正想说些感激的话，突然听见了有人叫她。回头看去，杨长燕正气呼呼地从田埂处向她走来。

"怎么了，燕子？"不等静子开口，杨长水问道。

"我刚在督促那些妓女们学习，可是那个小艳红嘲笑我不识字。别人都跟着笑我……"杨长燕气得脸都青了。转而又忽然对静子说："思田姐，你教我认字吧，把你会的全部交给我。"

静子看着这个可爱的姑娘，笑着点点头。收拾完地里的庄稼，杨长燕就拉着静子回去教她认字了。杨长水坐在院门外边的大树下，不时回头看坐在院子里写字的姑娘，他想了想，干脆起身进去嚷着他也要学习。

杨长燕笑道："就你还识字，一边去。"

"我就要学！"杨长水像个孩子一样任性地说。

静子笑着看着两兄妹，她在本子上写道："高粱米籽大茬子窝窝头。"杨家兄妹都在一旁跟着她写，表情认真严肃。静子想起这些话都是满囤教她的，脑海里想起曾经和满囤一起的那些画面，顿时难过得不能自抑，竟然哭了起来。

"你怎么了，思田？"杨长水慌张地问，静子不说话，低下头擦擦眼泪继续在本子上写字。

晚上，静子教杨长燕唱《红蜻蜓》，她十分投入地唱着："美丽的红蜻蜓，请你告诉我……"

隔壁房间的杨长水听着她的歌声，一点睡意都没有了。

"赶紧睡，明天还干活。"杨大娘见儿子一直不睡，便催促道。过了一会儿，见儿子睡着了，西屋的歌声也停了，她才悄悄地下炕，走到西屋撩开门帘，看着熟睡的两个姑娘好像姐妹一样头对头地睡在一起，欣慰地笑了笑又回屋了。

其实，静子并没有睡着，她想起了自己的爸爸妈妈，想起那么多个惊慌失措的夜晚，想起那么多战乱的画面，心里难过了很久才睡着。

第二天，杨长燕督促妓女们学习的时候，一直哼唱着从静子那里学来的《红蜻蜓》，被小艳红听了去，她偷偷跟肖胜利打小报告，说那可是日本童谣。

"小艳红，这件事你可不能告诉任何人。"肖胜利故意严肃地说。

晚上吃饭时，肖胜利等其他人都出去了，他才跟未婚妻问起那个歌的事，得知是静子教她的后，也没说什么。

次日，晴光正好，田野上到处都是干活的村民。静子一个人在一块地里除草，她的身体已经痊愈了，她不想白吃白住，杨大娘也同意她下地干活。

"肖连长，你找燕子吧，她在那边。"她抬头擦汗的时候看到了走向她的肖胜利，指着另一块地给他看。

"我不找燕子,今天没什么事,我就来看看。听说你教燕子认字呢?"静子点点头,他又问"你还教她唱《红蜻蜓》了?你在哪学的啊?"

"长春,长春……那嘎的人都会。"静子紧张地说。

肖胜利表情变得严肃起来,看了她的眼睛说:"你知不知道那是日本民谣?"静子已经吓出一身冷汗,连忙说不知道,以后不唱了。心慌之余听肖胜利又说:"以后让燕子也别唱了。"她连连点头,不敢看他的眼睛,扛起锄头往另一块地里走了。

肖胜利看着她走远的背影,和中国劳动妇女没什么区别。但他还是有点不放心,走到路边对八斤说:"仔细调查下,这个刘思田平常都和什么人接触。一定要隐秘,不要被发现了。"

杨长水在捞鱼,杨大娘在一旁看着自己的儿子,自从静子到杨家后,他每天都魂不守舍的。

"你真喜欢思田吗?"杨大娘突然问道。杨长水吓了一跳,没想到他娘会问得这么直接,险些从船上跌下去。一看儿子这个表情,杨大娘就知道答案了,继而又说:"她丈夫刚死,又经历这么多苦难,就怕她心里放不下你啊。"

"没事!没事……不着急,慢慢等,等她能放下我的时候。"杨长水红着脸说。

杨大娘站在田埂上,看着静子干活和擦汗的样子,真是打心眼里喜欢。她看了一会,便向静子走去。

"思田啊,休息下吧。"杨大娘拉着静子坐在了田埂上。

两个人聊了一会,杨大娘突然握着静子的手,开门见山地问她。

"思田,你喜欢我们家长水吗?"

静子吓得缩回手,低着头支支吾吾不知如何作答。

杨大娘继续说道:"我知道你男人刚走不久,这么早说这事有些不好,可是我怕你这么好的儿媳妇被别人抢走了。你们可以先定下来,愿意你就点头,不愿意,两个人一直住在同一个院子里旁人会说闲话。"

静子更加无措了,思前想后,她鼓起勇气说:"要不,我认您做干娘,这样就没事了。"

杨大娘有点失望,就说让静子仔细再考虑考虑。晚上吃饭的时候,杨长水和静子两人都埋头吃饭,谁也不敢看谁。杨长燕盯着两个人,越看越奇怪,放下碗说:"你俩咋了?"

"谁咋了,没咋。"杨长水说。

"你们肯定有啥,不然咋这样呢?"杨长燕刚说完就被她娘敲了两筷子。而后故意转移话题,说肖胜利去调查之前杨家店屠村的汉奸去了。如果谁有任何消息,一定要记得汇报。

杨大娘突然难过起来，说要不是那个汉奸，韩秀芬也不会变成这样，当时那些乡亲也不会死。

"秀芬嫂子不是说捡了一个大胖小子嘛，我还没去瞧呢。"杨长燕也有些难过。

杨大娘擦去眼角的泪水，"明天思田一起去看看吧，认识下村里人也好。"

2/ 定亲

王家院子里，杨大娘带着静子和杨长燕站在院门口，看着王寡妇跟小孙子捉迷藏，韩秀芬站在一边羡慕地看着。她不敢过去，她一走近，那孩子就大哭，王寡妇就会打她。

"他王婶儿，这孩子取名没有啊？"杨大娘走进来。

"呀，他大娘来了，快进来坐。我们上次专门抱着他去给庙里看了，老和尚给他取了名字，叫富贵。"王寡妇得意地说，看着杨大娘她们坐下来后，又皱了眉头。"这孩子，这孩子谁都不跟……" 话还没说完，孩子居然向静子伸开胳膊，还笑得很开心的样子，大家都惊呆了。

静子高兴极了，她摸摸富贵的脑袋，慈爱地说："乖孩子，你可真给我面子。"富贵一头扎在静子怀里，头挨着她的脸，顽皮地扭动着身子。

"呀！富贵这额头怎么这么烫啊！"静子惊诧地说。王寡妇跑过来一摸，吓了一跳，紧张地说："这孩子肯定是发烧了。"

"上次屠村时，唯一一个大夫给小日本杀死了，还没来新的大夫呢。"杨大娘也着急了。

"有没有烧酒？"静子想了想，说。

"有有有！"王寡妇说完立刻让王喜顺进屋去取。

静子把富贵放在炕上，拿了一块比较干净的棉花，沾着烧酒擦着孩子的手心和脚心，然后给他盖好被子。

"让他好好睡一觉，发发汗，明天应该就好了。"静子一本正经地说。

杨大娘在一旁赞许地看着静子，没想到她还会治病。那边的韩秀芬早就对静子张牙舞爪的了，看静子亲了亲富贵，她突然冲过去，把她扑倒在地上，还用脚踢她。王寡妇吓得赶紧拿着扫把疯媳妇赶了出去。可是韩秀芬依然冲着静子大喊："你个坏女人，坏女人！"

"你干嘛啊秀芬姐，思田姐是在救富贵呢。"杨长燕朝她大喊，可是韩秀芬哪里听得懂。依然嚎叫咆哮着，愤怒地瞪着那个她认为要抢走她儿子的女人。静子躲在杨大娘身后，看着眼前的疯女人，又心疼又心慌。"咱们赶紧回去吧。他王婶，你也别

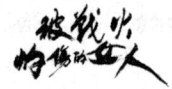

打她了。"杨大娘说完拉着女儿和静子一起出了王家。

回家的路上,杨大娘一直牵着静子,越看越觉得这姑娘灵秀,整个杨家店找不出第二个了。

"没想到你还会这手,思田,你真能干!以后乡亲们有病就不用发愁了。只怪我们长水没这福气呦。"杨大娘忍不住夸奖。

"别这么说大娘,长水其实挺不错的,可靠又厚道,而且能干。只是我,我不是大姑娘,我有过两个男人。"静子决定如实相告。

杨大娘一听,心里既震惊又有些迟疑。静子又告诉她,她还有个儿子,在她生病昏迷时给抱走了,等她病好找上门时,人家说是病死了。

杨大娘感叹一声后便沉默不语,回了家就进自己屋子去了。

静子对这个像妈妈一样的女人,心里有些愧疚。她还是隐瞒了自己是日本人的事,她的脑海里回响起满囤说的话。"不要和任何人说你是日本人,要把自己变成中国人。只要你心里想自己是中国人,就一定是中国人。"

晚上,妓女们都回了住处。同伴月红又鬼鬼祟祟地出去了,小艳红觉着奇怪,便放下手里的针线跟了出去。刚走出门外就看到了杨玉环,正准备叫她,却看见她贼贼地溜进了杨亮的家里。小艳红悄悄上前,从门缝往里看,杨玉环和杨亮亲密地搂在一起。

"呀,门忘记锁了,我去看看。"杨玉环突然说道。

小艳红还没反应过来,就已经被发现了。发现有人偷看的杨玉环也吓了一跳,杨亮闻声出来,他解开了大黄狗的绳子,大狗张着血盆大口扑向小艳红,咬在了她的脚上。

"亮子,赶紧把大黄拴起来。"杨玉环上前把狗赶走,又恶狠狠地看向小艳红:"还不快滚,你敢说出去试试!"

小艳红吓得早已经没了魂儿,看也不敢看杨玉环了,哆哆嗦嗦地转身一瘸一拐往回跑。

第二天,静子被请来给小艳红瞧伤口,她躺在床上不断地呻吟,疼得满脸都是汗。静子看了看,说伤口已经发炎,要立即送医院,不然性命难保。杨长燕没想到这么严重,立刻说:"让我小哥去套马车,赶紧送她去医院!"

"可是外面在下雨呢。"小艳红的同伴说。

"没事,去找个油布来。"静子说。

老天似乎故意跟他们过不去,雨越下越大了。杨长水把小艳红抱上马车,静子也迅速上了车,把小艳红包得严严实实,又让她依靠在自己身上。

"燕子,你就别去了!雨下得太大了。"静子说完就让杨长水赶着马车走了。

第四章 | chapter Ⅳ
落户杨家店

大夫给小艳红打过针之后就出去了，静子趴在床沿上看护着她，杨长水坐在地上，不一会两个人都睡着了。小艳红醒来，看着这两个她平日里都不怎么说话的人，突然满怀感激。静子见她醒来，立即去食堂端了一碗面条给她吃。对于静子的无微不至，小艳红心底突然窜起一股深深的愧疚。吃着吃着，竟掉下眼泪来。静子看着她不说话，递了毛巾给她擦眼泪。

"大夫说等你醒来就可以走了。"杨长水也醒了，走过去语气温和地说。

小艳红想做些啥来回报静子他们，所以，从医院回来后，便把杨玉环和杨亮的奸情报告了肖胜利。她还告诉肖胜利，她怀疑晚上总出门的妓女月红可能和特务有联系。肖胜利大大表扬了她，并且让她不要声张。

肖胜利把妓女月红的事情立即向上级汇报了，上级表示会按照这个线索彻查一遍。果然不出两天，消息就得到了证实。而且不光杨家店，其他的几个村镇也有一些特务利用妓女搞情报，搞破坏。这件事后，杨家店的妓女就被转移到了镇里去集中管理。妓女们一走，杨家店顿时安宁不少。

这天，杨大娘带着家里的年轻人去捞鱼，静子去旁边的坝梗上采药。

见静子走远了，杨大娘转身对儿子说："长水啊，上回我问了思田，她不想嫁给你。要不，就在村里找一个得了，现在你也老大不小了。"

杨长水不同意，板起脸说除了静子，谁也不要。杨大娘就把静子有过两个男人，还有过一个儿子的事告诉了杨长水。杨长水不说话了，愣了好久才继续捞鱼。

没一会儿，他又突然站起来，手从河面抽出来，还在滴着水，坚定地说："那都是过去的事了。要是日本鬼子不打进来，哪有这些倒霉的事？我看哪，打仗的时候女人最惨了。"

见儿子这样说，杨大娘也不知道说什么，谁家做父母愿意让儿子找个成过两次亲还有过儿子的人做媳妇呢，但是看到儿子如此执拗，也没办法。

回到家后，杨长水思前想后，把静子的情况跟妹妹说了，杨长燕只觉得静子更可怜了，没有一丁点反对的意思。

"小哥，别担心，我去帮你做做思田姐的思想工作，回头再跟娘说。"

杨长水感激地看着妹妹，原本垂头丧气的表情也变得活泼起来。

晚上，静子想早点睡，可是杨长燕一直拉着她唠嗑。"思田姐，我小哥心里装的可都是你，你都快把他折磨死了，知道不？你有过两个男人是吧？我小哥不在乎，你有过孩子他也不在乎。你还有啥说的？我小哥人可好了，有老爷们的气概，心还特别细，在杨家店我小哥也是数得着的。你不是都看见了嘛！"

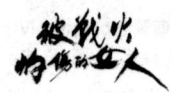

很久，静子才声音细微地说："长水是不错，就是我，我觉得我配不上他。"

杨长燕又继续劝了很久，说只希望她做她嫂子，别人谁都不配。她劝着劝着竟然就睡着了。

静子彻夜未眠。自从和杨长水认识以来，她一直很感激很敬重这个男人，但从未想过嫁给他。她不想在隐瞒身份的情况下和长水在一起，她认为那是欺骗。可是，她又不能说出实情。她感到左右为难，不知道该如何应付，甚至想逃离这里……

第二天，杨长燕又开始做他娘的思想工作。

"娘，我和大哥都是干部，你就不能封建。跟过两个男人怎么了？有过孩子怎么了？那都不是思田姐愿意的，是被逼的。你不是还把秀芬嫂子送王婶家了嘛！喜顺还不是没结过婚！"

"那不一样。王喜顺腿不好使，我们家长水好的很。"事情轮到自己儿子身上，杨大娘也不如平时那么知情知理了。

"娘，你就答应吧。以后思田姐会特别孝敬您，您老了不能动了，给您端屎端尿，肯定没问题。娘，你就答应了吧。只要你点头，咱今天就给我小哥和思田姐把亲定了，怎么样？"杨长燕继续劝说。

杨大娘瞧着女儿一直说个不停，叹了口气说："只要长水和思田都乐意，只要他们生活好，我就什么都不说了。"

杨长燕乐坏了，"我告诉小哥去，保准乐死他！"说着就往家里跑去了。

吃饭时，杨大娘高兴地宣布今晚就是给杨长水和思田定亲的日子。杨长水看着静子红了脸。静子愣了愣，说不出口反对的话，只好默认了。一家人吃完饭去给死去的亲人上香，告知喜讯。

静子看着高兴的杨家人，万种情绪涌上心头。没想到事情发展如此之快，连让她思索一下的工夫都没有。她知道杨家人都是好人，可是越是知道就越觉得不该欺骗他们。不过，事情发展到如今，就是想说实话都不可能了。因为只要说了实话，她就必须离开这里。可是，她已经爱上了杨家所有的人，她已经把杨家当成了自己的家了。所以，她认命了。

肖胜利在院子外面悄悄地问八斤对静子的调查情况。八斤如实交代说她每天只和杨家人接触，没有任何不正常的举动。肖胜利沉默了，他独自思考了很久依然没有任何头绪。

第四章 | chapter Ⅳ
落户杨家店

3/ 暴露身份

吴本正又在地窖的炕上蹂躏朴成姬，很久之后，才满足地从她身上下来，然后像是恩赐一般地说："那些妓女们都走了，现在你可以住在上面了。"

见朴成姬没有说话，他又凶狠地喊道："赶紧上去做饭！"

成姬一看他发火就怕了，麻利地爬上去在灶前做饭。做好饭又被吴本正赶下去了，他往地窖里扔了一个窝窝头就关上了地窖的盖子。

阴冷的地窖里，朴成姬眼神呆滞地啃着窝窝头。她想起自己的儿子，又想起了死去的范老四，突然悲从心起，眼泪大颗大颗地往下掉，眼泪落在地窖的土上，很快就渗了进去。她想现在谁也无法体会她的心情，如果不是放心不下儿子，她早就一头撞死了。

杨大娘点着蜡烛窝在炕上补新被子，看着杨长水已经睡着，就下地去西屋瞧瞧。看静子和长燕她们都睡得很安稳，刚想抬脚走，就听见静子发出几句呓语："多桑……卡桑……"杨大娘愣了一下。

杨大娘来到院子里，学着静子刚才的话："多桑，卡桑。这是啥意思？是满族话？朝鲜话？不对，不对。难道是……日本话……"杨大娘猛一趔趄，她把自己吓到了。她踱着步子想了好半天，又快步向西屋走去，她在窗口看到皎洁的月光下，静子在梦里流着两行清泪。她顿时怔住，不敢踏进脚去。她突然想起了什么似的，便一路跑出门去了。

王寡妇已经睡着了，被杨大娘叫醒。杨大娘一开口就问她知不知道"多桑，卡桑"是什么话，是啥意思。王寡妇虽不明就里，但还是告诉杨大娘，那是小鬼子的话，是爹娘的意思，她曾听一些日本娘们说过。

杨大娘脑子有点发懵，就像了雷击一样。她一语不发地往回走，脚步越来越沉重。

第二天一早，静子挑水，扫院子，做饭贴饼子，动作非常利落。杨大娘一直盯着静子看。虽然没从静子身上看出一丝一毫日本女人的影子，但杨大娘脸上的沉重始终没有放松。儿子说要带静子去赶集，她没准去，等儿子女儿一走，就把院门关上毫不客气对静子说地说："你给我过来！"

静子从没见过杨大娘如此严肃，她忐忑不安地走过去。

杨大娘突然疾言厉色地开口："你是日本人！你是日本人！是不是？"

静子惶恐地看着平日里像妈妈一样爱护她的人，没有答话。她记起满囤跟她说的话，死也不能承认自己是日本人。

101

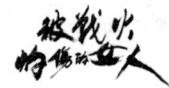

杨大娘见她一直不说话,上前狠狠地抽了她一巴掌,继续追问,静子依然不说话,只是无声落泪。杨大娘见她不说话,也明白了。

杨大娘突然瘫软在了地上,哭着大喊:"几十条人命啊,一下子就没了,全让你们给杀了,有的人家连一口都没留下。秀芬不满周岁的孩子就那么活活给摔死了,好端端的一个媳妇就这么疯了。你们那么大老远的,为啥到我们家乡来杀人哪,为什么呀?我们没招你们没惹你们,没拿你们一粒米一滴油,那么多老实巴交的人都死在了你们的枪下,这是为什么呀……"

静子想去扶她,又不敢伸手,只能低着头一边流泪一边不停地说:"对不起,对不起。"

杨大娘突然站起身,愤怒地叫着:"你承认了是吗,你承认你是日本人了?"静子终于点了头,眼泪掉个不停。

"你,你为什么不早告诉我?啊?为什么?我给你吃给你喝,把你当亲人,你却骗我。老天爷啊,我做了什么呀?"杨大娘边嚎哭,边抽自己嘴巴。

静子心里满是凄凉和愧疚,想伸手去阻拦,又不敢。

杨大娘突然不哭了,冲进厨房拿出一把菜刀对着静子,嘴里一直愤愤地骂着。不断地说那些死去的乡亲们多么惨烈。

静子闭上眼睛抬起头,一滴眼泪滑落在了衣襟上,她声音嘶哑地说:"我知道,我知道一定会有今天。杀我吧,就算死上一千次一万次,我都没办法偿还这笔血债……"

杨大娘看着眼前的静子,举着刀的手不停哆嗦,怎么也砍不下去。

静子见她一直哆嗦着手,突然冲上去抢过她手中的菜刀,朝自己的胸口扎去。杨大娘眼疾手快地把刀抢了过来,但不免还是划伤了静子的胳膊,鲜血顿时流了出来。她下意识地丢掉刀,又过去帮静子捂住伤口,眼里一片焦急。

静子哭着说:"大娘,满囤和你们全家都是好人。我知道。可是,谁又能原谅杀害亲人的刽子手呢?你们做不到,我也做不到……"

听了静子的话,杨大娘慢慢冷静下来了。她沉默片刻后,开口说道,她知道小鬼子们干的坏事跟静子无关,可是她没办法和静子生活在一起,她看到静子就会想起长水他爹被日本人打得像筛子眼似的。

杨大娘给静子包扎了伤口,然后就把她赶出家门了。

已经是初冬季节了,院前的大树叶子落了薄薄的一层。静子心里酸楚得不可言说,她回头看了一眼院门,哭着走远了。她走到了水库,看着平静的水面,黯然神伤。四周涌来的孤独和恐惧令她感到不安,她越想越凄然,从小声抽泣变成了嚎啕大哭。良久。静子从庄稼地里,拔出一根玉米杆,用嘴咬下一层皮,用薄薄尖锐的秸秆皮来

第四章 | chapter Ⅳ
落户杨家店

回划着自己的手腕。她看着潺潺的鲜血，不断地流出来，似乎已经感觉不到疼痛了。

杨长水在集市上给静子买了好多的东西，回来后便在院子大叫着她出去看。杨大娘坐在灶台前烧火，听着儿子的叫喊，她又有种落泪的冲动。杨长燕也回来了，她和杨长水都过来问静子去哪了。杨大娘沉默半晌，才跟他们说了静子的身份。二人简直不敢相信，脑海里都是静子柔弱善良的样子。杨长水怔了一会，闷闷地说：“所以娘，你把思田赶出去了是不是？是不是？"

"不赶出去还能怎么样？让一个小鬼子和你爹住在一个屋子里？让你爹天天看见他的仇人？他心里不堵得慌吗？"杨大娘心里本就不好受，儿子又这样逼问，不由得上了火。

"日本人干的坏事，跟思田有什么关系？"杨长水的语气也冲起来。

"我就知道你爹死了，杨家店的很多乡亲死了，秀芬疯了，这一切都是日本鬼子干的。我恨他们，我恨他们不得好死！"杨大娘越说越愤怒，通红的双眼又流出了眼泪。

杨长燕在一旁沉吟着说："也对，我和大哥都是干部，咱们家不能有日本人……"

杨长水来来回回看着跟前的亲人，知道自己说不过她们，索性赌气地转身出门。杨长燕赶紧跟了出来。杨长燕跟在哥哥后面一直劝说，杨长水就是不回去，他要去找静子。杨长水一路往水库方向走，他似乎有预感静子会在那里。果然，没走多久，他就发现了伤痕累累倒在地上的静子，她已经昏死过去了。

"啊！思田你醒醒啊，你怎么这么傻啊！"杨长水看着她手腕触目惊心的伤口，沉痛不已。杨长水一把将静子抱起，一路奔跑，喘着粗气，把她带到了他平时打鱼住的窝棚里，杨长燕正在这里，她看着静子手腕上的伤口惊恐地尖叫起来。

"燕子，我先给她包扎。你去找肖连长。他是有文化的人，肯定不会像你和娘这样的。鬼子投降后，好多日本人都留在中国，你没听说么？"杨长水说。

"如果胜利把她抓起来怎么办？"杨长燕刚走了两步，又转回来说。

"不会的，你快去！"杨长水已经急得满头大汗了。

杨长水用布条给静子包扎过后，就出去抓鱼了。静子幽幽地醒来，看着破旧不堪的窝棚，吓了一跳，想起身却一点力气也没有，身上的伤口隐隐作痛。杨长水进来见她醒了，高兴地说要去给她煮鱼汤。

"你为什么要救我，我是……"

"我知道，你不就是日本人嘛，没事，我不在乎，其实我娘她也喜欢你，就是听不得日本两个字。只要听到这两个字，就想起我爹，仇恨腾一下子就上头了，她就会不顾一切，杀人的心都会有。其实我知道，这场战争，你和我们一样都遭殃了。"杨长水打断她的话。

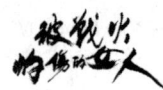

静子看着眼前的男人，又流出了眼泪，凄凉地说："战争让我离开了爸妈和其他家人。丈夫死了，儿子丢了，那个帮助过我，救过我命的男人也死了。这几年来，我就像一片随风飘落的树叶，在没有一个亲人的地方孤零零地苦苦挣扎。我努力想忘记我是日本人，不是别人让我忘记。我和你们一样恨战争，恨那些杀人的人，我恨他们，恨他们……"静子哽咽地说不下去了。

杨长水听得眼泪都快掉下来了，情不自禁地走过去揽着她的双肩。

"思田，我会永远和你在一起的。你不要恨自己，你没错，更没有罪。一定要记住，一定。"

静子看着这个善良的男人，感受到他温暖有力的双手，哭得更凶起来。

县武装部里，杨长燕跟肖胜利说了静子的事。

肖胜利深思熟虑半晌，才说道："这场战争，日本鬼子杀害了我们无数的同胞。不但你娘和乡亲们，包括所有的中国人，都恨死了日本鬼子。现在你小哥喜欢上了思田，你和你娘不能接受，这些我完全能够理解。可是你知道吗？从本质上来说，思田和那些日本士兵不一样。"

"我知道思田和那些人不一样，可是我和我娘还不能接受。"杨长燕说。

"你要知道，人的出生是没的选择的，只要人不坏，无论是哪个国家的都没事。"

杨长燕一副迷茫的表情，听着肖胜利一直讲。其实她也不知道怎么办，她也喜欢静子，可是她还是不敢接受要找个日本女人做她嫂子。

"跟你说不通，我还是跟你娘说去吧。"肖胜利看着未婚妻迷惑的表情，决定自己去趟杨家店，自从前不久从杨家店把阵地转移回县城后，也很久没去看过他未来的岳母了。

肖胜利买了一包桃酥饼去看杨大娘，想借此讨好，替静子说两句话。可是杨大娘是个执拗的人，任凭未来女婿怎么劝，她都不说话，只是在灶台前魂不守舍地坐着。突然她瞥了一眼窗口，看见杨长水回来了，她蹭地站起身走了出去，站在门口大喊。

"你到底去哪里了？你说！你说！"

杨大娘见儿子不说话，又走过去狠狠地推了杨长水一个趔趄。"早上那个玉米面饼哪儿去了？是不是给那个女的送去了？啊？没出息的家伙！我没有你这个儿子，给日本娘们送吃的，你给我滚！滚！"

杨长水看母亲气愤得脸都绿了，也不敢说话。肖胜利和杨长燕在一旁沉默不语，也不敢上前劝说。杨大娘突然抽泣起来，想起了杨家店大屠杀那次的情形，难过得心脏抽抽地疼。

"娘……"杨长水心里也难过得很,正想说两句,他娘突然不哭了,一个人进了房间,把自己关在了里面。

"长水,走,我跟你谈谈。燕子,你去看看大娘。"肖胜利给了大舅子一个眼神,两个人一起出了门。

在屋后的山坡上,四周荒草滋生,刮着细细的风,很是舒适,只是两个人都愁眉不展。

"你真的这么喜欢思田吗?你不怕乡亲们骂你?"肖胜利问。

"我娘都骂我了,别人算个啥,我才不在乎。再说了思田是日本人也不是她愿意的,是她爹娘生的,谁让她爹娘是日本人呢?"杨长水说。

肖胜利赞许地点点头,"但是你要给娘和燕子一个接受的时间,还要给乡亲们一个接受的时间。日本人杀害了我们那么多亲人。这可是一笔血债……所以,你一定不能着急,不要硬来。乡亲们如果知道了,一定会把对日本人的仇恨撒在思田身上。"

杨长水讷讷地点点头。

4/ 认作干女儿

王家院子里,韩秀芬正追着跟王寡妇要孩子,王喜顺跟在后面打媳妇,突然气恼地把她推倒在地上。正好被院子外面的杨大娘瞧见了。"你们家咋闹成这样呢?唱啥戏呢这是?喜顺,你要干啥呀?最没出息的男的才打媳妇呢你知道不?"

"这疯婆子把我和我娘都整疯了,我要把她赶出去!"王喜顺扔下扫把气愤地大喊。

"这里谁不知道秀芬是你媳妇,你往哪里赶?政府也容不得你这么做!"杨大娘一听立刻火冒三丈。

王喜顺才不管她说什么,一把揪住韩秀芬,用绳子将她捆了起来,关进了仓房。杨大娘刚想说什么,王喜顺砰得一声关上仓房的门,瞪着她说:"我家的事,你没权利管,别以为有个当官的儿子就了不起。"杨大娘被堵得什么也说不出来了,想着可怜的韩秀芬,伤心地走了。

王寡妇从里间出来,对着儿子一顿骂:"咋跟你大娘说话呢,兔崽子,大娘对你多好啊?没良心的东西!哎,他大娘,你别往心里去啊。"她远远地对杨大娘喊。

王喜顺不服气地嘟着嘴,把气都撒在疯媳妇身上了。

这厢,杨长水刚一回家又出去了。杨大娘在院子里坐着,阴沉着脸,她知道杨长水又是出去找静子了。王寡妇过来了,一脸赔笑,说是给儿子刚才的话赔不是。赔不是是一茬,她其实还想着让静子帮她看孩子,她家富贵除了静子谁都不要,只愿意让静子抱。这两天要忙农活了,她要下地干活,所以过来请静子帮忙看孩子。

杨大娘一听就恼火了,想起早前她儿子说的话,又想起静子,大声吼道:"谁家的孩子谁看,我们管不了!你有事没事?没事走吧,我这儿忙着呢!"

王寡妇吓了一跳:"你咋就火了呢?"瞧着气呼呼的杨大娘,她只好灰溜溜地走了。

没多久,杨长水又回来了,杨大娘看着他悄悄地在厨房里装了一碗高粱米饭和咸菜,没说话。等儿子出去后,也悄悄地跟在了他后面。

静子的身体好得差不多了,手腕上的伤口已经结疤了,只是失血过多,脸色惨白惨白的。杨长水过来时,她正在窝棚外面站着,他过来把她扶进窝棚里坐下,把高粱米饭拿出来给她吃。

"我准备身体好一些就离开这里。"静子低着头说。

"你为什么要走啊,是嫌我对你不够好吗?"杨长水着急地看着静子。

她连连摇头说不是,只是觉得太愧疚了。

"你对我越好,我的心就越愧疚,越不想让你为我受罪。更不想让你和大娘为我恼气。"静子说。

窝棚外,原本怒气冲冲的准备推门而入的杨大娘,听到里面的话后就停下来了,在门外默默听着里面的动静。她听见儿子说:"我和我娘闹气和你没关系。"

"咋就没关系呢?你知道,和娘在一起多好啊,怎能伤你娘的心呢?在日本的时候我不知道这些,老是让我妈妈烦心。离开家之后我才明白,我就一个妈妈,一个妈妈呀,其实她最疼我,最疼我,可是我再也见不着她了……长水,如果你想对我好,就让我离开。你回家好好照顾你娘,别让她伤心,我不想看着她伤心,我难受……"

杨长水突然抱着静子,喊着:"我不想让你走,不想!"

"我们不能在一起,不能。"静子任凭眼泪滑落,用力推开抱着自己的男人。

"就算我们不能在一起,我也想看着你,守着你,希望你快活,希望你过得好,希望你有饭吃不饿着……"杨长水动情地说。

"我命不好,跟过的两个男人,一个丢了一个死了,生个儿子也病死了,还有一些好人因为保护我没命了。我不能让你跟着我倒霉,不能……"静子泣不成声。

他又紧紧抱着她。

"他们死了怨你吗?为啥要怨你呢?那是因为打仗!打仗死了几十万口子呢,都是你害死的?你有那么大本事吗?有吗?"杨长水捧起她的脸,替她擦掉眼泪。

"长水,如果再害了你,我该怎么办……"

杨长水深情地看着自己面前的美丽女子。"我啥都不在乎,只想和你在一起,我不让你受苦受难,要好好保护你,永远保护你……"

门外的杨大娘听着儿子的话,心如刀绞,眼泪差点夺眶而出。她捂着脸默默地转

第四章 | chapter IV
落户杨家店

身回去了。

　　肖胜利正在开会，下面坐了很多干部模样的人，边听边做记录。杨长燕自然也在其中。

　　他声音洪亮且有气势，他说："今天宣布我们政府公布的一个新政策。就是要妥善安排那些遗留下来的日本孤儿，妇女还有老人。安置好他们的生活，不能让一个人饿着，冻着，更不能欺负他们。这些人都是普通的老百姓，不是引起战争的军人。回去后，你们各个村的干部都要对乡亲们进行宣传教育，不要把仇恨对准那些无辜的人，他们也是战争的被害者。好了，今天会就开到这，散会！"

　　众人都离去后，肖胜利对未婚妻说道："燕子，知道回去怎么跟你娘讲了吗？"看着杨长燕点头，他微笑着摸摸她的头。光是做她的思想工作，就做了好几天，直到新政策下来，她才接受。

　　"走，回杨家店，做大娘的思想工作去！"肖胜利笑着说。

　　院门外，杨长燕正趴在门前偷偷听，杨长水从外面回来，一看妹妹在偷听，也把耳朵贴在了院门上。

　　杨长水一听就乐了，里面肖胜利在帮他们劝解杨大娘。当听到里面杨大娘的态度没那么强硬了，杨长水等不及地冲了进去。

　　"娘，您就同意把思田接回来吧。"

　　杨长燕也跟着进去了，她拉着她娘的胳膊，撒娇地说："娘，你就把思田姐留下吧！求你了，娘！"

　　哪知杨大娘甩开她的手，一副严肃的表情。

　　"燕子，今天看在肖连长的面子上，我不骂你不打你。要是你给脸不要脸的话，别怪我凶你！"

　　"娘，在这之前，我和你的想法是一样的。如今国家公布了新政策，我们就不该仇视思田姐。日本人也是人，和我们一样的有血有肉……"杨长燕搬出新政策，很是官方口吻地说。

　　"少拿国家当幌子骗我。"

　　"大娘。燕子说的是真的。她是干部，我也是干部，您就是干部家属。我们都应该率先按照国家的政策办事。"肖胜利也跟着说。

　　听到干部这里，杨长燕突然挺直了腰板说："如果我没有服从上面的政策，咱们杨家店的群众还能听我这个妇救会主任的话吗？我这个主任还当得成吗？就算让思田姐走，她能走到哪儿去呢？她没家没业没地方去。要是她沦落街头，您就不担心吗？"

107

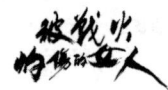

杨长水也趁机抓着母亲的手，一脸坚定地说："娘，以后我少吃饭多干活。娘，求求你了。我真的不能没有思田。她要是走，我就跟着她走……"

杨大娘看着面前的三个孩子，站起身叹了口气，语气也没了先前的凶悍。

"真是造孽啊，生了你这么个没出息的东西……"

三人一听立即喜形于色，问她是不是答应了。杨大娘一语不发，默默地走进东屋，把门紧紧关上。瞬间，房子里就传出她嚎啕大哭的声音。

肖胜利立即示意兄妹二人不要出声，三人对望一眼，出了院子。

杨长水来到破窝棚，想要告诉静子这个喜讯，却不见她的踪影。他转念一想静子之前说的话，转身跑了出去。

正午的日头正烈，杨长水跑得满头大汗。他沿着小路找了许久也没见到静子的身影。他越想越着急，沿着村路一路跑来，听到王寡妇家的院子里传来孩子的笑声。杨长水略有所感，推开门缝往里窥看，院子里，静子正领着富贵玩耍。

杨长水提起的心总算放下了，只要她还在这里就好。他一点也不慌张了，脸上笑意甚浓，推开了院门。

王寡妇见有人进来看了一眼，见是杨长水，就说："长水，你瞧这富贵怎么和思田这么合得来啊。"

小富贵跟在静子后面蹒跚地走着，不时抬头对静子笑，嘴角都是哈喇子。韩秀芬被王喜顺关在了仓房里，她隔着仓房门缝往外看着，一直不停地大喊大叫。

"王婶儿，家里还有事，我们先回去了。"杨长水笑着说，转而又说："还有，别一直关着秀芬了，总关着也不好。"刚说完，韩秀芬就冲出了仓库，直接一拳打在静子脸上。杨长水气得差点就打韩秀芬了，还好被王寡妇拦住了，他只好愤怒地领着静子出去了。早知道不为韩秀芬说好话了，看着静子脸上的淤青，他心疼地想。

静子一看，杨长水要拉着她回杨家，说什么也不去。他说尽了一切话，她还是不去，他急得焦头烂额，突然想起了肖胜利说的新政策，眉间一喜。

"肖连长说了，现如今国家有政策了，要保护你们这些日本老百姓。肖连长还说，你们在中国生活是合法的，不许任何人欺负你们，也不许任何人瞧不起你们。"静子不可思议地看着杨长水，他趁着她发愣的当儿拉着她就往杨家院子去了。

杨老槐的灵位前，杨大娘已经坐着许久了，她呆呆地看着老伴儿的遗像沉默不语。

静子回到杨家院子里，显得异常紧张，站在屋里有些手足无措。肖胜利看在眼里，把她叫到一旁，安慰地说："思田，别害怕，我就是想问问你。听长水说你丈夫在日本部队，他是做什么的？"

"他是学生物的大学生，入伍后被调去做了研究员，只说是在从事环境改良方面

第四章 | chapter Ⅳ
落户杨家店

的研究,具体的我也不知道。他如今是死了还是回日本了,我也不知道。"静子回答。

"你在开拓团做过什么?"

静子擦着泪水,又想起了在开拓团那些日子,难过地说:"来中国之后,开拓团一直东奔西跑,不跑的时候就让分配做劳务。我总找机会偷出去找丈夫,却一直没法找着他,那时我已经怀上了孩子,也没办法告诉他。为了找丈夫这事,我经常挨骂受惩罚。没多久,天皇就宣布投降了,一切都乱了。开拓团许多人回日本了,当然也死了好多人。我在最乱最难的时候生下了孩子,孩子生下以后,我就病倒了,差点就死了。"

"你的孩子呢?"肖胜利听完她的遭遇,心里也跟着难过起来。

"我生病被人送进了难民收容所里,我眼看自己快死了,就求一个中国大夫把孩子带了出去,后来我又活过来了,找上门时听说孩子已经病死了……后来,我几次都还差点儿死了,都是中国的老百姓救了我的命……"静子已经说不下去了,回想起那些往事都难过得心痛。

"我记得当时葫芦岛有轮船回日本,你……"

说到这里,静子又开始哭:"没赶上,到葫芦岛的时候船已经开了。码头上一片的人哪,哭的哭,自杀的自杀。大家非常绝望,国家不要我们了,那种绝望的心情,现在想起来都浑身哆嗦……"

"思田,你在日本叫什么名字?"

"根岸静子。"

肖胜利接着问了很多关于静子的事,她都诚实地一一回答,肖胜利得知她曾经是早稻田大学学医的学生时,又惊讶又佩服。他的眼神让静子感到了一些安慰,可是刚刚她又把所有的遭遇都回忆了一遍,心里五味杂陈。

肖胜利问她有没有和家里人联系,静子已经哭不出来了,她的声音嘶哑且悲戚。

"我现在什么都不想了,只想赎罪,用我的一生赎罪。我亲眼看到了那么多的百姓死在了战争中,也看到和我一样的日本百姓死在了日本士兵的枪口下。自己人杀自己人啊,为啥呀?我不能容忍,不能原谅。我不想回日本了。如果回去,我不知道该如何面对那些人,我甚至不知道那些人里有没有我的丈夫,他要是和那些恶棍一样杀了中国人,我该怎么办,我害怕,害怕,我不敢想……"

肖胜利看着面前这个被战争灼伤的凄惨女人,心里一阵难过,他对她的遭遇深表同情。

杨大娘默默地坐在灵前,静子的话和阵阵的哭声她也都听到了。她痛心地听着,情不自禁地流着眼泪,思索片刻,她起身打开了屋门。

院子里,杨长水和妹妹都在擦着眼泪,看到母亲出来,二人都有些不知所措,默

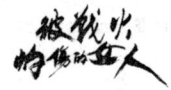

默地看着她。

　　杨大娘擦了擦眼泪，对儿子说："你带思田进来。燕子你们在院里呆着。"肖胜利一看就知道，刚才他对静子的问话杨大娘都听到了，他知道杨大娘是个热心善良的人，听了静子的遭遇一定会非常同情她的。

　　屋里十分安静，杨大娘一脸严肃地坐在炕上，沉默不语。静子和杨长水十分忐忑地坐在炕沿边上，他们谁也不敢说话，只是拿眼睛不断偷窥着各自的脸色。许久，终于听见了杨大娘声音哀婉又略带妥协的意味说道："就这样吧。"

　　杨长水腾地抬起头，看着他娘不明白她的意思。杨长燕在外面忍不住了，挣脱肖胜利的胳膊，冲了进去。"这么说，娘是答应思田留下来了！"静子一听也抬起头去看杨大娘，眼神里满是感激。却听见大娘又说："你们都给我听好了，思田留下可以，但是不许和人说她是日本人，永远不可以，谁也不可以！记住没有？"

　　"大娘，政府有政策……"肖胜利有些为难。

　　"我不管什么政策不政策，我就知道杨家店的人恨小鬼子恨得牙根痒。他们要是知道思田是日本人，她的命能不能保住我可不敢说。到时候要是出了事，思田，长水，你们可别怨我。"

　　四人立刻一致点头，保证谁也不说出去。杨大娘说对外就称她认了思田做干女儿，杨长水一听就急了，怯怯地说成亲的事，杨大娘一口驳回。

　　"成亲的事，就别想了。"

　　杨长水只好妥协，但想想也觉得满足，他只要静子在他身边就好了。

5/ 揪查汉奸

　　晚上，杨长燕和静子并排躺在炕上，杨长燕对静子说，先前是因为想起爹的死才会对她起了痛恨。静子握着她的手，笑得很温暖。

　　"没事，现在只要你不再嫌弃我就好了。"

　　"不嫌弃，不嫌弃！新政策都下来了，我也被胜利说了好多遍，现在已经完全地明白了。"杨长燕赶紧解释，二人又说起话来。

　　隔壁屋子里，杨大娘在老伴灵位前守了一整晚，她想乞求老伴的原谅，原谅她收留了一个日本女人。她闭着眼睛沉默着，泪水顺着眼角无声地流淌着。看得出来，她的内心仍然十分纠结和痛苦。

　　第二天，杨大娘叫静子进屋，静子有点忐忑地站着。杨大娘让她上炕，说炕上暖和，静子坐上了炕，一时感动得想哭。说了一会话，杨大娘才进入正题，"听胜利说你是

第四章 | chapter Ⅳ
落户杨家店

学医的,还是大学生?"静子点点头。

杨大娘继续说:"我寻思了一夜,你这手艺不能耽误了。我想着让胜利托托人,让你去县医院跟着学学,以后就在咱们村里给人看病。咱们这里没有医生,小病忍着变成了大病,大病又没钱治,只能等死了。你说,哪个人不生病呀?要是你能经常给乡亲们治治病,你就成了他们离不开的人了,就算以后他们知道你是日本人,也不会要喊着杀你。"

静子知道大娘是在给她找日后的保障,感激地点点头。

"我说了,认你做我干女儿。思田,你要和我保证不和长水结婚。不管他怎么纠缠你,你都不能同意和他结婚。他要是不听,我自会教训他!"

静子连连答应。

肖胜利集合了杨家店村长和文书,还有妇救会的同志在一起开会。他又接到上级的指令,命他尽快找出那个致使当年杨家店遭屠杀的汉奸。

"同志们!抗日时期咱们杨家店那次的大屠杀存在许多可疑的问题,经过上级的批准,县里决定成立调查组,彻底调查大屠杀的来龙去脉,不能让我们的同胞就那么白白死了。日本鬼子是凶手,这是毫无疑问的。但是如果没有汉奸里应外合,他们怎么对咱们的情况那么清楚,甚至知道谁是抗联队员呢?这个汉奸,我们一定要查出来,必须查出来!工作组的组长我亲自来当,过几天宣布组员的名单。"

台下响起一片轰烈的掌声,大家都大声叫好。

肖胜利开完会,便要回县城里工作,杨长燕和静子也要一起去,一个去医院学医,一个去扫盲班上学。静子正在收拾东西,杨大娘在一旁帮忙,正说笑着杨长燕上学的事儿。王寡妇抱着富贵进来说:"听说了吗?开始调查咱们杨家店大屠杀的事儿了。"

"听说了,咋了?"

王寡妇凑到杨长燕跟前说:"长燕,你是干部,给漏点儿消息,知道汉奸是谁吗?"

"我哪儿知道。要是知道了,就不成立调查组了。"杨长燕因为秀芬的事,一直都不待见王寡妇,语气自然也不好。

王寡妇撇着嘴说:"要我看,那人肯定是吴本正。"

"是啊,村里的人都怀疑是吴本正。那人就是心术不正。别着急,只要是他,就逃不出咱们的手心。但是现在我们没证据,还是不要乱说。"杨大娘从厨房里走出来说。

吴本正坐在炕上吃饭,一脸的惬意,朴成姬站在一侧边吃饭边伺候着。他原本破烂的房子,现在已经收拾得有模有样了。

突然外面有人来敲门,吴本正赶紧把朴成姬赶到地窖里去了。地窖里,朴成姬在地窖口偷偷听着外面的动静,一直到没动静了,她才放心躺在了地上。她不知道,吴本正给人带到县城里审讯了。

县军管会里,老王正在审讯吴本正,肖胜利在一旁听着。

吴本正不停地大喊:"政府啊,我真的什么都不知道,我也被日本鬼子打了,那时候我也被毒气熏着了,我怎么可能是汉奸啊,我冤枉啊……"

吴本正一直喊冤,老王和肖胜利讨论之后决定把他先关在这,慢慢审讯再说。天黑了,地窖里的朴成姬又渴又饿,实在受不了了,她就爬到地窖口听着,外面没什么动静。她鼓足勇气把手伸到了地窖口的盖板上想推开盖板,但想起了吴本正凶狠的嘴脸,犹豫了一下又把手收了回来。

过了三天,吴本正还是一个劲地喊冤枉,什么都说不知道,他在监牢里关着整天胡吃海睡。

一丝阳光照进地窖,朴成姬口干舌燥,捂着肚子躺在地上,胃里空落落地疼起来。这三天,她都滴水未进。她以为自己就要这样饿死了,用尽最后一口力气,想要最后再看一眼太阳。她努力地爬上了梯子,伸手去推地窖的盖子,没想到一推就开了。她又惊又喜,连跑带爬地钻了出来。小屋里没人,桌子还放着三天前她做给吴本正的窝窝头,上面已经长毛发霉了。成姬饿得发昏,顾不上别的,用手擦了擦上面的霉毛,三下两下地就把窝头塞进了嘴里。因为吃得太快,一时噎着了,她一个劲儿咳嗽,又冲过去水缸里舀了一瓢水喝了几口,继续吃那些发霉的窝窝头。

小屋外传来一些声响,她吓了一跳,紧张地侧耳听着,屋外又安静了下来。成姬似乎想到了什么,惊恐地抓起一些能吃的东西又下回到地窖内,并把地窖的盖板盖上了。

地窖里,朴成姬躺在地上的草堆上,满足地摸着自己的肚子,想着自己的儿子,渐渐睡着了。

又过去两三天,吴本正仍然是什么都不承认。老王提起韩秀芬,说也许她当时看到什么了,只可惜她疯了现在什么都不知道了。

肖胜利在一旁点点头说:"去县医院找高院长,请他给韩秀芬看看。"老王连连点头。

当天下午肖胜利就和老王去了县医院。肖胜利跟高院长说到了韩秀芬的事情。高院长说她这种属于精神科,只有长春医院才有条件治疗。

"这么麻烦,那这个先搁置吧。到时再说。"老王想了想说。

静子正在病房里认真地写病例,杨长燕突然推门而入。

"咦?你怎么来了?不上课呀?"

杨长燕嘟着嘴巴,抱怨地说:"一上课我就想睡觉,咋整啊?昨天考试考了一个

第四章 | chapter IV
落户杨家店

大鸭蛋,气死我了。卷子也给我撕了扔河里去了。"静子无奈地看了她一眼,杨长燕缠着她聊天,一直跟静子诉苦上学有多么辛苦。

"思田,肖连长来医院看你了。你先别忙了。"一个小护士,突然在门口说道。

杨长燕一听肖胜利来了,顿时吓得躲桌子底下去了。

肖胜利进来跟静子寒暄了两句,就发现了杨长燕。他听说杨长燕逃学撕卷子的事后,一脸的怒气对她凶道:"还藏起来?藏起来我就找不到你了?我是侦察兵出身,你玩的这个小把戏,连我的小脚趾头都不如。逃学,还撕考试卷子。你到底想怎么着?啊?还告诉人家你是我未婚妻。你以为是我的未婚妻就可以为所欲为?告诉你,你要是学不好,我就和你散伙!"

杨长燕一听就哭了起来。肖胜利的声音越发大了。

"你还委屈了,马上给我回学校去,什么时候考试及格了什么时候来见我。不然的话,永远别来!走!给我回学校去!可别再给我丢人了……"

杨长燕抹着眼泪,说:"我,我还没吃饭呢!"

肖胜利看也不看她,凶道:"我不管饭,回学校吃去!"

又过两天,吴本正终于忍不住了,叫嚣着放他出去。肖胜利和老王就纳闷了,他们又没虐待吴本正,让他在这里不冷不饿好好的,为什么要着急回家去。

肖胜利思索着说:"他急着回去究竟要干嘛……要不这样,明天咱们就给他来个引蛇出洞,先放他回去。我估计他这么急于回去,一定是家里有什么事情在等着他,明天你带着八斤赶在吴本正到家之前先去他家看看。另外……"然后又和老王耳语一番,老王一听他的话,连连点头。

王寡妇为了不让疯媳妇把孙子惹哭了,抱着孙子在街上转悠。她怀里的富贵看见了翠花儿子大龙手里的花,就伸手去抢,抢不到就哭起来。

"别哭别哭,我的乖孙子,咱们也去采花。"说着就抱着孙子往村口方向走去了。村口外的地里长着成片的野花,风吹的一片花海像稻浪似的,蝴蝶在花间不停地扑棱。

富贵看到这么多野花,硬从王寡妇怀里挣脱了,蹒跚地在花丛里跑来跑去,还不断地叫着:"娘,娘……"吓了王寡妇一大跳。她赶紧跑过去抱起孙子,说:"你娘是疯子,叫奶奶!叫奶奶!"

富贵还是不停地叫着:"娘,娘……"

王寡妇都快气死了。富贵的叫喊声,一直传到离村口最近的吴本正家。饿极了的朴成姬正在翻箱倒柜地找吃的,她听见孩子叫"娘"的声音后,一下子愣住了,她下意识地停下了手里的动作,专注地听着。

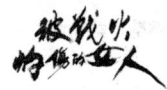

"娘……娘……"叫声越来越清晰。她脑海里一下子想到了自己的憨憨,她三步并两步地走到门前,轻轻地把门拉开一个缝隙,顺着门缝往外看着。

透过门缝,看不到人影,只有孩子的声音不断从外面传过来。朴成姬似乎忘记了害怕,下意识地走出了房门,朝着有声音的方向跑去。她跌跌撞撞地沿着小路跑着,连饥饿都忘记了。突然她看到了正在地里摘花的王寡妇和富贵,富贵手里拿着花,嘴里还时不时地叫着娘。

朴成姬的泪水一下子流了出来,她顾不上危险,大叫着跑了过去。

"憨憨,我的儿子,我的儿子。"

王寡妇被这个突如其来的叫喊声,还有冲出来的脏女人吓了一跳,她急忙护住心爱的孙子。

朴成姬已经到了她跟前,二话不说就跟她抢孩子,富贵吓得哇哇大哭。

"你干啥,你这个疯女人为什么抢我的孙子!"王寡妇奋力地嚷着。

"他是我儿子,我的儿子……"饿了许久的朴成姬不知道从哪里来的力气,竟然一把从对方怀里抢走了孩子。然后不由分说地抱着孩子就往小屋方向走去。王寡妇在后面拼命追。

就在快到村口的时候,韩秀芬不知从什么地方冲了过来,她就像一头暴怒的母狮子一般,疯狂地将抢走她儿子的人扑倒在地上。秀芬把富贵抢到自己手里,不断大喊:"他是我儿子!我的儿子!"

朴成姬被突然冲出来的疯女人吓傻了。富贵也害怕地大哭大叫。王寡妇似乎明白了什么,眼珠子一转,从疯媳妇手中抱过着富贵转身就跑。朴成姬从地上爬起来想去追,韩秀芬又扑了上来,对她又踢又打。饿了几天的朴成姬哪里是疯子的对手,很快就被她给按在了地上。她没有一点还手之力,只能任凭韩秀芬拳打脚踢。

王喜顺从远处跑了过来,后面跟着刚回家的静子和杨长燕。三个人合力拉开了韩秀芬。朴成姬已经被打得鼻子出血,脸上都是抓痕,还流着血。她看着他们跪在了地上,哭泣着说:"他是我的憨憨,他是我的儿子……"

王喜顺看着哭泣的陌生女人,凶神恶煞地说:"你的孩子?这个熊样还能有孩子?臭不要脸!那是我儿子,我的儿子!"他骂完就走了。

静子和杨长燕扶起那个狼狈得看不出长相的女人,关切地询问她怎么了。成姬害怕得不敢看向她们,她摇摇头,趁她们不备,转身就跑远了。静子想起她刚才的话,想起了她自己的儿子和小村的女儿,眼泪刷刷地落下,杨长燕有些不明所以地看着她,也无从安慰。

第四章 | chapter Ⅳ
落户杨家店

6/ 逃荒来的"表妹"

　　老王和八斤悄然来到吴本正的小屋门外，二人看看周围无人，一闪身就进去了。小屋中异常凌乱，地窖的盖板也敞开着。八斤走到地窖口向下看了看，下面的味道呛得他猛烈咳嗽起来。

　　他们看了地窖口，想想吴本正家里已经被抄家三次了，也不会有值钱的东西和罪证，就没下去，巡查了一圈就回去了。

　　王寡妇抱着富贵一溜小跑地穿过街道，王喜顺用手拉着被捆住双手的疯媳妇追了上来。静子和杨长燕跟在后面不远处，担忧地看着他们。

　　富贵一直哭闹，王寡妇就不停地打他屁股。

　　"王婶儿，让我抱抱吧。"静子看不下去，走上去接过孩子，果然富贵一到她怀里就不哭了。韩秀芬一看静子抱她儿子就冲上去，手被捆就用脚踢静子，王喜顺气得冲过去扇了她两耳光。

　　杨长燕看着被打得什么都不敢的韩秀芬，走上前说："喜顺我警告你，再看见你打秀芬姐，我就召开妇女大会批斗你！"王喜顺一听不敢再打了，暗下还是狠狠地拧着韩秀芬的胳膊，对他这疯媳妇恨得咬牙切齿。

　　朴成姬气喘吁吁地悄悄跟在他们后面，她只是想知道她的憨憨被抱到哪里去了。她看着静子把富贵放在了地上，双手拉着他走着，泪水又流了出来。

　　静子逐渐走远了，消失在了街口，朴成姬终于无力地倒在了一棵大树旁边，捂着脸哭了起来。正哭得伤心，突然被一个人从背后一脚踹倒在地上，她惊吓地回头一看是吴本正，对方正火冒三丈地盯着她，然后揪着她的头发把她带了回去。

　　吴本正手脚并用地正在毒打逃跑的女人。疯了似的大喊着："我让你跑，我让你跑！这要是让村里人知道了我吴本正现在还敢私藏个女人，那还不把我给整死！你是故意要害我吧，你这个臭婆娘！"

　　朴成姬被打倒在地上，满脸是血，痛苦地在地上来回滚动着。吴本正双眼通红痛下毒手，不顾一切地打着，把几天来在牢房里受的气都撒在她身上。

　　吴本正本想打死成姬，后又突然想到了什么，便停了手，对成姬说："我可不想因为你被他们给枪毙了。这么着，你马上把你的东西收拾一下，等天一黑下来我就送你离开这里。"

　　朴成姬怔了，脑海里跳出下午看到憨憨的场景，突然跪下来说："我不走我不走！求你收留我吧，我愿意给你当牛做马。"

吴本正有些意外，但转念一想，就答应让她留下来。"那，你可要记得你刚说的话啊。"他邪恶地笑了起来。

王寡妇一家人正围坐在炕桌上吃晚饭，富贵躺在炕上已经入睡。王寡妇把今天遇见的疯女人有可能是富贵亲娘的疑惑说了出来，王喜顺接口说，应该错不了，那女的一看到富贵就疯了一样。一旁吃着饭的韩秀芬一听把碗筷往地上一扔，气恼地瞪着她婆婆。

"不是！富贵是我儿子，我是富贵他娘，我是富贵他娘……"

王寡妇又想打她，想了想杨长燕的警告，就恼怒地打了儿子一巴掌，"你个王八犊子，胡说八道什么？我说那娘们是咱富贵的亲娘了吗？我说了吗？你听好了，咱们富贵的亲娘就是你媳妇，到什么时候都不能松口。"她边说边给儿子使眼色。他怔怔地点点头，韩秀芬这才平静下来，捡起地上的碗继续吃饭。

王寡妇跟儿子说好了，从明天起，要把院子门锁起来，谁来也不准开门。

入夜后，村里的人都睡了。一个黑影沿着村路跌跌撞撞地走到杨树魁家的院门前，黑影左右看了看，伸手敲门。

没一会儿，院门从里面打开，杨树魁打着哈欠走了出来，看到是吴本正后立刻清醒了，有些防备地看着他。

"你不是给县军管会给带走了吗，怎么这么几天就给放回来了？"杨树魁说。

"他们只是请我去调查情况，调查完就送我回来了嘛。"吴本正一脸献媚地说。

杨树魁不耐烦地问他，这三更半夜的有什么事。吴本正讪笑了下，又故作正经地说："报告杨村长，事情是这样的，我有一个本家表妹从长春逃荒至此，想在我这小住些日子……"

杨树魁不耐烦地打断他的话："你瞎说！现在都解放了，你表妹还逃哪门子荒啊。你现在就是专政对象，指不定哪天就给突然抓走回不来了，你还想找个亲戚给你守院子。滚！"说完还不等吴本正说话，砰的一声就关了门。

吴本正碰了一鼻子灰，只好灰溜溜地地回去了，没多久他似乎又想到了什么诡计，黑暗里分辨了方向，又大步跑起来。

静子和杨长燕躺在炕上话家常，烛火已经灭了，房间里漆黑一片。杨长燕心里膈应，她想来想去，还是想问她到底喜不喜欢杨长水。

"我答应过娘……"静子还没说完就被一阵敲门声给堵回去了。

不一会儿，便听到来人大喊："请问肖胜利，肖连长在这吗？我……我是吴本正。"杨长燕一骨碌坐起来迅速穿上衣服，起身走了出去。

杨长水已经走到院子里了，正准备开门，一听是吴本正，立刻停止了动作。他不

第四章 | chapter Ⅳ
落户杨家店

耐烦地说肖胜利今天不在,让他去军营里找去,语气丝毫没有客气,说完便打算回屋。杨长燕拉住了他,给他使个眼色。

只听吴本正继续说:"肖连长不在,找杨主任也行。"

杨长燕打开了门,冷冷地说:"找我什么事?"

吴本正把之前对杨树魁说的话对她又说了一遍,杨长水哼了一声道:"投靠你?吴本正,你以为你还是当地主的时候呢?远亲近邻的都来巴结你……"

杨长水还想继续埋汰他,静子走出来,拉拉他的袖子,他只好住口。杨长燕问他表妹为什么不在长春城里住,要来这破乡下,吴本正故作哭腔说道:"我表妹她太惨了,他们一家九口人都在围困长春的时候给活活饿死了……我表妹饿得没办法了,就去抢空投,可她一口粮食都没抢到,就被国民党军队给抓了起来……"

静子一听就愣住了,眼里已经蓄满了泪水,脑海里全都是在长春那些艰苦的日子。她想起了为她死去的满囤。一时间觉得感同身受,泪如雨下。吴本正借机哭诉起来,他说:"那些该死的国民党士兵以搜查我表妹的身上藏没藏粮食为由,竟然趁机糟蹋了她,可怜我表妹她现在孤身一人,在长春又没脸见人,实在是在万般无奈之下才来投靠我这个表哥的。"

吴本正边说还边赌咒如果他说谎就天打雷劈。静子用乞求的眼光看着杨长燕。杨长燕想了想说:"既然是这样,那就让你表妹先住下吧,等我过几天去找她再核实一下情况,然后给她做个人口登记。"

吴本正连点头哈腰地道谢,还特地问了杨长燕,她说话算不算数。

"我可是妇救会的主任,当然算了!"杨长燕气愤地说,随后忿忿地关了门回去睡觉了。

杨长燕回屋脱了外衣躺在炕上,静子总觉得吴本正那些话别有用心,但是也说不出有什么问题。就算他有意图也无所谓,女人总要帮助女人,静子心想。

"这回小肖不表扬我都难了。"杨长燕得意地说。

吴本正达到目的,就乐呵呵地回去了。朴成姬听见门外有些动静,就站在门口透过门缝往外看。她依然不敢相信吴本正会帮助她,忐忑不安地在门口注意外面的情况。直到看是吴本正回来后,才放心。

"我,我可以留下来了吗?"朴成姬紧张地问。

他故意不回答她,还让她去倒水,看着她急切地表情,心里说不出的快感。

"我为了帮你,腿都跑细了。老子是谁呀?我能一棵树上吊死嘛,杨树魁那老不死的刁难我,我还不理他了,结果怎么着,我略施小计就让杨长燕那小丫头片子上了老子的道,哈哈,这下有好戏看了,我要让他们自己掐去。"吴本正说着说着就笑起来。

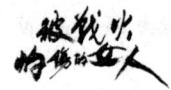

朴成姬问他是否能住下了,他不敢确定,只对她凶道:"赶紧把你的身份背好,不要出岔子了!"

早晨,杨家院子里,杨长水正跟静子抢扫帚扫地,在中屋灶台前做早饭的杨大娘见状不由地皱起了眉头。她故意咳嗽了一声说:"长水,去给娘抱捆柴火来。"静子和杨长水都不约而同地停止了动作,表情十分尴尬。杨长水慌忙松开手里的扫把,一声不吭地走向柴垛。静子连忙低着头继续打扫院子。

杨长水抱着柴火走进厨房,一看还有那么多柴火,就说:"娘,你干嘛呀,这不还有那么多柴火嘛!"

聪明的静子一听更尴尬了。

杨长燕从里屋出来,跟杨大娘说要去吴本正家调查下他表妹的情况。杨大娘嘱咐她:"燕子,你得提防着点那吴本正,那家伙可不是省油的灯。"

吴本正舒舒服服地坐在炕桌前,边抽烟边剔牙。朴成姬忍着伤,默默地收拾炕桌上的碗筷。他对她一顿大骂,说她整天愁眉苦脸,一会杨长燕来了就露陷了。

很快有人敲门,吴本正立即迎上去开门。杨长燕看着他旁边低着头的女人,一眼就认出她是昨天抢富贵的那个女人,昨天还被王喜顺给打了。可是想想吴本正的为人,她就没提这事,否则王喜顺又得挨揍了。

吴本正见她一副思虑的模样,就主动说:"杨主任,要不你进屋单独和我表妹了解下情况。我出去拣点柴火。"杨长燕点点头。

杨家院里,三人都埋头吃早饭,谁也没有说话。

静子率先放下碗筷,看了一眼杨大娘说:"大娘,我想去山里采点草药,明天好带到镇医院让我们院长帮我看看怎么用,以后谁家要是有个小病小灾的咱们就不用往镇里跑了。"

杨大娘点点头,杨长水看着静子去取竹筐,心里心急火燎的。他等到她出门之后,才敢说"娘,我跟思田一起去!"说完还不等他娘反应过来,他就已经冲出去了。杨大娘无奈地看着儿子跑远的背影,说:"这小王八犊子,真不让人省心……"

杨长燕和朴成姬面对面坐着,一个紧张地坐立不安,一个看着她脸上的伤发愣。过了一会儿,杨长燕问了她的身世,果然和吴本正说的相差无几。朴成姬说着说着,便想到在长春的那些日夜,还有死去的范老四,忍不住哭起来。

"别哭别哭,咱们不说这些伤心的事了。对了,你昨天在马棚前边干嘛要抢王婶家的孩子呢?"杨长燕看着不忍,便扯开话题。

提起孩子,朴成姬的心像针扎似的,但是想到吴本正的警告,她只好说:"我,

第四章 | chapter IV
落户杨家店

我认错了……我原来也有一个儿子,名叫憨憨,和昨天的那个孩子差不多大。可是我的憨憨却被我弄丢了,我不配当他的娘,我根本就不配……"

杨长燕在一旁听着也难过起来,递给她一张手绢。

说要去捡柴火的吴本正,背了个柴筐在村路边上的一条岔路晃荡,这条岔路通往杨树魁的家。突然,吴本正看到杨树魁背着粪筐捡粪,顺着村路朝他的方向走来。他急忙弯下腰,假装捡拾地上的树枝。

杨树魁见到吴本正,就过来对他说"我说吴本正啊,你那表妹走没走啊,你现在可是专政对象,再搞什么花样可没你什么好果子吃!"

"一早,杨主任就过来了。杨主任说杨家店的妇女都归她管,只有她说了算,她同意让我表妹先住下来,现在她正在跟我表妹了解情况,然后还要给我表妹做人口登记呢。"吴本正故意一口一个杨主任来刺激杨树魁。

杨树魁一听面色阴沉,没好气地说道:"这个丫头片子,怎么也不和我商量一下。"

吴本正见机更是火上浇油,"我,我也这么想的,可杨主任说她是代表镇军管会的肖主任的,村里有什么事她说了才算数。"

"什么叫她说了算!我找她去!"杨树魁说完就气呼呼地走了,没看见他身后的人窃笑。

杨树魁赶到时,里面的杨长燕还在跟朴成姬谈话,她同情地看着眼前浑身脏兮兮的女人,心里难受极了。

"你的情况我都了解了,我真的很同情你,不过有个问题我还想问问你,吴本正是地主你知不知道?"杨长燕说。

朴成姬还没回答,突然窗外有人大喊,"杨长燕,你给我出来!"

朴成姬恐惧地躲在杨长燕身后,一脸紧张地偷偷注视着门外。杨树魁阴沉着脸冲进来。

杨长燕开口问道:"怎么了,独臂大爷找我什么事呀?"

杨树魁气冲冲地说:"燕子,你有什么权利让人留下,你什么时候能代表肖连长做事了?再说,吴本正是个啥人你知道不知道?他的亲戚能是啥好鸟?保不准一窝子都是男盗女娼……"

朴成姬听到男盗女娼四个字后浑身一颤,神情异常尴尬。

杨长燕犟嘴说妇女的事就归她管。她把她了解到的"吴敏"的情况说给杨树魁听,临了还说像她这样的苦命女人,她们妇救会一定不会看着不管。

哪里知杨树魁突然大发脾气:"妇救会妇救会,你就知道妇救会,你眼里还有没有我这个村长了?"

杨长燕一愣，还来不及解释，大爷就气呼呼地出去了，说要去找肖胜利。

静子专注地在草丛中采摘着草药。站在不远处的杨长水看着她娇美的面容，舍不得移开目光。

静子摘得满头大汗，杨长水看着就劝她休息，可是静子说她要赎罪，替日本人赎罪，再累也要做。杨长水似懂非懂地注视了眼前的女人片刻，突然脱去外衣，埋头拔草，他说："我帮你，思田，我不认得什么是草药，我就帮你把这整山的花草都拔出来，你在里面挑行吗？"

静子震惊，她默默地看着眼前挥汗如雨，拼命拔草的杨长水，眼泪不禁潸然而出。

7/ 拒绝包办婚姻

镇军管会办公室里，肖胜利正和老王还有八斤谈话。

肖胜利说："根据吴本正的口供和其他人的回忆，杨家店血案爆发时他确实就在现场，当然这并不能排除他告密的嫌疑。特别是吴本正的儿子吴三省被杨县长带领的游击队打死以后，他更是对杨县长一家充满了仇恨，告密的可能性极大……"

说是这样说，但是他们都没有确凿的证据。肖胜利说，最好能找到当时的日本俘虏来作证。老王叹着气说："我早就了解过了，当时带队的日军指挥官山本一郎已经被我们打死了，还有一个叫松田三郎的，据说也被苏联红军俘虏后给送到西伯利亚战俘营去了，根本无从查找。"

大家一时泄了气，互相沉默着。突然有人敲门，说杨家店的村长找肖胜利。

晚上，杨家人正在吃着饭，肖胜利铁青的脸进来把杨长燕叫了出去。杨长燕知道肯定是杨树魁去跟他告状了。

肖胜利带着杨长燕往河岸走，一路上沉默不语。杨长燕忍不住静默的气氛，突然说："你到是说我哪里错了，那个女人真的很可怜，我们不就是要帮助这样的人嘛。"

肖胜利叹了口气，看着未婚妻说："燕子，在收留吴敏的这件事上你做对了，值得表扬。我们是人民的政府，就是要为人民服务，替人民撑腰，让人民过上好日子。但你的工作方法不正确。我们党的组织原则是什么？民主集中，下级服从上级。你作为杨家店的妇救会主任，在决定收留吴敏之前你为什么不先跟村长请示或者商量一下呢？"

杨长燕沉默了。

肖胜利见她不反驳，继续说："还有，咱们俩的关系纯属是私人关系，你不能把它带到工作中去，更不能打着我的旗号向别人发号施令。"

第四章 | chapter Ⅳ
落户杨家店

杨长燕虽然不服气,可是也知道自己这次是做错了,她同意去给杨树魁道个歉。

肖胜利缓了脸色,让她继续留意吴家人的动向,也许能通过那个"吴敏"来打倒吴本正。

吴本正正得意地想着杨树魁和杨长燕的窝里斗,杨树魁突然造访,把他吓得把一口漱口水吞进肚子里了。一旁干活的朴成姬吓得钻到炕上去了。

杨树魁进来看了一眼房间,问为什么只有一铺炕,孤男寡女怎么住呀,吴本正说他住地窖,表妹住炕上。杨树魁嗤笑:"解放前怎么没见你住地窖。"他四处看看,也没发现什么不妥,就放心地回去了。

天刚见晓,吴本正就被县城里的人给叫走了,说是要再审查大屠杀的事。他前脚刚出去,朴成姬便紧张地溜出了门,沿着进村的小路向村里走去。

村路上还没有村民,沿途的家家户户也大都紧闭院门。她沿着村路瞎转悠着,每到一处院子门前,都会情不自禁地向里眺望几眼,不知道憨憨在哪个院子里。

一家院子里忽然传出孩子的哭声,朴成姬听到后一怔,随即不由自主地快速地跑了过去。她趴在墙上往里看,口中一直念着:"憨憨,憨憨。"

杨大娘挎着个小筐走来,看到了正趴在王家院墙上向内偷窥的朴成姬。故意咳嗽了两声,成姬吓得手足无措,立即退后两步看着来人。杨大娘见她浑身脏兮兮的,便问她是不是路过的没饭吃了,要不要回家给她弄点吃的。成姬一会摇头一会点头,还不等对方说话,突然拔腿就跑了。杨大娘一脸疑惑地看着她跑得跌跌撞撞的背影。

杨大娘抬头看天色差不多亮了,就敲响了王寡妇的院子,才起床的王寡妇母子一听见敲门声都警惕起来,这么早,该不是那个疯女人又来要孩子,他们看着大门犹豫不决。

"他王婶,怎么还不开门呐?"杨大娘敲了老半天也没见人开。

王寡妇一听声音,才放下心了,叫王喜顺去开门,还问道:"他大娘,这么早有什么事呀?"

杨大娘笑着把手里一篮鸡蛋递给她。"也没啥好东西,给你孙子带了几个鸡蛋。"王寡妇看着一篮子鸡蛋,想着今儿又不是过节,又不是过年的,但还是笑呵呵地收下了。

王喜顺瞧天大亮了,打算去街上转转,刚起床还没洗漱的韩秀芬一听马上也跟着跑出去了,王寡妇拉也没拉住。

富贵在炕里头玩耍,杨大娘和王寡妇对坐在炕桌前谈话,杨大娘直夸富贵可爱又聪明,王寡妇放下手里的活计说:"他大娘,你有什么事,就直说了吧。咱姐俩用不着客气。"

杨大娘眉头紧锁起来,忧愁地说:"我呀,是想托你给我们长水说个媳妇,这忙啊,

你一定要帮我。"

王寡妇一怔，"说啥啊，把你收养的那个，那个思田说给长水，郎才女貌的多好啊！"

杨大娘一听就沉下脸，嗔道："啥郎才女貌，不行！你就帮了我这个忙吧。"

王寡妇见她脸色不对，就跟她说，不说出个所以然来，就不帮。杨大娘只好说，静子克夫，都克死俩了。王寡妇大笑："没看出来啊，这姑娘都嫁过两次人了。不过杨家店最开明的就是你了，怎么你也信这个了？再说了，打仗死的不都是男人嘛！他们都是让媳妇克的？是不是有点不讲理呀？"

杨大娘听这话不乐意了，只好板着脸说，怎么也得给长水说个黄花大闺女才行。王寡妇想想也对，就同意了。

朴成姬没找着孩子，神情迷茫地从村口走出，远远地看到几个村民正站在大槐树下聊天，她犹豫片刻，踌躇着向那些人凑了过去。大槐树下，孙玉娘、杨书礼、杨亮和宋小兰等人正在闲聊，没人注意到不远处的朴成姬。

孙玉娘正说道："你们听说没？之前在我们这受过教育的妓女，叫什么来着？小艳红？"

我听说啊，她因为害怕被遣回原籍，连夜上吊自杀了！

众人一听，有的震惊，有的幸灾乐祸，说妓女就是这么回事。

朴成姬偷听到他们这些话，吓得双腿发抖，立即跑回了吴本正的小屋，见他还没回来，放心地进去了。

晌午了，王喜顺买了些盐回家。王寡妇正抱着小富贵在院子里玩，韩秀芬一进院子就冲过去从她手里抢走了富贵，自个抱着孩子有模有样地哄着。

王寡妇把王喜顺拉到一边，小声说："怎么样？在外面瞧见那个疯女人没有？"

王喜顺搁下盐，也小声地说："娘，别整天神经兮兮的，我都打听过了，谁都没看见那个女人。指不定早走了。"

王寡妇听完儿子的话，立刻笑逐颜开。看着韩秀芬抱着富贵的样子，眼里噙了泪。没多一会儿，她让儿子看着韩秀芬和孩子，便出门朝着孙玉娘家去了，今儿要先把杨大娘托她的事给办了。

孙玉娘正在厨房里打算做午饭，听见了院子里王寡妇的声音，就出来瞧瞧："呵，没刮狂风暴雨啊，咋就把你这只老狐狸娘子给吹来了？"王寡妇听这话倒也不生气，还赔着笑脸，孙玉娘见她没生气，说道："你借我的酸菜，啥时候还啊？"

"还什么呀，我说着玩的。今儿呀我可是来上门说亲的，别跟我提酸菜不酸菜的。"王寡妇赶紧说正题。

孙玉娘笑着说："呦，你什么时候当媒婆了呀。给谁说亲？还是喜顺打算再娶一个？"

王寡妇故意沉下脸,不满地说:"咋说话呢,是杨长水。杨大娘让我帮他家长水说个亲。我呀,就看上你们家二妞了。我觉得咱们杨家店还是二妞和长水最般配。娘家婆家都在一个地儿,多好。"

孙玉娘一听也不开玩笑了,认真地想了想说:"也是。我们就二妞一个丫头了,要是把她嫁到外乡去我还真舍不得。"

王寡妇看这事能成,笑了笑。

杨书礼抽着烟袋过来说:"我们家二妞还小呢。"

孙玉娘转身对丈夫说:"啥小啊?我嫁给你的时候也刚十七。长水多好啊,那孩子我喜欢。"

杨书礼敲敲烟斗,不满地说:"人家杨大姐不一定喜欢吧。她那么要强的女人。再说他们老杨家的儿女多出息啊,长山都当了县长了,燕子也是干部。咱们二妞,不行,她性子太弱。山药蔓做不成大旗杆。"

孙玉娘见丈夫这么说就急了,狠狠踩了他一脚。"啥山药蔓呀?咱家不比他们差。你还是村干部呢!"

无论孙玉娘怎么说,杨书礼都摇头,但是又耐不住她一个劲地撺掇,只好妥协。转身对王寡妇说:"他王婶啊,你这样吧,你先问问杨家,他们家愿意的话,我们就考虑一下。他们要是不愿意,你就说,我们家其实也不愿意。"

王寡妇脑袋一转,笑着打趣:"真不愧是文书呀,脑子就是好使。行,我就这么办。"

静子一边哼着歌一边打扫院子。杨长水在整理挂在墙上的一面渔网,眼神却忍不住偷看静子。坐在中屋灶台前做饭的杨大娘不满地看着杨长水,她刚想出去说什么,就听见了门外王寡妇的声音。

"他大娘,他大娘?"王寡妇走到了院子门口。静子一脸笑意迎上去,问她有什么事儿?她理也没理静子,还不停地叫,杨大娘赶紧出来招呼她。不等进屋,王寡妇就迫不可待地附在她耳边一阵耳语。杨大娘边听边频频点头。院子里站着的静子和杨长水都一脸困惑。

没一会儿,杨大娘走出来说:"长水,你先别去水库,先跟娘出去一趟。"

杨长水愣住,放下手里的东西,看了一眼静子,她也一头雾水。王寡妇笑着回去了,走前还别有深意地看了杨长水一眼。吃过早餐之后,杨大娘拖着儿子去了王寡妇家里。杨长水不明所以,问他娘也不说,他急了,"娘,你干吗呀,我和喜顺说好了一起去打鱼呢!"

杨大娘才不管他说什么,一个劲地把他往房间里拉。他一进房间就看到炕上坐着一个大姑娘,是杨书礼和孙玉娘的二女儿二妞。杨书礼和孙玉娘坐在一边,看到杨长

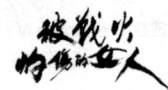

水进来就咧开嘴巴笑了笑。

杨长水一看,差不多也明白了杨大娘的意思,还没等他开口,王寡妇推着他坐在了对面的炕上,并且说:"二妞,长水,你们俩好好唠唠。你们俩打小一起长大,要是做了夫妻,就是喜上加喜了。"

大人们都笑着出去了,屋子里只剩下杨长水和二妞。孙玉娘和王寡妇趴在窗口偷看,被杨书礼一把拉了回来。杨大娘在院子里转来转去,虽说她对二妞不是特别满意,但是怎么也是个大姑娘。

过了没多久,杨长水和二妞就出来了。杨长水笑着和二妞打了招呼就出了王家院子,几个大人不明所以。

一路上,杨长水想着刚才在屋里和二妞的对话笑了起来。

杨长水说:"二妞,如今新社会婚姻自主了,你愿意让你父母包办?反正我不同意包办婚姻。从小我就把你当妹妹,以后我还想把你当妹妹。你呢,你咋想的?"

二妞立刻说:"俺想让你当我哥哥。"

杨长水打了个响指,高兴地说:"咱们俩想到一块了,嘿嘿,你不会恨我吧?"二妞摇摇头,听他笑着说:"那就好。以后有事就来找我,我帮你。"

杨大娘跟在儿子身后,见他还笑着,难道同意了?可他就是不说话。只好一头雾水地跟着他回了家。

孙玉娘和杨书礼也跟着二妞回家了,二妞回到家就冲进厨房,喝了一大口水,孙玉娘急死了,一把抓住女儿就问:"到底怎么样了,啊?同意了?"

二妞委屈地说:"我,我想当长水哥的妹妹,不想当他媳妇。我没法儿和他上炕。"

孙玉娘咬着牙,一巴掌打在她背上,"二妞!你这个傻丫头!"

杨书礼点燃烟袋锅,在一旁笑着说:"二妞的决定好。别看她表面没主意,骨子里还是我的丫头,有个性。好,好啊,哈哈!"

孙玉娘瞪了他一眼,从牙缝里挤出三个字:"好个头!"

8/ 离家出走

杨长水一回到家,笑脸就没了,他转身恼怒地说:"娘,谁让你给我相亲了?我同意了吗?我同意了吗?"

杨大娘一听就知道,这事肯定没成,只好上前解释:"长水,你听娘说……"哪知儿子跳起来大喊:"我不听我不听,除了思田,我谁也不要!"

杨大娘气得脸都绿了,语气坚定地说:"好,那娘也告诉你,你要娶思田绝对不行。

她是日本人，你爹就是让日本人害死的，我活着不能答应，就算我死了都不能答应！"

杨长水同样一脸坚毅地说："娘，我也告诉你，战争不是思田挑起来的，她也不是杀死爹的凶手，她是战争的受害者。除了她我谁也不要！"

在西屋的静子听他们吵得厉害，眼泪掉了下来，心里难受极了。忽而她又听到杨大娘大喊："你要是把我逼急了，我就把思田赶出去！"

"你要是把思田赶出家门，我就和她一起走！"杨长水丝毫不妥协。杨大娘气得都快站不稳了，赶紧扶着墙壁说："长水，你，你敢在你爹的灵前和娘这么说话吗？"

杨长水一脸无奈地说："娘，你怎么就不能理解我呀？我喜欢思田，我真的喜欢她。我，我从来没有这样喜欢过一个女人，她已经成了我的血，我的肉，我的心……"

"混蛋，没想到你这么没出息！告诉你吧，永远都别想。除非我死了！"杨大娘抬手扇了儿子一耳光，愤愤地跑出去了，杨长水沮丧地坐在了门槛上。

"长水，不是说去打鱼，还去不去啊？"突然，院外响起王喜顺的声音。杨长水回头看了一眼静子，也不知道说什么，就出去了。

静子看他走了之后，一个人坐在屋子里想了想，还是决定离开，一直对她这么好的人，她不能害得他们吵架。静子默默地收拾好行李，带着浓浓的不舍出了杨家院子。

王喜顺一边划桨，一边与杨长水搭话："今儿瞧二妞，瞧得咋样啊？以前我还以为你会和思田在一起呢？"

杨长水本就心不在焉，听到这话后彻底没了打鱼的心思，他看着远处波光粼粼的水面发呆。王喜顺又说："听你娘说思田克死了两个男人哪，是真的吗？"

杨长水一怔，扭头看着他问："我娘还说什么了？"

王喜顺没想到他怎么震惊，接着说："还有就是你娘不让你和她成亲。长水，你娘说的是不是真的？"

杨长水勃然变色，他站起身使劲划桨。船上的王喜顺吓得大叫，让他慢点，别把船弄翻了，怒气冲天的杨长水哪里顾得上这些，依然用力划桨。突然船失去了平衡，摇晃了两下就翻了，杨长水和王喜顺扑通一声掉进了水里。

杨长水正想游上岸，脑海里突然想起之前跟杨大娘吵架的情形，他感觉心灰意冷，停了动作，任由自己沉入水中。

王喜顺爬上岸，转身见杨长水没有动静，觉得奇怪就大叫了他几声。突然，他意识到了什么，一个猛子扎进水里，向水中间游去。他一把抓住了杨长水，对方却使劲挣扎，似乎不想被救。王喜顺急得没办法，只好一拳把他打晕了，然后把他拖着往岸边游去。

两人上岸，杨长水躺在地上昏迷不醒。王喜顺吓得慌了神，摇晃着他大喊："长水，长水，你想干啥呀？你不想活了？啊……"然后又朝远处呼救："来人哪！来人哪！

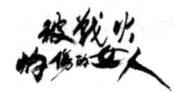

救命啊!"

静子正走到这边,听到王喜顺的声音后,快步跑过去。看到昏迷的杨长水,静子吓了一跳,很快又冷静地给他做胸部挤压。看到没有反应,就毫不犹豫地给他进行人工呼吸。一旁的王喜顺看傻了。静子丝毫不在意,持续给昏迷的人嘴对嘴呼吸。杨长水终于咳嗽起来,吐出许多水,意识也渐渐苏醒过来。

她扶他起来,轻轻擦去他嘴边和脸上的污水。杨长水抬头看静子,突然看到了她背着的行李。死死抱住她,呜呜地哭起来:"你别走,要走也叫上我呀,我们一起走……"

静子推开他,连连摇头。

王喜顺看着这两个人,什么也不说,立刻站起身向村子的方向跑去。杨长水一眼不眨地望着静子,紧紧握住她的手说:"不行我就带你离家出走,东北大着哪,我们在哪儿都能生活。我只要你,别的什么都不在乎。"静子掰开他的双手,坚决地摇头:"长水,替你娘想想吧,战争、饥饿,带大你们活到今天,多不容易啊。我不能那样做,我不想对不起她。你要理解我。我不能,真的不能。"

不等杨长水反应,静子站起身,向草丛深处跑去。杨长水没有力气追上去,只能对着她的背影,撕心裂肺地喊她:"思田,思田……"

杨大娘坐在炕上面露不悦,一旁的王寡妇却是满脸兴奋。

"我的那个妈呀,全村都传遍了,你们家思田和长水嘴对着嘴,你说那是干啥呀,我们家喜顺还在一边站着呢!长水后来醒了就死死地抱着人家思田,说什么要一起走。他杨大娘,你生的孩子个个都和我们一般人不一样啊,你瞧长山,长燕,原来以为就长水老实,没想到他更邪乎……"

杨大娘瞥了她一眼,语气不善地说:"全村人都知道了,那也是你们喜顺传的吧,当时可就只有他在场。"

原本笑得脸都歪了的王寡妇,听了这话有些尴尬,但还硬占着理不放:"那,那也是你们家长水和思田做了那丢人的事。他们要是不做那事,俺们喜顺能说啥呀……"说着她站了起来,气愤地说:"我给你报信。你还猪八戒倒打一耙了。气死我了,我走了!"

杨大娘看着她出门后,想着想着,竟然趴在炕上大哭起来,"该咋办啊老头子,你回来吧,你告诉我,该咋办……"

静子拦了一辆牛车就往县城去了。到县城已经半夜了,静子也无处可去,她只好去了医院宿舍,疲惫不堪地倒在床上睡去,但是却做了噩梦。梦境中,松田、开拓团长、马大山、满囤和长水等一个又一个男人表情各异地向自己走来,然后又一个一个死去……她吓得满头大汗地醒来,看着漆黑的宿舍,顿时感到心惊肉跳。过了很久,又困倦地睡去了。

静子在宿舍一住就是两天，白天她就在医院里帮忙，高院长高兴得不得了。

杨长燕从县城扫盲班回到杨家店，一进院门就和王寡妇撞了个满怀。

王寡妇吃惊地说："哎呦燕子，你咋才回来？"

杨长燕瞥了一眼说："怎么了？"

王寡妇说："再不回来，你家都要出人命喽！你哥长水几天不回家了，天天就睡在水库边上的窝棚里。你娘，几天不吃不喝，说要找你爹去，怎么劝都不听。你说说，这两个人都咋的了，犯了魔怔了似的。"

杨长燕一惊，不管王寡妇，抬腿就向北屋跑。

王寡妇在她身后大喊："燕子，我还没说完呐，你们家这事闹成这样，我估摸着是你哥想和思田结婚，可你娘就是不答应。你娘说思田克男人，村里人对这事说得可难听了，都说，大儿子、女婿都是共产党，当娘的还这么迷信，这么落后。反正说的多了去了，我都学不过来。"

杨长燕头也不回，只是丢下一句："那就别学了。"王寡妇不悦地撇撇嘴，"有你忙的，我走了。"

杨长燕进了房间，看见杨大娘躺在炕上，精神萎靡，无论她怎么喊，她都不回答。她只好大叫一声。

"娘，你到底咋了！"

杨大娘这才抬眼看了看女儿，面上没了往日的威风，整个人有气无力的，她说："没咋地，就是死也不能让你哥和思田结婚。"

杨长燕坐在炕沿上，看着她娘说："不答应就不答应，您也不能死呀！你是我娘，你死了我就没娘了……"

杨大娘幽幽地说："你都不知道，两个人在水库边上搂搂抱抱，还亲嘴，全村都知道了，丢死人了。他们是故意做给我看的，逼我答应他们结婚。我不能同意，死都不能同意。现在你哥还在水库边待着，他不要我这个娘了！"

杨长燕说："他怎么敢不要您，他要是不要您，早就走了，在水库边待着干嘛？我先去找他了。这夜里风多凉呀，非冻出毛病来不可。您赶紧起来吃点东西。"

说完，便出门往水库边去了。

静子以为平静的生活会这样一直下去，可是人生并不是尽如人意的，战争带来的伤痕只是随时间蛰伏在人们心底，一旦触及就会再次爆发。

第五章 | chapter V
善良的中国人接纳了她们

1/ 母子的争执

水库边上，冷风肆起。

杨长燕冻得发抖，她把杨长水的被子扯过来裹着身子，她裹好了说："小哥，你还真的不回家了？"

杨长水一句话也不说，望着水库发呆。她又说："现在可好了，娘不吃不喝，你住在窝棚里，思田姐呢，住在医院也不准备回来了。"

说起静子，杨长水的眼睛终于有了神采，他盯着妹妹。杨长燕意会，继续说："我问过她，我说要回来，她都说她要值夜班。其实根本就没有。我知道，她是不想回来了。"

杨长水一听就急了，掀掉盖在身上的被子说："我找她去！"

杨长燕一把拉住他，大声说道："你瞎添什么乱啊？思田姐不回家也是让你和娘给逼的。你干啥和她搂搂抱抱，还亲嘴？现在整个杨家店都知道了。她哪里还敢回来啊！"

杨长水声音也大起来："瞎说什么啊，我昏迷不醒，她是学医的，给我做人工呼吸，不然我就死了。都怪王喜顺乱传，下回我逮着他给他好看！"

杨长燕说："我不管什么人工呼吸，思田姐都走了，你还在这干嘛！大冷天的，冻死你！"

杨长水又坐下来，垂着脑袋说："没有思田，有命有啥用？"

杨长燕一听就火冒三丈，大喊道："你！你太没出息了，我才懒得管你了！"说完就转身一个人气呼呼地走了。

杨长燕回到县城，把静子喊去肖胜利的办公室，让他帮忙解决问题。静子坐着一句话也不说，表情哀伤，气氛也有些压抑。杨长燕实在忍受不了这气氛，爆发似的说："思田姐，我不管了！你们爱咋样咋样！"

肖胜利撇了一眼未婚妻，柔声道："思田，你是怎么想的，你跟我们说说。我和

燕子都不是外人。"

静子抬起头，看了他们一眼，说道："我没想更多的，就是不想让大娘难过，更不想让她为了我难过。肖连长，燕子，我想，或许我真的该离开杨家店了。"

杨长燕这急性子一听这个就气不打一处来，扬高了声调说："你，你还嫌不够乱呀？你走？你一走我小哥肯定跟着你走，那我娘还能活呀？这么简单的道理你知道不知道？"

静子又低下头，不敢说话了。肖胜利瞪了一眼杨长燕，又转头问她："思田，那我这样问你，你觉得长水是你可以依靠一辈子的人吗？我知道你上过大学，有文化……"

静子匆忙打断他的话，解释说："不是因为这个。说实话，长水对我很好，他的心思我都知道。可是我，我觉得我配不上他，我真的配不上他。我有过男人，而且我是……"

肖胜利说："我知道，你是日本人，这个才是考虑的重点，而且杨大娘也正是因为这个才不同意你和长水的。"静子点点头，肖胜利问她是否还有别的想法，她低声说："我，我不想让杨大娘伤心，真的不想……"

肖胜利打断她："燕子！我跟你回家。这件事一定要解决！"

杨长燕还没反应过来，肖胜利就站起身拉着她出去了，静子看着他们离开的背影，心里有些迷茫。

王寡妇和一群人在大槐树底下讨论什么，不时发出几声笑。只听见王寡妇说："长水他娘就是嫌思田克男人，硬是不同意，结果就是长水住进了水库边上的小窝棚，思田到镇里学习打死不回来，长水他娘躺在家里不吃不喝。"

杨书礼纳闷了，抽出嘴巴里的烟袋说："啧啧，你看这事闹的，按说老杨家不至于呀，他们家一家子都是干部，杨大娘更是好强了一辈子，怎么解放了倒闹起封建迷信来了。"

一旁的孙玉娘恍然大悟地说："哎呦！我现在明白了，前些日子杨大娘干嘛要让你上咱们家说亲呢？这不是用咱们家二妞当撬板嘛，不行，哪天我非得找长水说说去。"

翠花接着说："咱们应该去找独臂大叔反映反映，都啥时候了，还搞这些迷信玩意，老杨家也不应该带这个头呀。"

杨书礼吐着烟说："对，咱们是应该找村长反映反映，现在就去。"

不知道哪个眼尖的看到了肖胜利拉着杨长燕在前面路上走着，幸灾乐祸地说："杨大娘干部女婿回来了，这下有好戏看了……"

杨家院子里，几只母鸡带着小鸡觅食。从里面传出来肖胜利的声音："这个长水，怎么还不回来呀，我都跟他说好了。"

杨大娘哼了一声，说道："他最好别回来。"

第五章 | chapter V
善良的中国人接纳了她们

杨长燕笑着说:"我娘心口不一,她都往窗口看好多回了,我知道她心里可惦记我小哥了。"

杨大娘故意嗔道:"瞎说吧你!"

院门外,杨长水踌躇了一会儿,还是走了进来,可是他却迟疑地站在院里不肯进屋。肖胜利从窗口看到了杨长水,冲着院里喊道:"长水,进来吧,回都回来了就别在外头站着了。"他这才挠了挠头,畏手畏脚地走进屋子。杨大娘转过脸去,可是瞥到儿子衣冠不整,满脸胡子拉碴的样子,心里也难受。肖胜利让他上炕,又对燕子说:"把菜都端上来吧。"

一家人都坐下了,杨长水四下看了看,肖胜利立即说:"甭看了,思田没在。今儿我就是想和你说说思田的事儿。你在窝棚里住着,娘在家绝食,表面是你们俩斗来斗去,较劲,其实是让我和燕子为难。"

杨长燕说:"就是,就是!你看我嘴巴都急出泡来了!"

杨长水放下筷子,抬起头,"我先说。"然后转过脸看着杨大娘说:"娘,你和王婶说,不让思田和我在一起是因为思田克男人。你是不是那样说的?"他娘一听就来火了,说道:"我能咋说?说她是日本人?如果我说了,她在杨家店还能活吗?"

杨长水一听,原本急躁的心情一下子被熄灭了,也没理可依,不知道说什么。

杨大娘继续说:"我不是不喜欢思田,她是个好女人,能干又贤惠。可是,她是日本人,你爹……"

杨长水着急地说:"娘,和你说多少次了,思田没打过仗,没杀过中国人,她也是战争的受害者。"

杨大娘手掌一拍桌子:"你大哥是共产党的干部,你妹夫也是。他们以后会不会为了思田的事儿受影响?还有韩秀芬和那些乡亲们,如果知道思田是日本人,能饶了她吗?能吗?"

杨长水横下心来,站起身看着他娘说:"我不管,反正,反正我和思田抱过了,也亲过嘴了,她已经是我的人了!"

听了儿子的话,杨大娘气得跳起来,狠狠给了他一耳光。还没开口骂,就听见门外王寡妇的吆喝声,赶紧出门去看看。看见她身后还跟着杨树魁等好些人,赶忙赔了个笑脸,说:"树魁大爷怎么来了,燕子快去倒水。"

杨树魁上前挥挥手忙说:"不用了,一会就走。老槐家的,我跟你说啊,你们家的事儿呀,我都听说了。今儿呀,咱们就来谈谈这事。"

杨大娘笑着请他进堂屋,其他来看笑话的人都跟着进去坐下了。翠花陪着笑脸说:"大娘啊,我们来是为长水和思田说话的。"

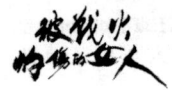

杨树魁一坐下，就说："你不能有老思想老脑筋，你家大儿子是共产党干部，女婿也是军官。"

王寡妇也跟着说："你不能给他们丢人。知道不？"

杨长燕在一边看不下去了，上前说："对不起了，我们家的事我们会处理好的。"

杨树魁咳嗽一声，摆出村长的气派，说道："别以为我老头子是在管闲事，这不是闲事。新社会讲婚姻自由，对吧？燕子是妇救会主任，她应该明白。"

众人七嘴八舌说起来，杨大娘原本有的笑脸现在早已经收起来了，她看着屋子这些人，气得话都说不出来了。杨书礼和孙玉娘在一旁冷眼看着，想起他们家二妞的事，就气不打一处来。

肖胜利从外面走了进来，给杨大娘一个安心的眼神，对着杨树魁笑了笑。转身对所有人说："大娘大叔，听我说一句成吗？有句老话叫家家都有难念的经。其实每家都有每家的难处，这话你们不反对吧？"

王寡妇说："你们有什么难处啊？"

肖胜利说笑着说："哎呀，啥难处也是自己的难处，我们能解决，就不麻烦大家了。"

"有啥不方便的，不就是说思田克男人嘛。"

"怎么你们还这么迷信啊，现在都什么时候了呀。"

"你是干部的家属，咋能这样呢？"

"就是，这不是给共产党干部丢人嘛！"

"老魁他家的，你这么做可不应该。"

"要是杨家店的乡亲都知道了，啥影响啊？你说！"

杨大娘看着众人张嘴闭嘴地说着，气得浑身哆嗦。杨长水见她脸色不对，只好站出来说道："我们家的事，你们不要管了行不？"

翠花着急地说："长水，我们在为你说话。"

杨长水大喊："用不着！"

王寡妇狠狠地瞪他一眼说道："小白眼狼你！"

这时候，又有人说杨长燕是妇救会主任，得替思田说说话。杨长燕求救地看了一眼肖胜利，他点头示意，说："大娘大叔们，你们今天来，我们非常欢迎，可你们得给我娘个工夫好好琢磨琢磨是不是？这是大事，长水的终身大事，咋能不好好考虑呢！"

杨长燕说："谢谢大家了，我们接受大家的批评，一定认真考虑。大家先回吧，回吧！"

众人口中还在说着什么，磨磨唧唧地离开了杨家院子。大家一走，杨大娘跑到厨房，拿起一只碗摔在地上，气得双手不停发抖。杨长水跟进来，她指着他声音颤抖地大吼："你，你给我滚！滚！"

第五章 | chapter V
善良的中国人接纳了她们

肖胜利上前劝解："大娘，你要冷静。"

杨大娘声音仍然止不住颤抖地说："我从来没像今天这样让乡亲们骂。我和你爹的老脸都让你给丢尽了！"

杨长水梗着脖子说："你答应了，不就没事了。"

杨大娘抬手又给他一耳光，说："我就是不能答应，即使让大伙骂死都不能答应！想和思田结婚？除非我死了！要不你就改姓，永远不要姓杨！永远离开杨家店！"

杨长水捂着脸吼道："不姓杨怎么了？别想吓唬我！不姓就不姓！离开就离开！"说完看了一眼他娘，转身就往屋子外面跑去了。不管杨长燕和肖胜利怎么喊，他都不回头，没有人看到他掉下来的眼泪。杨大娘还在不住地说："滚！滚了这辈子就别再回来了！"

杨长燕和肖胜利互相看了一眼，都是满脸的为难。

杨书礼回到家后和孙玉娘坐在炕上，他点了烟袋，他媳妇气得脸都青了，说："今天我算是明白了，相什么亲呢？咱们都让长水娘给忽悠了。你还文书呢你！"

杨书礼吧嗒吧嗒地抽着旱烟，说："不是长水娘，是长水那小子。进门前你没听见他们娘俩吵的啥嘛？长水想和思田结婚，长水娘死活不同意，长水就是不听。其实，咱们家二妞不进他们家门也好。"

孙玉娘脸色缓和下来，她又说："不过我觉得，长水娘不同意长水娶思田，不一定因为她有过两个男人，其中一定还有什么别的。杨大娘那人啊，心数老鼻子大了。"

2/ 有情人终成眷属

肖胜利和杨长燕商量了一下，决定让她去跟静子谈谈，看她到底有什么打算。

杨长燕问道："如果思田走了，我小哥也跟着去怎么办？"

肖胜利说："你小哥是成年人了，他有自己的想法。你娘为了你爹的事又不能接受思田，我们夹在中间能怎么办？"

杨长燕白了他一眼，"算了，他们要走就走吧。我觉得娘说的有道理，说不定她真的会影响你和我大哥的前途呢！"

肖胜利无奈地看着她，女人家的就是想得多，"别想了，你赶紧找思田去吧。"

杨长燕在医院后院里找到了静子，她正在洗医院的床单。她走过去帮静子拧床单。她想了想还是决定问问她的意思，"思田姐，你和我小哥的事，你咋想的？"

静子看了一眼杨长燕，目光坚定地说："燕子，你告诉娘，让她放心，我不会和长水结婚的。说心里话，我很感激长水，他对我真的很好，就像亲人一样。尤其是知

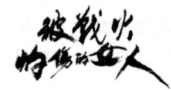

道了我的真实身份也没有嫌弃我。我很感激他。同样，我也感激娘，感激你和胜利。你们对我也像家人一样。有你，有娘，有长水，有这个家，我就非常知足了。"

杨长燕内心长呼一口气，又问道："可是我小哥，我们都已经对付不了他了，他不听娘的，也不听我的，一个人住到水库边的窝棚里。你和他唠唠吧，把你的想法全部告诉他，他听你的，你说了才能让他死心。"

静子看着对面一脸愁容的姑娘，想了想，点点头。当天下午静子就回了杨家店。她远远地往水库边上走去，看到那个窝棚，脑海里想着杨长水曾经为她做的一切，又想了想杨大娘对她恩重如山。心里一阵挣扎心酸。

杨长水一见他朝思暮想的人来了，紧张得手都不知道往哪放，赶紧让静子在小窝棚里坐下。二人沉默了许久，静子率先开口了："长水哥……"

杨长水原本激动的心，一听她的口气就变得抑郁了，他打断静子，忧伤地说："我知道，你找我来是想告诉我，不能和我成亲。对不对？"

静子辩解，"不是的，长水哥，你听我说，我有过男人……"

杨长水捂起耳朵，站起来，神色激动地喊："我不听，我不听！我再一次告诉你，我不能没有你，不能没有你！你有过男人，我也不在乎！"静子见他这样，蹭地一声也站了起来，与他对峙："可我在乎！你知道吗？我和满囤虽然在一起的时间不长，但我已经忘不了他了，我把他对我的感情都深深地藏在我心里，这辈子都不会忘记。"

杨长水大喊："我知道！你说的那个满囤，他是为你死的，对吧？我也能为你死，我也能！"

静子看着他，摇摇头，她从来都不知道杨长水竟然是如此固执的一个人，她实在都不知道说些什么了。杨长水见她不说话了，又说："你说你过去的男人对你好，对吧？那是因为你人好。因为你人好人家才对你好，因为你人好我也对你好。我说的对不对？"

静子气得直跺脚："长水！"杨长水眼眶红红地说："思田，你就不要逼我了，再逼我，我就真的跳进水库去了。没有你，我不知道怎么活你知道吗？这几天我看不见你，我娘也和我怄气，我，我死的心都有了。"静子真是无奈至极，她抬头难过地看着他，一句话也说不出来了。

杨大娘一听说静子去找杨长水了，就着急地赶了过去，杨长燕也跟着去了。她们见窝棚内的两人正在说话，就躲在了窝棚一边，听见杨长水声音嘶哑在说些什么。

"从小到大，我没发过愁。我爹死的时候，我就是伤心害怕，可我不愁，我觉得还有我娘呢，有娘在我心里就踏实。我从来没和娘吵绊过嘴，也没红过脸，她让干什么我就干什么。可是这事不行，这是我的事，我一辈子的事，我要自己做主，谁都别想管我，我谁的话都不听，就是不听！"

第五章 | chapter V
善良的中国人接纳了她们

静子叹了口气说："长水，你救过我的命，还对我那么好，难道你的心思我不明白吗？我明白，我什么都明白。我是过来人，我知道，女人都想有个好的归宿，都想找个好男人踏踏实实过一辈子。我也是一样。但是长水，好日子是好日子，可不能对不起大娘，她收留我，为我做了许多，和我亲娘一样。对于我来说，无论让我做什么，哪怕就是当牛做马，只要我能报答这里的土地，报答杨家，报答大娘，报答满囤和一切帮助过我的人，我都愿意。"

静子说到这里已经有些激动了，杨长水想说些什么，见静子擦了擦眼角，就听她说。

"你听我说完，长水，做人不能太自私，你就让我做我想做的事吧，行吗？我不想让大娘为难，更不想让她因为我而失去你。你是小儿子，她最疼你。我和你说过，我的儿子生下来不久就病死了。母亲失去儿子的痛苦，我知道。长水，找个女人成家吧，好女人很多，不止我一个。你那样做，才是孝敬你娘，也是真正对我好。你明白我的意思吗？"

杨长水一听完这话就明白了，静子在他和他娘之间，选择了他娘。他心里顿时仿佛坠入深渊。良久，他才说："那你，你还嫁人吗？"

静子说："不嫁了。如果你不再逼我，我这辈子就待在杨家店，给大娘养老送终，一辈子做你们杨家的女儿。"

外面听到静子这席话的杨大娘和杨长燕都感动地流出了眼泪，没一会儿，她们看着静子从窝棚里走出来，往村子里去了，也悄悄地跟着回去了。

杨家院子里，杨长燕和静子并坐着聊天。

"思田姐，你真是太好心了。我要是我小哥，我也喜欢你。"静子白了她一眼说："瞎说！"转而又说："怎么回来这么久都没看到大娘？"

杨长燕一听，朝屋子里叫了两声"娘，娘……"叫了老半天，也没人应答，杨长燕觉得奇怪了，怎么会没人呢。她对静子说："是不是又出去了？要不咱俩再去村里找找？"

静子还没回答，杨大娘人未到声先到："不用了……"说着走进院子，吩咐道："思田，你去集市买点肉回来，晚上多做几个菜；燕子，你去喊一声小肖和长水，就说我让他们晚上回家吃饭。"

杨大娘说完也没多看二人一眼就径直走进了自己的房间。杨长燕和静子二人不知所以，面面相觑。但还是按照她吩咐的去做了。

杨大娘刚才是去了老伴的坟前，她想起刚才她对老伴说的话："……老头子，日本鬼子和咱们的血海深仇我这一辈子都忘不了，我恨不得扒了他们的皮、抽了他们的

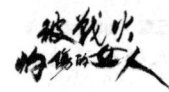

筋,把他们一个个都挫骨扬灰了好替你报仇……可你说怪不怪,思田明明是个日本人,可我对她却恨不起来,非但恨不起来,我还越来越喜欢她,你说是不是因为她和咱们一样,都是普通的老百姓,都是这场战争的受害者……哎,太多的道理呀我也说不明白,但我知道这人心都是肉长的,特别是咱这当爹娘的,那就更不能委屈了小辈,你说是不是这么个理……"

静子做了一大桌子菜,杨长燕、肖胜利和杨长水都坐上了桌,静子也坐了下来,他们都不知道杨大娘这是唱哪出,所以谁都没有说话。

杨大娘拿着一瓶酒走了进来。边给每个人的碗里倒酒边说:"今天把你们叫来,很意外吧?是啊,这阵子咱们都很憋屈,长水,思田,还有燕子和小肖。娘今天要告诉你们的是,娘明白了一件事,战争破坏了我们的生活,战争害了那么多无辜的好人,你们的爹、韩秀芬一家子、杨家店其他惨死的乡亲,还有思田的孩子。要是没有战争,大伙都在过自己家的日子,哪有死人、仇恨还有眼泪?没有!思田,我知道你心里很苦,父母亲人都不在你身边,连个说心里话的都没有。我们再苦也有自己的家和家人,你什么也没有,一个人孤孤零零的……"

听到这里,静子已经流出了眼泪,其他人也都低着头沉默着,心里难受。杨大娘抹了抹眼泪,继续说:"长水,娘知道,娘不让你和思田成亲,你恨我,抱怨我。我知道,我什么都知道。"

杨长水抽泣着,看着母亲说:"娘,从今天起,我听你的,我什么都听你的。你给我找个女人吧,我不是还要给咱们老杨家留后嘛!"

杨长燕诧异地看着她哥,静子低着头不敢看任何人。杨大娘欣慰地说:"你想明白了?"杨长水也哭了出来,走过去,握着杨大娘的手说:"娘,不是我想明白了,是我没办法。娘,你说咋办就咋办吧,我都听你的,啥都听你的。"

杨大娘看看自己的儿子,又看看低头不语的静子,抿了一口酒说:"长水,思田,你们都是娘的孩子,娘不是故意拆散你们,娘是害怕呀。为这事娘想了大半年了,晚上总是连觉都睡不着。你们只看眼前,娘不能这样啊,娘想得太多太多了。"

杨长水哭了出来,口中大喊着说他错了,他再也不会为难他娘了。哪里知道杨大娘却说:"长水啊,娘今天要说的是,你想和思田成亲就成吧。娘,娘答应……"

静子和其他人都被这话震惊了,他们都看向泪眼婆娑的杨大娘。杨大娘走到静子身边,说:"思田,娘听了你和长水唠嗑,知道你是明白人,也是聪明人,娘知道,你那么明事理,今后对我对长水,对我们杨家肯定也错不了。娘明白了,你们俩好就是最好。娘能活多久啊,日子还得你们过。老杨家还得靠你们撑着。"说完擦去泪水,

第五章 | chapter V
善良的中国人接纳了她们

举起酒说:"你们都把酒举起来,今天就是长水和思田成亲的日子,我们不请乡亲,就自己家人,就把这事办了。来,碰一下吧!"

杨长燕擦了擦眼泪说:"娘,都没让小哥和思田姐换件干净衣裳。"

"换啥换呀?都是自家人,没人嫌弃。是不是呀思田?"静子看着众人都看着自己,突然扑通一声跪在杨大娘面前,大喊:"娘!"杨大娘眼泪刷地就掉下来了,她上前搀扶起思田说:"孩子,别哭了啊,以后这儿就是你的家了。谁要是敢欺负你,你就告诉娘,娘护着你,你用不着害怕。"

静子看着杨大娘,仿佛看到了自己的妈妈,眼泪不住地流。肖胜利也被感动得双眼都噙着泪水,他说:"都别哭了,咱们庆祝长水和思田!来,干杯!"

众人都擦去泪水,开开心心地坐下来吃饭。杨大娘跑去房间里,拿出一红一绿两床崭新的棉被说:"思田呀,你和长水晚上就住小肖那间房吧,里面我都收拾利落了,有什么不周全的你这新媳妇就多担待点吧。"

静子害羞地低下头,"谢谢娘。"

杨长燕笑着说:"娘,我可真佩服你了,不动声色就把什么都办了。"肖胜利大笑着说:"是啊,大娘,您有当领导的智慧,我还真得好好学学。"

杨大娘放下棉被,严肃地说:"我为什么不给长水办喜事你们明白吗?我就是怕乡亲们知道了思田的身份。所以有句话我要再说一遍,思田是日本人这件事,谁都不要说出去,记住了?"

众人一致点头,然后继续吃饭。晚间,杨长水和静子躺在炕上,二人一直害羞不知道说什么又满心欢喜。杨长水鼓起勇气一把将静子搂进自己怀里,她顺从安心地躺在他怀里。她好似平静地依偎在杨长水的怀中,可心中并不平静。她知道,长水对自己的爱并不亚于松田三郎和满囤,可这份爱让静子感到格外的沉重。自己必须付出更多的爱去报答长水,报答杨家,同时也是报答满囤和那些帮助过自己的中国人。夜阑人静时,静子感受着自己身边的男人,突然希望能给他生一个孩子,有中国血统的孩子……

深夜,小路上出现一个人影,她轻手轻脚地走在小路上。她正是朴成姬。走着走着她就停下了,月光下她的身影显得特别长,她不知道她的憨憨到底在哪里,她不敢大哭,只是看着四周漆黑的庄田眼泪无声地滑落。

杨大娘躺在炕上翻来覆去睡不着,侧身听听外面没有任何动静后,披衣下地,蹑手蹑脚地走进中屋取了米面去了厨房。她在灶台前生火,然后去和面,她边和面边想,怎么也不能太委屈了思田,总得让外人知道她已经是她媳妇了。想到这里,和起面来

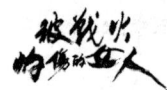

更起劲了。

　　她做完喜饼已经凌晨了，她用筐装了满满一筐喜饼，背着往杨树魁家去了。杨树魁披着外衣睡眼惺忪地看着杨大娘问有啥事，杨大娘说："我来报喜啊，自打你和乡亲们批评我封建迷信以后啊，我想了好几天，昨天我总算想明白了，还是你老哥和大家伙说得对，说对我就得听，而且晚听不如早听，我这么一琢磨，干脆昨晚上就成全了我们家长水得了，让他和思田两房并一房了事。"

　　杨树魁一听双手一拍，顿时有了精神，"好事呀，还是我大妹子开明……"他忽然想到了什么，笑容收敛了许多。说道："就是这事办得急了一点，怎么也该通知大家伙一声，让全村的老少爷们都跟着乐呵乐呵才是啊。"

　　杨大娘笑了笑说："独臂大哥，你那天不是还说我死脑筋呢嘛，我今天就来个新事新办，咋，你还有意见？再说了，现在哪家都不富裕，咱也别让大家伙跟着破费……给沾点喜气。"说完拿出两个红色的喜饼塞给杨树魁，接着说："您歇着去吧，我还得去别家呢……"

　　那一整天，杨大娘就挨家挨户地敲门，送喜饼，忙得不亦乐乎。一直到天快黑了，才回到家。

3/ 思儿心切

　　翌日，村口大槐树下，一些村民在聊天，三五个手中拿着红花喜饼的孩子在中间跑来跑去，边吃边玩耍着。

　　翠花看了看四周，悄声说道："听说了吧，老杨家的小儿子长水和思田前晚上结婚了。"

　　孙玉娘说："还听说了嘛，我们家孩子连红花喜饼都吃上了。哎，你们说这杨大娘是不是怕咱们随份子呀，怎么连个招呼都没打就把喜事给办了？"

　　杨玉环撇撇嘴，不乐意地说："你可真给他们家脸上贴金，他们家那哪是怕人随份子啊，那是见不得人。听说过没有，这寡妇结婚都得晚上办，为啥？见不得人呗，更别说他们家思田还不知道是几茬子的寡妇呢。"

　　王寡妇碰巧听到了这话，冲过来就对她一顿骂："杨玉环你整天在这乱嚼舌根，也不怕闪了嘴。寡妇怎么了？寡妇愿意自己是寡妇啊！"

　　杨玉环自知理亏，却为了面子，跟王寡妇吵起来，大家都忙着劝说，谁也没看到她们身后不远出悄悄溜过去的朴成姬，她正紧张地向村外走去。

　　烈日当头，朴成姬坐在曾经丢掉憨憨的地方，看着成片的野花发呆。她脑海里放

第五章 | chapter V
善良的中国人接纳了她们

映着韩秀芬从她怀里抢走孩子和王喜顺对她拳打脚踢的情形，心里难过极了。突然她看到有个女人往野花地里来了，她定睛一看，竟然就是抢走她儿子的韩秀芬，她正哼着小调伺身采野花。朴成姬差点冲出去，但是她还是忍住了，她决定跟踪她回去，就一定能找到憨憨。

终于韩秀芬采完花之后回村里了，朴成姬一路小心地跟在她身后，看见她进了院子，就一直守在门外不远的柴堆后面。她小心地目不转睛地注视着王寡妇家院子。突然听见憨憨一声哭喊，成姬感觉像刀尖一样刺着她的心，似要疼得流出血来。

王家门前偶尔有人经过，朴成姬就钻进柴火垛里，等得饥渴难忍，但是还是舍不得离去。一直到天渐渐黑了下来，她看到周边无人，就蹑手蹑脚地来到门前，偷偷朝门缝窥看。看不到人影，只能听见憨憨的笑声，她一时沉浸在儿子的笑声里。

院子里传出来王寡妇的声音："我们富贵的鞋子怎么少了一只，喜顺你出去找找。我今儿也就在附近转了转啊。"朴成姬一听吓得又钻回柴火垛，她从缝隙里看到王喜顺推开了院门在外面看了看，然后又向柴火垛走来。她吓得半死，只好赶紧从柴火垛的另一边逃走了。

朴成姬回到吴本正的地窖里，脑海里全都是憨憨的欢声笑语，一直到夜里，她才浑浑噩噩地睡去。

军管会，肖胜利和老王商量了一会儿后，就一起去牢房里找吴本正。

老王像对一个刑满的人宣布释放一般，"吴本正，这次军管会对你的隔离审查先告一段落，你可以回去了。"

吴本正连忙奉上笑容，兴奋地说："是，是……这么说我的问题都查清楚了？我，我是清白的了？"

肖胜利瞥了他一眼，语气不好地说："你觉得你是清白的吗？吴本正，老王同志的话说得很清楚，我们对你的审查只是先告一段落，你的问题远没有那么简单，特别是杨家店惨案。吴本正，我再郑重地提醒你一句，我们党的政策是绝不冤枉一个好人，也绝不放过一个坏人。这次放你回去，我们也是给你一次改过自新的机会，希望你好好地接受劳动改造，配合我们对你的进一步调查。"

吴本正吓得擦擦一头的汗水，故作严肃地说："是，是，我一定好好改造，重新做人！"

肖胜利突然想起什么似的，又转身对他说："对了，我听说你那个表妹也受了不少的苦，你回去要好好地照顾她。"

吴本正卑躬屈膝地连连点头，然后出了县军管会。

朴成姬从地窖里钻出来，看了看外面的瓢泼大雨，显得有些犹豫。但是一想起憨

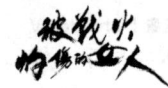

憨的笑声，她的脸上立刻露出了笑容，最后还是冒着雨出去了。

她又去了王寡妇家院子外的柴堆里，但是在门外看了许久都没看到憨憨，也没听见憨憨的声音。在她犹豫着要不要走的时候，突然看见王喜顺往柴垛走过来，然后不断往里刨干柴，眼看就要发现她了，她吓得赶紧跑了，但还是被他发现了。

"喂！干什么的？"朴成姬不敢回头，冒着大雨很快就跑远了。

回到家里，刚好碰上从镇上回来的吴本正，见她全身湿透，二话没话将她一顿毒打，"老子被隔离审查倒便宜你了，下雨天还不老实，你把老子的话全当耳旁风了……你到底去哪了？"

朴成姬紧咬牙关，凭他怎么问，她就是什么都不说。

吴本正打她打得累了，想到明天还要去劳改，就把她赶去地窖，自己回房间睡觉去了。一早，吴本正出去了，朴成姬就从地窖里钻了出来。她从一条岔路走来，正好远远地看到了王喜顺和静子，她犹豫了一下，有些情不自禁地跟在了二人的后面。

富贵每天不吃饭，王寡妇就请静子去给他看看。原本一直哭闹的富贵，一见静子就不哭了。静子拿出银针在他手指头上扎了下，韩秀芬在一旁看后开始闹，对静子大喊："坏蛋、日本鬼子……"

朴成姬躲在院门外，她有些不安地向着院内窥视着。院子里传来憨憨的哭声。她立刻变得紧张起来，她环顾了一下周围，看到四下无人，就大着胆子小心翼翼地向着院门靠近，她听见韩秀芬不断地大喊："坏蛋，别碰我的儿子……"

王寡妇恼怒地吼道："喜顺，快把你这疯媳妇弄到院子里去，别让她在这捣乱。"王喜顺连拉带抱地把韩秀芬弄了出来，插上了房门。然后又转头看着静子，一脸雾水地说："我说长水媳妇，你扎富贵手干吗？"

静子笑了笑，让他安心，"富贵积食了，我给他放点血。只有一点点疼，别担心。"说着她给富贵捏积，富贵疼得又哇一声哭出来，王寡妇立即上前心疼地抱起孙子，说道："我们不治了，不治了。孩子都哇哇叫了，还一点疼呢？不治了。"

静子看着他们觉得无奈。

院子里的韩秀芬听见孩子的哭声立刻变得疯狂起来，她用力推了几下房门没有推开，继而气恼地转身在院子的角落中拿了一根木棒，她举起木棒就朝北屋走去……

门外也听到孩子大哭的朴成姬心里一着急，就顾不得其他，推开院门闯了进去。

韩秀芬一眼就认出了朴成姬，出于本能的敌视，她想都没想就举着木棒向她冲了过去。

朴成姬刚刚进入院子，就看到一个大棒子出其不意地朝自己抡来，惊恐地赶快躲闪，木棒擦着她的头皮砸在了地上。她还没搞清楚状况，只听那人口中大喊："抢我儿子

第五章 | chapter V
善良的中国人接纳了她们

的坏女人！打死你，打死你！"

静子和王喜顺闻声从屋里跑出来，正好看到韩秀芬疯狂地追打朴成姬。而朴成姬似乎被打怕了，只知道蹲在地上双手抱着头。韩秀芬愤怒地死抓住她的头发……

"啊，你给我住手！"王喜顺吓得立即冲过去抱着自己的媳妇。静子急忙去掰开韩秀芬抓着朴成姬的双手。静子忙着阻止韩秀芬，就没顾上看成姬的脸，一掰开韩秀芬的手，她便对成姬大叫："这个女人有病，你还不赶快跑！"

朴成姬一见那个疯子松了手，拔腿就往外面跑去。

韩秀芬见她跑了，转身将静子推到在地，举着木棒追了出去……

朴成姬体力不支跌倒在田埂上，后面的韩秀芬已经追上去了，她二话不说一棒子打在她头上，顿时鲜血流了出来。她看到鲜血也害怕了。静子跑过来将韩秀芬拉到一边，看着血流不止的朴成姬。

王喜顺一瘸一拐地跑过来，他一看到自己媳妇打伤了人，也十分紧张，一语不发地拉着她扭头就跑。韩秀芬口中一直念叨着："血，血……"似乎想起了大屠杀那次的悲惨画面。

静子上前搀扶朴成姬，刚想张嘴说话，不料被她一把推开，静子看着她捂着脑袋蹒跚而去。

韩秀芬回到家里就吓得钻进被窝，瑟瑟发抖。王寡妇把儿子拉到一边说道："你看清那个女人了吗？她就是上次在马棚外抢富贵的女人。怎么办呀？"

王寡妇进屋抱着富贵，眼泪婆娑。沉吟了许久的王喜顺抬头说："娘放心好了，我就是死了，也不能让那个娘们把富贵抢走。"王寡妇突然想到什么似的，对儿子说："喜顺，你赶快到你独臂大爷家问问，是不是咱们村里谁家来了什么亲戚了……"

静子回家说了韩秀芬打人的事，杨大娘说："这女的是谁家的？人家的老爷们能答应吗？弄不好又得让你王婶家里赔钱。思田啊，秀芬的病你要是有能力就帮她诊治诊治，这万一要是能给治好了，你不是也算替小鬼子……"

杨长水一听这话就不高兴了。杨大娘也有些尴尬，她笑笑继续说："思田，你别多想，娘不是那个意思，娘是说希望你和秀芬多亲近亲近。在咱们杨家店，我呀，最担心的就是这个秀芬了……"

王寡妇一听儿子打探来的消息，震惊地说："你说那个女人是吴本正的表妹？"

"反正独臂大爷就是这么和我说的，他说咱们村这些日子就来了这么一个外来人口，叫什么吴……敏，和吴本正一起住在马棚边上的那个小屋里。"王喜顺如实说。

王寡妇一听就笑了起来，"表兄表妹虽然是亲戚，咋能住一个屋里呢？这不是搞破鞋嘛！吴本正是啥人呢？被管制的对象，他能抬得起头来呀？再说了，他吴本正的

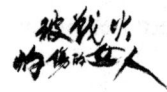

为人杨家店谁不知道啊,以前他就欺男霸女,家里放着两个老婆还三天两头出去逛窑子,整个一头种驴。"

王喜顺一副不解的模样,"娘,你说的这些都和咱们挨得上吗?"

王寡妇得意地笑着说:"傻小子,你就看好吧,那个娘们不是想在杨家店扎根嘛,想得美,我偏让她在咱们这多一天也待不下去,我要让她乖乖地给我滚出去。想抢我孙子,呸,连门都没有!"

4/ 王寡妇的心计

吴本正四仰八叉地躺在炕上,朴成姬心事重重地蹲在灶台前收拾锅碗,她的头上缠着一块纱布,里面的血水已经把纱布沁透。他问她到底怎么弄伤的,她说是从地窖出来时,头撞到盖子了。

吴本正哼了一声说道:"你就编吧,最好别叫我逮着!过来给我捶腿。劳改一天累死老子了。"

朴成姬十分不情愿地走了过去,一声不吭地给他捶腿。吴本正色眯眯地看着她,一伸手把她拉进了自己的怀里。

就在这时,一双眼睛出现在吴本正小屋的窗户上,把一切都看在了眼里。

第二天一早,王寡妇就上杨大娘家去了。说是富贵的病好了,特地来感谢静子。然后跟杨大娘说着话,她就提起她看到的事,"吴本正家那个女的,是他表妹吗?一个爷们和一个娘们住在一个屋里,像个什么事?"

她见杨大娘不感兴趣,就瞅了四下没人在她耳边耳语片刻。杨大娘一愣,一脸不相信,"真的假的?这不是又乱套了吗?"

王寡妇信誓旦旦,一脸的鄙夷说:"当然是真的,这可是我亲眼……哦,我亲耳听别人说的。"

杨大娘嘲讽地说:"你都多大岁数了,还嚼那些男女花花事的舌根子,真是越老越不正经。吴本正肯定不是什么好东西,但他表妹我可不敢瞎说。再说了,这种事也不能光凭你嘴上一说吧?捉贼捉赃,捉奸捉双,这可是老理上论的。"

王寡妇脸一板:"你真是老糊涂了,讨厌,我不跟你说了。"说完气哼哼地拍拍屁股出了杨家院子。可是她心里早就算计好的事,怎么能因为杨大娘几句话给打退了呢。她在路口想了想,又往杨树魁家走去,碰巧杨树槐家里特别热闹,翠花、杨书礼、孙玉娘、杨玉环,还有光棍汉杨亮,他们一边掰着玉米,一边对唱二人转。

王寡妇一进来,杨树魁就冲她说:"你不在家抱你的大孙子,上我这儿来干啥?"

第五章 | chapter V
善良的中国人接纳了她们

她不满地看他一眼说:"串门不行啊?"刚说完,翠花说,"你就是无事不登三宝殿的人。快说有啥事呀?"

"我呀,是看见了一件事,不明白咋回事,向您老人家请教来了。"她说完看向杨树魁,杨树魁示意她继续说。

王寡妇一脸正经地说:"你听说过吴本正那住着个女人的事儿吗?"

杨树魁回:"知道,你说的是吴敏吧?到村里登过记了。她是吴本正的表妹。不过很少出来,所以很多人都还不知道。"王寡妇哧了一声,说:"吴本正是什么人你们不知道呀?和表妹孤男寡女地住在一起,能干出什么好事来?就算他们是表兄妹,谁能证明?我觉得,他们肯定不是好东西。独臂大爷,如果是别人就算了。可他是吴本正,罪大恶极的地主。他表面接受改造,背地还养着女人……"

杨树魁还没说话,杨玉环故意插嘴道:"王家婶子,你应该和杨长燕汇报,她是妇救会主任,这事她应该管。"翠花点点头,其他人也跟着附和起来。

王寡妇说:"燕子去县里学习了。"

孙玉娘还在为上次长水和二妞的事生气,她恨恨地说:"那就去把她叫回来!别站着茅坑不拉屎!"杨书礼拉拉她袖子说:"瞎嚷嚷什么呢,闭嘴!"

杨玉环趁机说:"独臂大爷,你不能不管哪,这是有伤风化的大事!要是杨家店的人都知道了,你们村干部脸上无光啊!咱们呐,最好明晚捉奸去!"

杨树魁没理她,看向杨书礼说:"书礼,你说说咋整?"杨书礼从口中抽出烟袋锅,说:"这事必须办。不能让乡亲们说咱们村干部无能。燕子不在,这事咱俩定下就成了。明天让玉娘去趟县里,告诉燕子一声。"

王寡妇见她的目的已经快要达到了,高高兴兴地回去了。

翌日。

孙玉娘和翠花两人一起去县城赶集,翠花催她跟杨长燕说下朴成姬的事,可是孙玉娘还是一直记恨上次杨长水和二妞的事,她只是在杨长燕的教室门口看了下就回去了。刚好,被过来找杨长燕的静子看到了,她不明所以地看了离去的孙玉娘一眼,就去找杨长燕了。

这头,朴成姬一个人在屋里用棉布擦拭着自己头上的伤口。屋外,吴本正悄悄走了回来,趴在窗户上偷偷地看着,口中嘟囔:"还真没偷跑出去。"然后放心地下地劳改去了。

杨长燕下课后回到床铺上,跟静子抱怨上课比耕地还累。静子递给她两个包子,说:"我们食堂中午吃包子,我给你带了两个。"杨长燕拿起包子就狼吞虎咽起来,静子

想起什么说:"对了,今天我看到孙玉娘在教室外面了,我以为她找你,可是她什么也没说就走了。"

杨长燕一个骨碌翻起身说:"你没问问她?"

静子回答:"她根本没看到我,再说我跟她一点也不熟。她来找你该不是有什么事。要不,回去看看吧。"杨长燕点点头,吃完包子就和静子一起回杨家店去了。

夕阳西下,路上行人渐少,两个女人很快就回了杨家店。

杨书礼见孙玉娘回来了,就问:"怎么燕子没跟你一起回来吗?"孙玉娘没好气地说:"我没看见她。"

杨书礼看了天色说:"等不及了,一会儿就行动了。杨玉环的主意,不是怕夜长梦多嘛。要是吴本正知道了我们的计划,这事就做不成了。"孙玉娘点点头。

没多久,杨玉环就找齐了人,在杨树魁和杨书礼的带领下,王寡妇和众多村民拿着木棍铁锨,举着火把直奔马棚后面的吴本正小屋。王寡妇在心里偷笑,这下不逮个正着才怪,这样一来,那个女人一定在杨家店待不下去,她的宝贝孙子就不会被人抢走了。

天已经全部黑下来了,朴成姬正打算下地窖去,吴本正叫住她:"等等,我这腰疼了一天了,你给我揉揉。"说完四仰八叉地倒在了炕上。朴成姬无奈地走了过去,心不在焉地给他揉腿。吴本正突然色心大起,扑过去把她摁倒在了炕上……

吴本正从朴成姬身上下来,满足地笑了笑,而她躺在炕上,绝望地看着漆黑的房间,她不顾身上凌乱的衣服,只是屈辱地流着眼泪。

就在这时,门突然从外面被人踹开了,王寡妇和村民闯了进来,他们手中的火把把小屋照亮了。火光下,吴本正赤身裸体地抱着他的"表妹"躺在炕上,朴成姬惊恐而绝望地瞪大了眼睛,吓得赶紧扯过床单盖着身体,表情惶恐不安。人群里的王寡妇心里得意地笑了笑。

杨树魁气得不行,让村民们退了出去,然后让二人穿上衣服。等他们出来,就被五花大绑了起来。杨玉环看着他们,计上心头,带头喊道:"打倒大地主吴本正!"乡亲们也都跟着呐喊起来,顿时气氛高涨。这时,杨大娘也赶到了,她上前问:"这是怎么回事呀?"

王寡妇跟她说:"吴本正和那个臭娘们光着屁股躺在炕上,让我们给抓住了。现在就开斗争大会。大地主被专政的时候,还敢和臭女人通奸?反了天了!"

杨大娘看着被五花大绑的吴本正和朴成姬,还有民众们高亢的气氛,实在不知道说什么。

杨长燕和静子也终于赶到了,看着火光火把,听到人声鼎沸的口号声,简直目瞪口呆了。朴成姬头发凌乱,一脸的屈辱与绝望,都被静子看在眼里。杨长燕跑进人群

第五章 | chapter V
善良的中国人接纳了她们

里打听清楚事情的原委。

到批斗大会的空地上，火把把整个街道都照亮了。乡亲们热情高涨地聚集在一起。一些乡亲上去打吴本正和朴成姬，一些乡亲朝朴成姬身上吐吐沫，毫不留情地大骂："破鞋破鞋！"

杨玉环喊得最大声，走在最前头，似乎有了当年做妇救会主任时的威风。便有村民问她："杨主任，我们还要喊把他们赶出杨家店！"

一旁的翠花插嘴道："杨玉环，你现在还把自己当主任呀？"

王寡妇听了这话，也忘记先前和她的过节，跑过来说："玉环，别听翠花的，在我们心里你一辈子都是主任。我们这些老娘们都支持你。"

杨玉环得意地一笑，抬腿走到人群的中央，清清嗓子说道："乡亲们哪，今天这斗争大会不开不行了。大地主吴本正，和那个破鞋臭娘们，竟敢通奸搞破鞋，他们是欺负我们老百姓，欺负我们政府，没把我们看在眼里呀！你们说，这样的人，我们杨家店是不是应该把他们赶出去？"

民众们情绪激动地大喊："赶出去，赶出去！"

杨长燕听了这话，气不打一处来，她走到中央，站在杨玉环身边。杨树魁也觉得不大对劲，怕又出什么纠葛，就把事情解释给她听，孙玉娘还跑过来说："燕子，我去学习班找你，咱没瞧见你啊？"

杨长燕瞥了她一眼，不知道说什么，只是气得脸通红。

王寡妇一见杨长燕，立刻感觉大事不妙，她赶紧吆喝起来，转移话题："乡亲们哪，有仇的报仇有冤的报冤，吴本正这个大地主对我们的剥削难道还少吗！现在还干出这么有辱我们杨家店名声的事来！"

人群顿时沸腾起来，一窝蜂上去痛打吴本正和朴成姬。杨大娘看着自己女儿一脸委屈的样子，忍不住冲进人群里对杨树魁大喊："独臂大哥，你是村长，做主的应该是你，咋让别人带着头瞎掺合呢？"

王寡妇不满地看了杨大娘一眼，杨玉环也都赶紧躲在了王寡妇身后。杨树魁一听也觉得尴尬，立即大喊让村民们都停下来，决定先把朴成姬关在小破屋子里，带着杨大娘和杨书礼到一边讨论要怎么处置这两个人。

杨大娘说："吴本正交给政府，但是那个女的咋办？"

杨树魁说："要不，让燕子再去问问那个女人，核实一下情况？"

众人一至点头，要核查清楚才行，别冤枉了人家，万一是吴本正强迫的呢。杨长燕听了之后，也不在意之前的委屈了，她独自往小破屋去了，在门外就听见了朴成姬绝望的哭泣。她打开锁进了屋，朴成姬立刻站好，也不敢哭了。杨长燕见她头上的伤

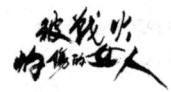

口还没愈合，头发散乱，满脸泪痕，很是同情。同情归同情，还是要公私分明。

"吴敏，我现在问你的话，你全部都要老实交代。"杨长燕说。

朴成姬一五一十地把跟范老四有关的事全部交代了。她把他们是如何从长春逃出来，范老四是如何死掉的，孩子又怎么丢的都说了。一想到这里，她又难过地掉了眼泪。杨长燕心里堵得慌，过了一会儿，她才问："你到底是不是吴本正的表妹？"

朴成姬犹豫了，她想起吴本正之前的警告，怔怔地点点头。杨长燕火冒三丈地骂道："那你们还搞破鞋！这么不要脸？"她哭着说："我也不想，我不想的。没办法，他说我只要跟别人说，就不让我在杨家店待下去了。"

她说完突然跪下来，杨长燕被她的举动气得脸色发青，她朝地上的女人吼道："你赶紧起来，现在是新社会了，国家有政策的，你就甘心被人压榨吗？你可以向领导汇报，真是一点自尊心都没有。不行，就把你送回长春去！"

朴成姬大惊，立即摇头，哭喊着说："不要，我不要回长春！"

杨长燕瞥了她一眼，松开她的手说："如果不想回长春，就离吴本正远一点。对了，那个王婶家里的孩子是你的吗？"

朴成姬沉默了一会儿抬头说："不是。我认错了。"

"上次就问过你，你说认错了，现在又认错。以后不准再上人家家里闹了，知道吗？村里有活动你都要积极参加，吴本正再敢欺负你，就向村里汇报！我先走了。"

朴成姬感激地点点头，看着杨长燕出去了，心里一阵愧疚。她也不想说谎，可是她害怕让人知道她是朝鲜的慰安妇，就会被赶走，那她就再也见不到儿子了。

5/ 成姬获救

杨大娘坐在院子里摘菜，静子在一旁心不在焉地帮着忙，脑海里一直想着关于朴成姬的事儿。

"娘，其实那个女人不坏，都是为了孩子。"静子说。

杨大娘放下手里的菜，纳闷地看着新媳妇说："你怎么知道，你认识那个女人？"

静子摇摇头。"不认识，燕子和我说的，我听她在长春吃的那些苦就觉得她不像坏女人，真的挺可怜的。王婶家的富贵不是捡的吗？那天她去了王家，被喜顺媳妇打了，脑袋都流血了。她哭着唠叨，我的孩子，我的孩子……"

杨大娘听她一说，也有一点印象。有一天一大早，她去王寡妇家里，看到在墙外鬼鬼祟祟的女人应该就是那个吴本正的表妹。她琢磨了下，"思田，这事你不要管，就算那个女人是无辜的，就算那个孩子是她的你都不要管。明白娘的意思吗？"

第五章 | chapter V
善良的中国人接纳了她们

静子愣了下，而后明白了杨大娘的良苦用心，无奈地点点头，拿着菜篮子去井边洗菜了。

晚上，静子躺在炕上，想起朴成姬被村民们百般羞辱的场景，就联想到自己在长春，第一次被人发现是日本人时的遭遇，心里感到万分恐惧和同情。杨长水似乎感觉到了媳妇的不安，大手将她揽在自己怀里，安慰地说："思田，有我呢，别怕。"

这时，中屋突然传来杨长燕说话的声音。静子赶紧起身披了衣服往中屋走去。

中屋里，杨大娘已经在问女儿关于朴成姬的情况，杨长燕累得满头大汗，抓起茶杯喝了一口茶才说："明天汇报到镇上。"

杨长水也跟着从西房出来，边穿外套边说："燕子，思田怀疑喜顺家的孩子，是那个女人的，王婶担心孩子被人家抱走才……"杨长燕诧异地看着静子，"你的意思，这次的事是王婶挑起来的？可我刚才又问了吴敏一遍，她还是说她看错了。"

杨大娘瞪了儿子一眼，语气不好地说："没证据你们可不能乱说。还有思田，你能不能不多管闲事？难道你还嫌不够烦？"

静子低下头不说话。杨长燕见气氛不对，立即说："现在独臂大爷和杨书礼他们还不知道这事和王婶还有小富贵有关。娘，小哥，还有思田姐，这事就不要说了。就算富贵是吴敏的儿子，乡亲们也不会答应把孩子交给她的。所以，什么都不要说了。"

杨大娘点点头，又对静子说："思田，我提醒你一句，不要以为你的事就是你自己的事。"杨长水看他娘这么说，心里不高兴了，"国家不是下了政策了嘛！"

杨大娘瞪他一眼，"政策是政策，民心是民心，懂不懂？如果你媳妇的身份暴露了，倒霉的是我们杨家全家！还连累你大哥！"杨长水不说话了。

"娘，我都听你的。"静子说。

夜深人静，杨家店一片沉寂。

吴本正从自己屋里出来，鬼鬼祟祟地走向旁边的小破屋。由于朴成姬没地方住，只好暂住在了吴本正家旁边的小破屋。

小破屋里马上便传出一阵打骂的声音。

"臭娘们，让你走你不走！打死你！打死你！你害死我了！"

"我不能走，我要我的孩子……"

吴本正一愣，不可相信地说："你的孩子？"

朴成姬木然地点点头，打算全部都说出来："我原来在长春和一个叫范老四的人生了一个儿子，名叫憨憨，后来冲卡子时范老四死了，我的儿子也丢了……可我后来又找到了我的儿子，他就在你们村里，就在杨家店……"

吴本正问:"你是为了你的儿子才留下的吧?"

朴成姬木然地点头。哪里知道吴本正勃然大怒,"你个臭娘们!你敢耍我,我明天就去揭发你,说你是日本人的慰安妇!让他们把你关起来,送你去劳动改造,让他们把你遣送回朝鲜……"她吓得惊恐不已,连走带爬地跪在吴本正面前,竭力地抓住他的衣角哭着说:"不要,我求求你了……"

"求我?你是得求我,你得好好地求我,要不然我把你的身份说出去,不但你活不下去了,就连你的儿子也跟着你活不下去了,一个妓女的儿子,哈哈!那些村民不拿口水淹死他也得把他呛个半死……"

朴成姬慌乱地捂住耳朵,整个人几乎都扑倒在地上,口中不停地呼喊:"不!不……"然后看着吴本正邪恶的嘴脸,突然倒了下去,不省人事。很久之后,她才缓缓醒过来,环视残破不堪的小屋,只有她一个人。她吃力地挪动着身子,然后呆坐在地上,眼神空洞,脑海里想起吴本正的威胁,不寒而栗。突然,她想到了什么,用力地向门口爬去。

深夜有事出诊的静子远远看见一个人影,正沿着小路吃力地走着,她认出是吴本正家的那个表妹,觉得蹊跷,便跟了过去。见她走向水库边,心里一惊,莫非她想不开?想到这里,静子大步跑起来,她听见朴成姬在水库边,撕心裂肺地大喊:"我的孩子啊!妈妈对不起你!"

静子一听她这么喊,顿时明白了,朝她大声呼喊,可她完全没有听到。只见她纵身跳进了水库里。

静子急忙跑过去,手忙脚乱地解开了一旁的小船上的绳子,把绳子抛给朴成姬,并且大喊:"赶紧抓着绳子,抓住绳子!"

朴成姬被冰冷的河水浸泡着,想起儿子的笑脸,突然后悔了。她开始用力挣扎起来,费尽周折地抓住了绳子。

"吴敏!我拉你上来!"静子大喊着,回头把绳子的一端绑在一旁的树干上,然后双手抓着绳子,用尽全身力气地拉绳子,而水里的人一直浮浮沉沉,但是求生意志似乎变得强烈了,她也用力地向岸边爬去。

静子把她拉上来,双手刺疼,借着月光才看到手上血迹斑斑。朴成姬趴在岸边,一点力气都没有了,浑身瑟瑟发抖,不断咳嗽。

静子使劲拍打着朴成姬的后背,让她将肚子里的水吐出来。朴成姬吐出水后,又大声地哭起来。

"你干嘛要想不开呢?活着多不容易啊!"静子缓了会儿,对她骂道。朴成姬只顾着哭,趴在地上不停地抽搐着。静子见她不说话,只好搀扶着她往窝棚里走去。

第五章 | chapter V
善良的中国人接纳了她们

静子生了火,把外衣脱下来给朴成姬披上,帮她烤湿透的衣服。透过火光,静子看着对面沉默不语的女人,越看越觉得眼熟。

静子开始努力回想,不一会儿就大叫起来:"我想起来了!有一次在范家屯的日军部队门前我见过你,当时你说你是朝鲜人,是随军妓女,怀孕了让我帮你。你还说,你们随军妓女怀孕要被处死的。"

朴成姬一脸的震惊,"你,你就是帮我把士兵引开的日本女人?"

静子看着点头。登时两个女人相拥着大哭起来,为重逢而感到无上的喜悦。在互相了解对方的遭遇后,她们决定互相保守彼此的身份秘密。

静子擦了擦眼泪,握着她的手。

"富贵在王家,起码你还能知道他好好的,而我的孩子……"静子语调悲凉。看着和她遭遇差不多的朴成姬,她换了一种语气说:"孩子在王家,比跟着你好。你说是不是?"见她点头,静子继续说:"我会帮你好好照顾他的。现在我要走了,村里还有个孩子生病了等我去看呢!你休息好了,就回家去吧。"

朴成姬感激地点点头,心里长呼一口气,心里有了些安慰。

村里又召开了对朴成姬和吴本正的批斗大会。杨长燕同情朴成姬,替她跟村长说了好些好话,杨树魁听了朴成姬的遭遇,就同意了对她宽大处理。

"燕子,她现在什么都还没有,妇救会补贴一点粮食给她吧。"杨树魁走了两步,又回头跟杨长燕说。

"好,我让我嫂子一会儿就给她送。独臂大爷,您人真好。"杨长燕一脸敬重地说,杨树魁笑了笑,就散会了。

静子给成姬送粮食的时候,看到她正在做辣白菜,吓了一跳。

"不能做辣白菜!难道你想让别人知道你是朝鲜人吗?"

朴成姬拿着一颗辣白菜愣住了,片刻后,她一句话不说地流着眼泪把腌好的辣白菜放在坑里。静子看她的样子,心里也跟着难过,蹲下来拍拍她的肩膀,"我们要把过去全部忘掉,做个真正的中国人。一会儿我带你去一下独臂大爷家,他要和你说说以后在杨家店要注意的事情。"朴成姬点点头。

经过王寡妇家时,她正抱着富贵和翠花还有几个女人在门前聊天。静子想了想,决定带朴成姬去看看富贵。王寡妇一见到朴成姬就赶紧把富贵抱得紧紧的,满脸戒备地看着她。从屋里出来的韩秀芬看到她,更是就像看到仇人一样,火气一下子冲到脑门,举起扫把就冲过来。静子吓得拉朴成姬走远了……

因为妇救会的帮忙,吴本正也不敢再找朴成姬麻烦了。有些善良的村民给朴成姬

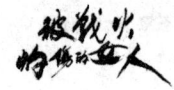

送了粮食,他们觉着她一个女人也实在太难,经常接济她。朴成姬的日子慢慢开始好起来,她心里充满了对村民们的感激。

静子时时过来看望朴成姬,并努力教她做一个中国女人。就这样,在经过万般苦难后,一个日本女人,一个朝鲜女人,相互扶持着,在杨家店这块善良的中国土地上过起了相对安稳的生活。

6/ 两个外国女人的合作

日子就这么安稳幸福地过着,然后某一天,静子发现自己怀孕了。这是静子第二次怀孕,她的感觉和第一次不一样,因为这个胎儿身上流的是自己和长水的血。也就是说,中国血液和日本血液都在这个孩子的身上流淌着。静子非常珍惜这个孩子,每天都为腹中的胎儿祈祷,希望他健康地成长,平安地降生。

静子怀孕的事让杨家顿时炸开了锅,杨大娘更是高兴得合不拢嘴,整天忙着给静子做好吃的。

这天天气刚放晴,静子正准备去晒草药。

"思田啊,我来我来,你去歇会吧。"杨大娘紧张地扶着静子坐下,然后拿过筛子去帮静子晒草药。忽然听见,杨长燕在门外大喊:"娘!娘!我大哥回来了!"

杨大娘赶紧放下手里的药草,跑出门看着大儿子正往家里走来,心里又高兴又心酸。扬起嗓子大叫一声:"长山!"杨长山听见了声音,抬脚跑了起来,"娘!你哭啥呢,我这不回来了嘛!"杨大娘抹了抹眼泪,握着大儿子的手,声音颤抖地说:"娘,娘是高兴,高兴啊。"

"好啦,娘,咱进屋去。"

"文秀和毓敏呢?"杨大娘前前后后地看了一眼问。

"在后面呢!抱着孩子走得慢。"

杨长山一进屋看到静子,就转身对屋子里的杨长水说:"长水,如愿以偿了吧?"杨长水傻笑地挠了挠后脑勺,走到静子身边扶她起来跟杨长山打招呼。后面的张文秀抱着女儿杨毓敏进来。

毓敏已经可以在地上跑了。张文秀让她叫奶奶,叫叔叔,杨大娘高兴地一把将她抱起来,在怀里逗她玩儿。

"回来也不提前说一声,早知道我让长水去打鱼了。"杨大娘说。

"娘,不用了。我们带了好多好吃的。都是缴获老蒋的!"张文秀说着就把奶粉啊罐头啊什么的拿了出来,还说全都是美国货呢。

第五章 | chapter V
善良的中国人接纳了她们

"这么多东西啊?"杨大娘一看那么多没见过的新鲜玩意儿,就凑过去看。张文秀看了一眼杨长山,又跟她说:"娘,我和长山工作太忙,想……想把毓敏放您这儿。"原以为杨大娘会不乐意,哪里知道杨大娘一听就乐了,眉毛都笑弯了,"好呀好呀!我闲着呢!刚好长水媳妇也怀孕了,生下来和毓敏还是个伴呢!"

"那就麻烦娘了,我们现在工作很忙,在所有的事情没有尘埃落定之前,我们可能很久都不会回来了。"张文秀说。

"唉……那也没办法,工作重要。走,咱们进里屋去吃饭吧。"杨大娘努力笑着,抱着小毓敏进了里屋。

中午做饭的时候,张文秀跟杨长燕唠嗑:"你和胜利啥时候结婚呀?"

在外面的肖胜利刚好听到,也加入了女人们的话题,"燕子,那件大事你还没跟他们说吗?"

杨长燕还没说话,杨大娘就在灶台那边问:"啥大事啊?"

肖胜利略有羞涩地说:"上级……批准我们结婚了,而且,我现在调到镇武装部了,燕子被调到县妇联了。"

杨大娘一听笑得心花怒放,"哎呀!真是好事成双啊!我们家燕子也要嫁人了。还升官了呢!"

"是啊是啊!燕子终于要嫁人了!"

"找个日子赶紧把事儿给办了吧。"

众人一听都为他们高兴起来,众说纷纭,杨家院子里不时穿出来一阵阵欢声笑语,还有毓敏时时的欢笑。

一家人围着桌子吃饭时,肖胜利跟杨长山又谈起之前调查杨家店大屠杀的事儿。

杨长山喝了一口酒,"汉奸的事查出来了吗?"

肖胜利叹了一口气,刚才的喜悦被扫去了大半,"到现在还是一点儿头绪都没有。"

杨长山放下酒杯,脑海里下意识跳出那些血腥的画面,语气悲凉地说:"那次死的人太多了,村子里到处都是血……到现在都多久了,我还老是梦见那天的情形。杨奎、我爹、韩秀芬的孩子,还有其他乡亲们,真是太惨了,太惨了……我没带好队伍,没能保护乡亲们,我对不起他们呀……"他说着说着,眼眶都湿润了,将酒杯里的酒一饮而尽。

张文秀也跟着难过起来,"这件事成了他的心病,只要一提起来就哭。子弹把他骨头打穿了都没哭过,就是这事老是过不去……"

一说到这话题,气氛就沉重起来,众人都放下筷子沉默不语。

"胜利,我给你下达一个死任务,务必要抓到屠村告密的汉奸!为杨家店死去的

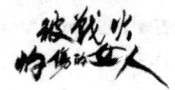

人和战士讨公道！"杨长山双眼通红，忍着眼泪，语气坚决。

"是！我一定竭尽全力！"

吃完饭，肖胜利突然说起："要不，明天就把我和燕子的婚事办了。我还有任务要回县城，大哥大嫂也忙得不可开交。"

"会不会太着急了？"杨大娘说。

"长春还有很多事需要处理，我们这次回来主要是来送毓敏的。就定明天吧，办完我们就回长春。"杨长山说。

"行，你们都忙去吧。现在家里有长水媳妇了，多了一个看孩子的。在外面也不要担心家里，都要注意安全！"杨大娘面色凝重。

杨家的院子和窗户都贴着喜字，静子带着毓敏在院子外边玩。远远看到村里两个妇女去菜园里摘菜，静子想跟她们打个招呼，见她们走近了，静子刚想开口就听到了她们的对话。

"哎，跟吴本正搞破鞋那个女人，我刚看到她又往王寡妇家去了。"

"估计又是去抢人家孩子了。唉……听说她也很可怜，在长春遭了不少罪，我看呐，一定是吴本正逼迫她的。"

"保不齐呢……唉，那不是长水媳妇嘛！"其中一个人看到了静子，挥手跟她打招呼。

静子想着她们刚才的对话，神色慌张地把毓敏抱进院子里交给杨大娘，什么也不说，快步往王寡妇家跑去了。她赶过去，远远就看见，在王家院子门口，韩秀芬正对抱着头蜷缩在地上的朴成姬拳打脚踢。朴成姬无力还手，只是不断地喊："富贵是我的孩子，是我的儿子！"

王寡妇从院子里出来，手里抱着富贵，一脸鄙夷地啐了一口，"呸，抢孩子？你也配！你个臭娘们，破鞋，和吴本正都能一个炕上打滚的下贱东西，你也配有孩子，你别不要脸了，就你这样，哪个孩子跟了你算是倒了八辈子的霉了……"

静子加快步伐，见朴成姬已经被打得说不出话来了，使劲大喊："王婶，快让秀芬姐住手啊！会打出毛病的！"

王寡妇见静子来了，才叫儿子制止了疯媳妇，一家人进院子去了，把门砰的一声关上了。朴成姬看着紧闭的王家院门，想起刚才王寡妇的话，屈辱的泪水无声落下。静子赶紧扶起她，拍拍她身上的灰尘，往小破屋走去。

静子给她的伤口擦药时，一脸的不高兴。

"不是答应我不去王婶家闹了吗，怎么又……"还没说完，朴成姬打断她说："对

第五章 | chapter V
善良的中国人接纳了她们

不起，我实在是忍不住了。你知道，富贵是我的亲生骨肉，孩子就在眼前，我这当娘的却连句话都不能和他说。"

静子看她哭了，又想想她也是做过母亲的人，能体会她的心情，也不好再说什么。突然她想到了一个好注意，"你别哭了，以后我尽量想办法把富贵带去我家玩，你就可以经常看到他了。"

朴成姬一听双眼立刻有了神采，对静子充满感激，"谢谢，谢谢……"

晚上王家一家四口坐在炕上吃饭，王寡妇一想起今天朴成姬跑来抢她孙子，就火冒三丈，"想不到那个娘们这么不要脸，都被大伙捉奸了，还有脸留在杨家店，要是我，早就一根麻绳吊死了！"

王喜顺不悦地说："娘，乱说什么啊！要我说呀，别管她在不在杨家店，只要她不明着抢孩子，咱们就不搭理她，反正富贵也不知道她是哪颗葱哪瓣蒜！村里人更是不会相信。"

王寡妇忧心忡忡，"你懂什么呀！老话说这孩子和娘是打断了骨头连着筋，她只要一天不离开杨家店，咱们就一天不能消停。秀芬啊，你以后见一回那个女人就给我打一回，往死里打！"

韩秀芬似懂非懂地点点头，王喜顺见母亲一脸坚决欲言又止，只好埋头吃饭。

第二天，王寡妇带着富贵在村里的大柳树下和其他的小孩子玩耍，王喜顺突然来说家里有事，叫他娘回家去了。王寡妇看静子往这边来了，就把孩子托给她照看，免得抱来抱去的麻烦，静子心里大喜，表面平静地说："我一会儿要回家做饭，把富贵带我们家去行吗？"

王寡妇乐得清闲，当然高兴了。静子一手牵着富贵，一手牵着毓敏。一回到杨家院子，就跟丈夫说："长水，赶紧去把吴敏叫来我们家。"杨长水丈二和尚似的去了。

静子坐在一旁，翻着筛子里的药草，幸福地看着院子里玩耍的两个孩子，门外朴成姬气喘吁吁地跑了进来，她一看到富贵，立刻激动地扑上前去，口中嚷着："憨憨，我的憨憨啊！"

静子急忙起身边使眼色边用身体拦住朴成姬。朴成姬这才意识到自己的失态，她异常激动地站在那里，泪眼涟涟，一动不动地看着玩耍的富贵。静子见她平静些后，走过去拉着富贵和毓敏说："快，叫大娘。"

两个孩子玩得满头大汗，转身对着她叫了一声又继续去玩了。朴成姬的眼泪就夺眶而出，静子在一旁看得也揪心，只有杨长水在一旁莫名其妙。

"你们俩跟大娘一起玩啊。大娘下次做好吃的给你们哦。"静子在一旁说，孩子一听到吃的果然都跑去朴成姬跟前，坐在她腿上玩耍。静子见朴成姬一脸幸福的样子，

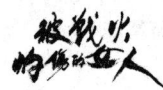

也觉得很欣慰。可是幸福的时光总是过得很快,很快就到了傍晚,王寡妇过来接富贵,躲在屋子里的朴成姬看到王寡妇抱着富贵又是亲又是笑,眼泪又掉了下来。

晚上,杨长水一直翻来覆去,静子也察觉出他有心事,便问他了。他坐起身来,将静子拥在怀里说:"你可知道那个吴敏是吴本正的表妹?"

"我……我知道呀。"

杨长水叹了口气,"那咱们家和吴本正有仇你知道吗?他儿子吴三省当过小鬼子的汉奸队长,在咱们这一带无恶不作。后来有一次他带着日本人来咱们村子抓劳工,回去的路上被我大哥的游击队打了个伏击,吴三省被我大哥一枪给打死了。从此吴本正就恨上了我大哥,恨上了咱们老杨家。现在你把他的表妹带到咱们家里来,娘要是看见了,心里肯定不高兴。"

静子一听恍然大悟,语气着急地说,"你怎么不早点告诉我呀?不过我保证吴敏她和吴本正不是一路人,下回我注意点就是了。"

杨长水这才放下心来,钻进被窝搂着静子,沉沉睡去。

回到小破屋的朴成姬怎么也睡不着,脑海里全都是憨憨的样子。她借着月华看到桌子上静子拿给她的粮食,似乎决定了什么,立即起身拿着粮食去了厨房。

第二天破晓,村子里还一片寂静,只有偶尔几声鸡鸣划破灰蒙蒙的夜空。

杨大娘家的院门从内打开,静子拿着扫把走了出来。她习惯性地活动了一下自己身体后,开始认真地清扫起门外的空地。

一直躲在杨家院子外面的朴成姬,看到静子后悄无声息地走过去,小声地叫了她一声,"思田。"

静子遁声回头,看到一脸疲倦的朴成姬,她手里紧紧握着一个小包裹。

"我给憨……富贵做了点吃的,你可以帮我送给他吗?"成姬一脸希冀地望着静子。

静子接过她手里的小包裹,还是热乎的,在她手心生出一片温暖,她点点头。

"谢谢!我先回去了!"朴成姬说完谢谢,转身快步离开了,静子看着她的背影,湿了眼眶。天一亮,就找机会往王寡妇家去了。

她到王家时,王寡妇正在骂着王喜顺,怪他一早上早饭都还没做好,屋里的富贵正饿得哇哇大哭。静子赶紧走进去说:"王婶儿,别着急,我给富贵带了点吃的过来。早上给毓敏做早餐的时候做得多了点。"

王寡妇一听乐得呵呵大笑,毫不客气地接下静子手里的东西,打开一看是个鸡蛋糊饼,就掰了一点塞进富贵嘴里,他立刻就不哭了。静子走过去,抱起他说:"富贵,一会儿我带你和毓敏去放风筝好不好。"

富贵吃着糊饼,兴奋地说:"好……好!"

第五章 | chapter V
善良的中国人接纳了她们

就这样，在静子的帮助下，朴成姬有了时常和小富贵见面的机会，还能亲手做东西给他吃，她的心里有极大的满足。虽然不能和富贵相认，但她还是希望这样的生活一直持续下去……

7/ 她是日本人吗？

战争给杨家店人带来的伤痕，似乎要被时间抹平了。人人都向往着新生活，饭后闲暇的时间，也都没人再去提及那些令人伤心的话题。

静子的肚子渐渐大了起来，她对任何人都好，又是赤脚医生，村里的几个热闹的媳妇给她评了个"三好媳妇"的称号，杨大娘走出去，都满面红光。静子以为平静的生活会这样一直下去，可是人生并不是尽如人意的，战争带来的伤痕只是随时间蛰伏在人们心底，一旦触及就会再次爆发。

那天傍晚，晚霞高挂，村里袅袅烟炊。寂寞难耐的吴本正，不顾之前村长对他的警告，又溜进了朴成姬的小破屋。任凭她怎么挣扎和警告，他还是把她压在身下蹂躏，发泄自己的欲望。晚饭后，静子过来看朴成姬，见她一直躲在角落里，头发凌乱不堪，脸色泪痕还没干，就明白发生了什么事。

静子一阵心痛地扶她起来，"你应该把这件事告诉独臂大爷。"

朴成姬已经哭不出来了，她怎么也没想到，吴本正会这么胆大，"我要是说出来，他就会告诉人家我当过慰安妇，在杨家店我就没法儿过下去了。"

静子很无奈，安慰了一阵后，两个女人坐在门槛上说话，谁也没注意到不远处的吴本正，他正背着背筐在捡牛粪，他老远就看见门槛上坐着的女人，故意越靠越近，听见她们竟然在说日语，心里大惊。

朴成姬一个人在田埂上挖野菜，吴本正悄悄地走了过去。他邪恶地笑了笑说："臭女人，你昨天跟长水媳妇说什么呢？"

她一惊，连连摇头，"没，没什么，没什么。"

吴本正哪里会相信，"我听见你们说日语了，你最好告诉我，到底是怎么回事？"

朴成姬不停地摇头，慌张地说："没有！我不会日语。没有。"

吴本正见她嘴硬，一巴掌将她打摔在了地上，凶神恶煞地说："臭女人，还不说实话，我都听见了！你要是不说，我就把你当过慰安妇的事告诉独臂老头，让全村的人都知道。你不是在找你儿子吗，到时候让你儿子知道你是什么东西！"

"我真的没有，思田也不会日语……"朴成姬依旧不承认。

"不说？那我现在就去告发你！把你衣服扒光，绑起来开批斗大会，今晚就把你

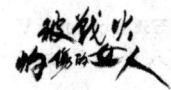

赶出杨家店!"吴本正一脚把她踹倒在了地上,踩她的肚子。

"不要!!我说,我说。思田,她,她是日本人……"朴成姬眼泪又流了出来,语气悲凉。

"哈哈!哈哈!真是个好消息啊!这下有好戏看了。你要是敢乱说,我宰了你!"朴成姬见他走远了,蹲坐在地上嚎啕大哭起来,"思田,对不起,对不起……"

村里小河边,杨亮敞着胸脯坐在草地上钓鱼,口中哼着二人转。吴本正揣着两瓶酒向他走去,忍不住窃笑,他知道这个杨亮最爱的除了女人就是酒了。果然杨亮一看到他手里的酒,就被酒虫附身了。

"怎么你都被抄家了,还有钱买酒,是不是家里还藏了金银珠宝啊?"

吴本正屈膝赔笑着说:"哪有,我的家产都让大伙给分了不是。亮子兄弟啊,我好不容易整来两瓶烧酒,就是愁找不到人跟我喝啊!"

杨亮一听双眼发亮,却故意说:"我正好钓了两条鱼,要不我就勉为其难,陪你喝两盅?"

吴本正内心大喜,立刻走上前搭着他的肩膀说:"哎呀,还是亮子兄弟懂我啊!走,去我那。"

说完二人搭着背,拎着桶和烧酒走了。吴本正叫朴成姬做了两个下酒菜端上来,杨亮看到这么漂亮的女人,喝酒的心思都没了,心里欲火翻滚。她正准备下去,他说道:"大妹子模样长得真好看。来上炕一起喝两杯。"

朴成姬一脸为难地低下头,吴本正大声吼道:"怎么这么不识抬举,亮子兄弟让你上炕你就上炕!"

朴成姬吓得立刻坐在了炕上,杨亮一边喝酒,一边瞅着身边模样娇媚的女人。喝了两杯,就有些犯迷糊了,他给朴成姬倒上一杯酒说:"来,大妹子,你亮子哥敬你一杯。"说完就将杯里的酒一饮而尽,朴成姬无奈之下也只得端起酒杯,习惯性地用衣袖遮挡着嘴角,喝了一小口。杨亮被她的举止吸引了,对吴本正说:"你看咱大妹子这做派,这脸庞,别说在杨家店,就算在范家屯也找不出第二个来。"

吴本正一脸苦笑:"亮子兄弟,你就别拿你老哥开心了,就我现在这身份,你大妹子再漂亮不得跟着我一块儿受人欺负。"

杨亮已经喝高了,听到这话气愤地把酒杯往炕桌上一摔:"敢!大妹子,以后谁要欺负你就和我说,在杨家店,我亮子就没怕过谁!"

吴本正心里窃喜,眼看目的已经快要达到了,他又说:"对,对,亮子兄弟可是三代贫农……"

说到这里,杨亮放下筷子,得意地说:"岂止是三代贫农,我叔叔……哦,也就

第五章 | chapter V
善良的中国人接纳了她们

是咱们村里的独臂大爷，被日本人砍了一条胳膊连眉头都没眨一下，我兄弟杨明也是在杨家店惨案中带头和日本人拼命才被日本人杀死的。"

吴本正故意语言低落地说："这杨家店，哪一家没被日本鬼子残害过啊，可以说咱们杨家店和那日本人就是不共戴天……对了老妹，你昨天说咱们村里谁家娶了个日本媳妇？"

朴成姬一听这话，紧张得说不出话来，双手攥着衣角瑟瑟发抖。杨亮一脸诧异地看着朴成姬，"谁？谁这么大胆，敢娶日本媳妇啊！"

吴本正接着说："是杨大娘的小儿子杨长水。表妹，你到是说啊！亮子兄弟不会说是你说的。"

朴成姬脸色发青，看着吴本正瞪得老大的眼睛，她低着头小声地说："其实思田也就是和我聊天的时候随口说说，我也不知道是真是假……"

"竟然还有这事，那个，我先走了，改天再喝……"

杨亮一回去就心里憋不住，把杨玉环喊了出来，打算把这件事告诉她。翠花赶着两只鸭子回家，看到他们在路上拉拉扯扯，故意把鸭子往那边赶，打算羞辱这两个人，"我说亮子，这天还没全黑呢你就敢拉扯人家的媳妇，你也不怕王远来看到了找你拼命！"

杨玉环立即松开杨亮的手，满脸尴尬，杨亮说："别误会啊翠花嫂子，我跟玉环说正事呢。"

翠花凑过去问："说啥事啊？"

杨亮拉着杨玉环和翠花，在她们耳边嘀咕起来……

静子挺着大肚子，端着一盆野菜在院子里喂鸡，她一边咕咕地叫着，一边把盆里剁碎了的野菜一把一把地撒在地上。几只芦花鸡欢快地围在她身边，啄食着地上的野菜。

"长水媳妇！我把富贵搁你这了，我下地干活去了！"王寡妇抱着富贵在院门口。

"没事王婶，你去忙吧。"静子走过去，牵着富贵的手进院子。

村口大道上，三三两两的村民都拿着农具，悠闲地准备往各自田里去了。可是经过村口大槐树时，都被大槐树下聚集的人群所吸引，不约而同地走了过去凑热闹。

大槐树下，翠花站在聚集的村民中间，一脸神秘地似乎在等待着什么。

杨书礼等不及了："我说花快嘴，你有事倒是说呀，不说我们可走了，大伙可没工夫看你在这卖关子。"

翠花瞥了他一眼说："再等等，等人都到得差不多了我再说，我又不是满处瞎咧咧的长老婆舌头，见一个说一回费不费吐沫呀"。她这样一说，其他人笑了笑，扛起

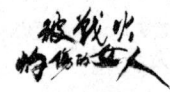

锄头要下地去了，翠花见状着急了，赶紧说："好啦，好啦，我就告诉你们吧。过来过来……"

众人只好又凑到她跟前，她表情严肃地说："我这个消息千真万确，杨大娘家的长水媳妇是个日本娘们。"

村民们一听，立刻哗然，表情严肃，七嘴八舌地议论纷纷。

"思田是日本人？不像呀。"

"别听她瞎说，思田多贤惠呀，满嘴的东北话，怎么可能是日本人呢？"

"杨大爷就是让日本人杀的，老杨家怎么可能娶个日本媳妇进门？"

孙玉娘也不相信："花快嘴，我说你就别在这瞎咧咧了，丢不丢人呐？人家思田招你惹你了，你这么往人家身上扣屎盆子？"

因为村民们接触静子的时间也不短了，都不相信翠花的话，硬说她瞎编。还有人说："越说越离谱了，还别说让思田那么个小体格牵两条大狼狗了，你就是让我老婆孙二娘这体格她也牵不住呀，更别说腰里还得别着三把盒子炮了，这不纯粹是满嘴里跑火车嘛。"

原本只是心里憋不住事的翠花，被村民们的话堵得说不话出来，杨书礼，"花快嘴啊，你到底从哪听来的消息啊？"

翠花支支吾吾地说："是，是亮子告诉我的……"

杨书礼故作吃惊地说："谁？亮子？他的话你也信？他不就是一个酒腻子嘛。"

"就是就是！杨亮的话怎么能信呢！走吧走吧，下地干活去！"大家齐声附和，各自下地干活去了。只有翠花一脸忿忿地站在原地，想起杨亮那张嘴脸就火冒三丈，她怎么就信了杨亮的话呢。

静子见村里人都下地去了，悄悄地去了朴成姬的小破屋。她看了看四周没人便站在门外说："成姬，你起床了吗？小富贵又到我们家了，你赶紧跟我去看看。"

她喊了许久，里面都无人回应，在窗户前往里看了看，也没看到人，只好回去了。这时，躲在墙角的朴成姬一脸的悲痛，她从门缝里看静子走远后，边哭边呜咽着，"对不起……思田，对不起……"

王寡妇和王喜顺在田里锄草，韩秀芬则在田边疯疯癫癫地乱跑。王寡妇干活越心烦，怎么摊上一个瘸腿儿子不够还来一个疯媳妇，日子怎么过啊。

"呦，王大妈，你们娘三都下地了，宝贝孙子谁带呀？"刚才下地的杨玉环跟王寡妇打招呼。

王寡妇直起身子，一脸苦笑："谁叫我家这两人都不成器呢，我把富贵送到老杨

第五章 | chapter V
善良的中国人接纳了她们

家让长水媳妇和她杨大娘帮忙照看着呢。"杨玉环一听紧走几步来到她面前,神秘兮兮地说:"你还敢让那个刘思田给你看孩子呢?"

王寡妇一愣:"这话是啥意思啊?"

杨玉环笑了笑,小声说:"你没听说呀,思田她是个日本娘们。"

王寡妇大惊,她问是谁说的,杨玉环说:"这事啊千真万确,是亮……是吴本正家那个表妹吴敏说的……"

王寡妇一听,扔下手里的锄头就往田边小路上跑。王喜顺不明所以地看着。

杨大娘正坐在炕头上边纳鞋底子边哄着炕里头的富贵和毓敏玩耍。看着这俩孩子,满心欢喜的。杨长水突然跑了进来,一脸慌张地说:"娘,村里人都在说思田是日本人。"

杨大娘还没问清楚是怎么回事。王寡妇气喘吁吁地推门闯了进来,冲到炕前要抱走富贵,可是富贵就是不要她抱。杨大娘赶紧问是怎么回事,她支支吾吾地说:"我突然有点头疼,地里活儿喜顺在忙着。我反正回去就把富贵抱回去,不麻烦你们了……"

说完不顾富贵的哭闹,抱着他就往屋外跑去了。

杨大娘一脸疑惑地看着王寡妇迅疾的步伐,怔怔地思索片刻,猛得从炕上跳下来,对杨长水说:"赶紧去村里把你媳妇找回来,让她待在家里哪也不要去。我带毓敏到你独臂大爷家去串个门!"

说完就抱起毓敏出去了,杨长水一头雾水地跟着出去了。

8/ "我的名字叫根岸静子"

没找到朴成姬,静子只好一个人去外面采了些药草。她边走边用手轻轻抚摸着自己高高隆起的肚子,口中还哼着"红蜻蜓"的旋律。一副要当妈妈的幸福样子。

远远就看见抱着富贵的王寡妇和静子迎面而来,"王婶,怎么这么早就把富贵接回去了。我采了些麦冬,给富贵煮水喝吧,他老是肚子疼。"静子说着就把手里的麦冬递给王寡妇。

"那什么,我,我今天身子不太舒服,想早点回家歇会儿。"王寡妇表情奇怪,连麦冬也没拿就匆忙地走了。

静子刚走了两步,就撞上了疯跑过来的韩秀芬,她伸手拉住她说:"哎,秀芬姐,我想到了几个穴位,晚上我去给你扎扎。"韩秀芬摸了摸静子的大肚子,"大肚子,我也有过,富贵,我生的。"静子看她跑远了,心里很是感慨,不过她发现韩秀芬的脑子好像最近越来越清晰了。

"思田,思田!你快跟我回家!"杨长水到处寻找静子,好不容易看见了她,连

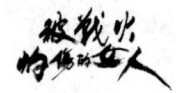

忙把她拉回家去。

因为大家都不相信静子是日本人,杨亮只好到杨树魁那里告状。可杨树魁怎么也不相信静子会是日本人:"小兔崽子敢骗我,看我不割了你的舌头!我去问问吴敏!"

刚刚走出家门的吴本正,看到杨树魁气势汹汹地向朴成姬的小破屋走去,立刻躲到了路边的草丛里,紧张地注视着他。

杨树魁到了朴成姬的屋前喊道:"有人在吗?我是独臂大爷,我来问个事儿。"朴成姬吓得赶紧从屋子里跑出来,紧张地看着他。

"丫头,我找上门来没别的事儿,就是想问问,你是不是跟我那混蛋侄儿亮子一块喝过酒,还跟他说过老杨家的二媳妇是个日本人?"

朴成姬一听下意识地摇摇头,又想起吴本正的警告,正想分辨。可是杨树魁还不等她说话,口中便骂骂咧咧地说:"这个死兔崽子,果然骗我!看我怎么收拾你!"说完转身就走了。朴成姬忐忑地看着杨树魁走远,刚要松一口气,突然,身后一只手紧紧抓住了她的头发。她被吓得尖叫连连。吴本正恶狠狠地骂道:"你还敢叫唤,你个臭女人,你给老子进屋去!"

吴本正不顾朴成姬的反抗,揪着头发就把她往屋里拖。一进到屋里,吴本正立刻凶相毕露,他揪住朴成姬的头发,狠狠地打了她几个大嘴巴,还朝她呸了一口唾沫:"你知不知道刚才那个老不死的是谁?你竟敢和他胡说八道,我看你是不想活了!"

朴成姬吓得不停摇头,吴本正还不解气,又扇了她一耳光,威胁地说:"你要是给我惹急了,老子就把你脱得一丝不挂,全身上下都给你写上字,然后把你交给军管会,让他们把你送回朝鲜去,我让你一辈子都没脸见人!你儿子也别想见了!"

朴成姬一听这话,立马吓得瘫软在地上。她实在没有办法,只能跪着爬过去抱住吴本正的腿求饶,"不要,不要,我求求你了,我求求你了还不行吗?你说,你让我干什么?我都答应你,我答应你……"

她委屈地大哭起来,心里满是绝望。

吴本正伸手抬起了这个女人的脸,阴险地说:"以后再有人问你刘思田的身份,你怎么回答人家呀?"

朴成姬脱口而出:"她是日本人,我在长春见过她!"

吴本正满意地笑了笑,看着她颀长白皙的颈脖,欲火焚烧,冲上去撕开了她的衣服……

静子和杨长水相对坐在炕沿上的小桌前,两个人想来想去,也想不明白,村里人

第五章 | chapter V
善良的中国人接纳了她们

是怎么知道她是日本人的。

"翠花姐那个人存不住话倒是出了名的,可我就想不明白了,你说那个亮子倒是听谁说的呢?"静子说。

杨大娘抱着已经睡着了的毓敏进来,静子急忙起身接过毓敏,把她轻轻放在炕头上。说:"别管谁说的,你身子越来越沉,以后就跟我待在家里,哪也不能去。"

这天傍晚,一众妇女媳妇坐在村口的大树底下纳凉,聊起了张家长李家短。

"我说翠花呀,我知道你是出了名的快嘴,可也不能阿猫阿狗的话都信哪!"

"要是亮子那王八蛋说我当然不信,可人家还有个相好的,一人一句把我给说迷糊了嘛。"翠花一脸无辜,说完朝杨玉环努努嘴。

众人暗自偷笑,杨玉环不依了,冲过来就对翠花大喊:"老娘今天不把你这张臭嘴撕烂了我就不姓杨!"

"怎么,你以为谁不知道你和亮子那点破事啊!"翠花幸灾乐祸地说。杨玉环哪能饶她,冲过去推了她一把,两个人很快就扭打在了一起,其他的妇女一看情形不好,赶紧过来劝架。杨长燕从县城刚回来,就看到这一幕,她赶紧冲上去大喊:"住手!现在是新社会了,你们丢不丢人那?还以为在旧社会那?动不动就打架骂人!"

杨玉环这才松开翠花的肩膀,一脸不高兴地站在一旁,嘴里还是骂骂咧咧不停。

杨长燕看见她们终于不打架了,连忙冲着翠花问道:"翠花嫂子,我问你,你凭什么说我二嫂是日本人呐?"

翠花赶紧说:"是杨玉环和亮子告诉我的。他还说是吴本正家表妹告诉他的呢!"

杨长燕一脸不解,准备开口,突然看到了正走过来的杨亮,他大骂着:"臭娘们,敢往我身上扣屎盆子,我跟你没完⋯⋯"

杨长燕挡住了杨亮的去路,双手交错抱在胸前说:"亮子,是不是吴敏和你说我二嫂是日本人?"

杨亮气呼呼地说:"没错,就是她说的,说完了还不认账,我现在就找她去,还有吴本正那个狗地主,我饶不了他⋯⋯"

"我跟你一起去。"杨长燕跟在他后面,翠花和宋小兰那些闲着的妇女也都好奇地跟了去。

杨亮站在吴本正家的院子里喊道:"吴本正,你给我滚出来!"吴本正提着裤子从房屋一侧的树坑里弯着腰跑了出来,念叨着:"来了来了⋯⋯"

他一抬头看到了一脸怒气的杨亮和他身后的杨长燕等几个妇女,立刻吓了一跳。手一松,裤子又掉了下来,露出了半个屁股,引得妇女们一阵哄笑。

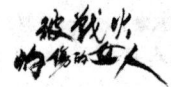

杨亮怒气冲天:"你那个表妹呢?赶紧叫她出来!"

"是是是,我去叫!"吴本正忙不迭地答应着。

没一会儿朴成姬就从屋子里走了出来,她怯怯地看着众多妇女,心里感到很不安。

杨亮一看到她,又想起昨晚被杨树魁臭骂的事,怒视着她吼道:"臭娘们,你说,那天是不是你告诉的我杨长水的媳妇是日本人的?"

她看了一眼吴本正,想到他昨天说的那些话,愣了一会儿,点点头,"是,思田她是日本人,是日本人……"这句话犹如在油锅里倒了一碗冷水,围观的妇女们顿时炸开了锅,议论纷纷,还对着杨长燕指指点点。杨长燕简直不敢相信说这话的人竟然是朴成姬。这时杨亮可得意了,他喜气洋洋地喊了起来:"我没说错吧,老杨家就是娶了一个日本娘们。"

孙玉娘也气愤地喊道:"这还得了,咱们杨家店当年被小日本杀了那么多人,老杨家怎么能娶个日本媳妇呢?这不是给咱们杨家店添堵嘛,走,咱们找老杨家问问去。"说完率先向杨家走去,杨长燕心急火燎地先跑回家去了。吴本正见他的目的马上就要达到了,看着众人离去的背影,忍不住大笑起来。

夕阳斜下,杨家小院在一片金黄色的落日余晖之下显得分外安宁。

杨大娘戴着老花镜,正坐在一个椭圆形的钵筐前仔细地挑拣着粮食里的沙子,静子在一旁正收捡着晾晒在窗台上枝枝叶叶的草药,杨长水则在认真地织补着一架挂在院墙上的渔网。

突然,这份宁静被杨长燕打破了。她气喘吁吁地跑进了院子并赶紧关上了院门。

"娘,哥,嫂子,你们快点出来!不得了,不得了。那个吴敏在全村乡亲们的面前说我二嫂是日本人,大伙一听就都急眼了,要来咱们家问个清楚,这会儿正在往咱们家来的路上呢!"

杨大娘一把扯去脸上的老花镜,蹭得一声站了起来:"燕子,你把大门关好,和你二哥在屋里陪着你二嫂,我出去看看。"

妇女们虽然理直气壮,可是毕竟还是需要男人来撑场面,便各自把男人都叫上了。一众人很快就赶到了杨家院门口,纷纷开始指责杨家,说杨大娘凭着当区长的儿子和当官的女婿就得意忘形,说杨家店山山水水都不能滋养一个日本娘们……人群里更有人说起了杨家店当年被日本人屠村的情形,村民们情绪更是高涨起来。

"在咱们杨家店,哪一家哪一户不和该死的日本鬼子有着血海深仇!"杨大娘宏亮的声音盖过了众人嘈杂的议论声。

众人一愣,纷纷顺着声音望去,只见杨大娘一脸凛然地站在自己院门前的台阶上。

第五章 | chapter V
善良的中国人接纳了她们

杨大娘继续说："我那老头子杨老槐是不是在杨家店惨案中被日本鬼子的刺刀活活挑死的?我那大儿子杨长山带着游击队和日本鬼子拼命拼了八年,到今天身上还有三颗子弹取不出来。我侄媳妇韩秀芬是怎么疯的?那还不是因为她一家人都被小鬼子杀死了,就连她怀里刚出生一个月的孩子也被鬼子摔得断了气……"

在院子里听着的杨长燕和静子已经泪流满面了,静子更是愧疚不已,她用力撕扯着自己的头发,仿佛自己就是一个罪人。

众人都被杨大娘的话所感染,回想起当时的场景,一时鸦雀无声,很多人还流出了眼泪。

"乡亲们啊,你们要记住,冤有头债有主,杀死我们亲人的是那些持枪核弹的日本鬼子,是驻扎在范家屯的'满洲第100部队',"一直以坚强果断著称的杨大娘也流出了眼泪。

静子一听到"第100部队"时,全身一怔,下意识地瞪大了眼睛,屏气凝神地听着外面的声音。

"他们才是双手沾满我们杨家店亲人鲜血的刽子手,才是我们的仇人!"杨大娘说。

"杨大娘,您老说的有点跑题了,今天乡亲们来就是想问问,你们老杨家的二儿媳妇思田到底是不是日本人,如果不是,咱们皆大欢喜,相安无事,如果是的话……"杨书礼说。

静子紧张地睁大双眼,杨长水紧握着她的双手,安慰她。

"如果是,就把人交出来!打死小日本鬼子!"静子听见外面不知是谁在说话,吓得差点倒在地上。其他人也都跟着起哄,杨大娘面对着情绪激愤的乡亲们,已经束手无策,但却丝毫没有后退的意思。她下意识地张开双臂,像一尊石雕的母鸡一样,一动不动地站在自家的院门前,意图保护着自己身后的小鸡。

"杨大娘,你让开,我们要找的是日本鬼子!"有人说。

"可她是我媳妇……是我的孩子。"杨大娘丝毫不退却。

乡亲们步步紧逼,杨大娘岿然不动,双方对峙着。就在这时,天空稀稀落落地下起了雨,雨丝打湿了杨大娘的头发,也打湿了众乡亲的衣衫,但却浇不灭众人已被点燃的激愤。

突然,她身后的院门猛然打开。静子面色苍白,神情决绝地从院门内走出,毫无惧色地站到了杨大娘的身旁。人群突然安静了下来,所有的人都默默地,充满敌视地注视着静子。躲在人群后面一棵大树下的朴成姬一看到静子出来,显得异常紧张和自责,她双手用力地抠着树皮,手指被刺破流出了鲜血竟然都浑然不觉。

静子不理会杨大娘的询问,神色木然,幽幽地说道:"乡亲们,没错,我是个日本人,

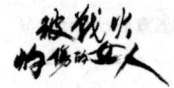

我的名字叫根岸静子……"

乡亲们一阵哗然。静子见乡亲们一脸愤怒，她提高了声音，语气诚恳地说"乡亲们，请听我说。我只是个普通的日本女人，我没有干过任何对不起中国人民的事情。"然后举起白皙的双手，"我的手和你们一样，它是干净的，没有一丝的血腥。"

"那就先听她说，看她能说出个花儿来！"孙玉娘说。

静子看着相熟了两三年的村民们，心里难过极了。

"乡亲们，我理解你们对日本军国主义的仇恨，是他们侵占了你们的国家，涂炭了你们的家园，杀害了你们的亲人，奸淫了你们的姐妹……因为我是日本人，你们想杀死我，想把我赶出杨家店，这些我都能理解，但我恳求你们，求你们让我把话说完行吗？"

杨长燕也出来站到了静子的身边，做她的后盾："二嫂，你说吧。"

"我是日本人不假，但我这个日本人却和你们一样仇恨日本军人，仇恨这场战争。乡亲们，我也曾经有我的故土，有我的父母兄弟，但我现在却和很多的日本老百姓一样，被日本军国主义发动的这场战争无情地遗弃，我的孩子生下来不久就不知所踪，但是就在你们这块远离我父母家园的土地上，是你们中国人一次又一次地救了我们，是你们给了我一次又一次活下去的勇气……"

静子一幕一幕地回忆起她来到中国后的种种遭遇，悲从中来。她双眼红肿，脸上分不清是泪水还是雨水。乡亲们沉默了，她哽咽着说："乡亲们，如果没有满囤、长水和我的婆婆，没有你们这些善良的中国人，我早已尸骨无存。所以你们才是我的再生父母，是我真正的兄弟姐妹，我刘思田在这里谢谢你们，谢谢杨家店的父老乡亲……"静子深深地向着众人鞠躬。

杨大娘以及现场的许多妇女都无声地流出了眼泪。躲在人群后面的朴成姬羞愧难当，哭着转身跑开了。

众人听了静子的话，也不知道说什么好。雨越下越大，乡亲们的衣服都已经湿透了，他们看着静子，脑海里还不断回想着她刚才的话。

"这雨越下越大，一直这么站着也不是办法。村长，你看看要不咱们先回去吧。"杨书礼说。

"反正她一时也跑不了。"有人附和着。

杨树魁想想也是，就带领着大家先回去了，每个人的心情都格外沉重，似乎都没有了刚才的悲愤。

众人都跟着吆喝,还鼓起掌来,静子看着乡亲们,心里一阵感动,还哭得泪眼婆娑。口中不断地念叨:"我是中国人了,我是中国人了……"

第六章 | chapter Ⅵ
真正的中国人

1/ 大嫂的要求

晚饭过后，天已经快要黑了，杨长燕和静子正在厨房收拾。

杨长燕边洗碗边一脸疑惑地说："二嫂，我总觉得吴敏那人有问题，你说她是吴本正的表妹吧，她又和吴本正不清不楚，而且你对她那么好，她还在全村人面前揭你的老底，她到底是一个什么样的人呢？"

静子一点不生气，还为朴成姬说话，"我不是告诉过你嘛，她在长春时有过一个丈夫叫范老四，后来冲卡子时候在马车上摔死了，她走投无路才投靠了吴本正……"

杨长燕放下碗说："你这一说我倒想起来了，她当时说是在四八年的时候见过你，可是四八年日本鬼子早就投降了，而且你当时也正跟满囤在一起，那她是怎么知道你是日本人的？"

静子一怔，只好支支吾吾转移话题，"我也记不清了，这么久了……对了，我答应秀芬晚上给她扎针……"还没说完，杨大娘突然抱着毓敏走过来。

"你从今天开始哪也不许去！"然后对院子里的杨长水说："长水，把院门插上，看好你媳妇。"

静子一愣，"娘，我都答应秀芬姐了，还有孙二娘家的二妞，昨天就有点咳嗽，我也想一顺道给他家送点麦冬水去。"

"思田呐，你那天的事就靠你那一番话就过去了吗？不可能！现在全村人都知道了你是个日本人，他们还能像以前一样对你吗？万一谁家给你个脸色看，更保不住再有个犯浑的，你脸上挂得住吗？更何况你肚子里还有个孩子。"杨大娘说。哪知静子突然跪在她面前："娘，我知道您是为了我好，我的日本人身份暴露了，您怕大家难为我。可是，娘，您想过没有，正因为现在全村人都知道我是个日本人，我才要更努力地去帮助他们，化解仇恨，我要替日本人赎罪。娘，您放心，我已经做好了心理准备，不管村里人打我也好，骂我也好，我都不会计较，我能默默承受，谁让日本人在中国

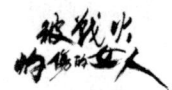

犯下了那么多罪行呢。娘,我现在就是求您相信我,人心都是肉长的,迟早有一天,我会用我的实际行动感化大家,让大家接受我的。"

听了这番话的杨大娘老泪纵横,只好扶起静子对杨长水说:"长水,开门。"

静子高兴地擦了擦眼泪,挺着大肚子出去了。杨大娘把毓敏交给杨长水,不放心地跟在后面出去了。

乌云遮住了月亮,整个村里只看到星星点点的光从窗户透出来。静子沿着小路往王寡妇家的方向走去。

王寡妇坐在炕沿上看着韩秀芬说:"行了,抱一会儿就放下吧,一会儿又该弄醒了。"

韩秀芬坐在炕上抱着已经入睡的小富贵,满脸的慈爱。她不情愿地把富贵放在炕上,听见婆婆又说:"喜顺,去看看院门关了没?"

王喜顺说:"关了干啥,长水媳妇还要给疯子扎针呢!"

"那个思田是个日本人,而且和吴本正家那个女的早就认识,我说她怎么老变着法的把富贵接他们家去呢,敢情不安好心。你快去把大门关上,以后咱们得防着点他们……"

正在这时,静子在院门外喊:"王婶在吗?我来给秀芬姐扎针了。"

韩秀芬一听就从炕上跳下来,嚷着要扎针。王寡妇伸手打了她一巴掌,"你不怕她一针扎死你啊!"说完就吹了煤油灯,对院子的方向说道:"我们都睡了,这个针以后我们也不扎了。"

静子看到灯灭了,心里一阵难过,失望地在院子外站了一会儿,又继续往杨书礼家去了。她没有看到不远处的一个黑影,鬼鬼祟祟地跟在她身后。

静子敲响了杨书礼家的院门,大声喊道:"二妞在家吗,还没睡吧!我来给你送点麦冬水。"没一会儿门就开了,杨书礼披着一件外衣,"思田,这么滑的路你跑来了,进屋坐会吧。"静子摇摇头,赶紧从筐里翻出麦冬水递给他说:"这瓶水你给二妞分三次喝,喝完她就不咳嗽了。"

杨书礼刚要伸手接过水瓶,孙玉娘从身后跑过来,伸手把瓶子夺过来扔在地上,瓶被摔了个粉碎。她瞪着静子,口中还大声嚷嚷:"谁知道这水里有没有毒啊!"

杨书礼一脸愧疚,刚想张口说什么,孙玉娘一把将静子推出院子,院门随之"砰"的一声关闭。静子的眼泪夺眶而出,她忿忿地转身沿着来时的小路深一脚浅一脚地向前走去。静子沿着小路走到村中央的水塘,突然从一侧跳出一个人来,黑暗里看不清来人是谁,静子立即警觉地问:"是谁?"

杨亮晃晃悠悠地走上前来,醉醺醺,满嘴都是臭酒气:"我呀,亮子。怎么,你

第六章 | chapter VI
真正的中国人

这个日本娘们不认识我了？"

一看到他的丑恶嘴脸，静子心里直犯恶心，双手下意识护在胸前说："你干什么？"

杨亮冷笑一声："干什么？你们日本人杀了我哥哥，我今天就要玩玩日本娘们。"说着就上前和静子动手动脚。突然一根木棒狠狠地打在杨亮脑袋上，他踉跄几步，向后退去，他摸着脑袋大骂："谁啊！"转身一看是杨大娘怒气冲天地看着他。

"杨亮，你还是不是人啊你！"

"杨大娘，我没干什么，您饶了我吧……"杨亮吓得拔腿就跑。

"孩子，娘要是不让你出来怕伤了你的心，可是让你出来了还是怕伤了你的心，娘是两头害怕，所以就只能偷偷地跟着你。"

"娘……"静子感动得一头扑到杨大娘的怀里哭了起来。

得知静子是日本人后，张文秀骑着自行车风风火火地回了杨家店。正坐在村口大槐树下的杨书礼看到了张文秀，急忙殷勤地站起来想和她打个招呼，没料到张文秀根本没有看到他，骑着自行车从他面前飞驶而过。

杨书礼自言自语："这么急，不会是为了……"他忽然想到什么，猛得一拍大腿叫道："坏了，这个老娘们，净给我惹事！"想到这里，他吓得赶紧往家里走去。

"娘，思田是日本人这么大的事，您老为什么不早告诉我呀？"张文秀一回家，看到杨大娘就开始抱怨。

"我寻思这事只要思田她自己不说，咱们也就烂在肚子里了，谁知道……唉，什么也别说了，这事全赖我。"杨大娘自知理亏。

"娘，这事不是赖谁不赖谁就能解决的，我们必须采取对策。现在长山刚当了区长，这要是让区里知道长山有个日本的弟媳妇，不全都完了。不行，得让思田离开杨家！"张文秀匆忙赶回来的原因，杨大娘这才明白过来，她连连摇头否定，静子现在可是有杨家孩子的人了，怎么能赶走。

"娘，这事你就别管了，是让她离开，不是赶走。行了，这些事情由我来安排，您先把长水和长燕叫回来，我来做他们的思想工作。"杨大娘知道张文秀一直很能干，她一定是有了办法，也只好暂时听她的，如果行不通她再想办法也行。

那头，杨书礼气喘吁吁地一路跑回家，气急败坏地冲到正在晾衣服的孙玉娘面前，瞪着眼睛大喊："你这个败家的老娘们，没事净给我惹事！"

孙玉娘蓦地转过身，一把揪住丈夫的耳朵，"你说什么！"

"你给我松开！你惹火烧身了你！"见孙玉娘一脸茫然不解和恐慌，杨书礼又说道："我那天说什么来着，不让你去出那个风头，你就是不听，不但带着一帮子老杆儿去找老杨家说理，晚上还把人家思田好心送来的药给摔了，今天怎么样了？张文

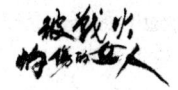

秀回来了……"

孙玉娘疑惑地问:"张文秀是谁呀?"

杨书礼一脸的恨铁不成钢,"张文秀你不知道呀?她就是老杨家的大儿媳妇,区长杨长山的那个夫人。我刚看到她风风火火地进了村,那一定是老杨家请她回来跟你算账的,我告诉你,按照杨长山眼下这个地位,他碾死你就跟碾死一只臭虫没什么分别。"

一听这话,一向胆大的孙玉娘也吓得浑身一颤,她哆哆嗦嗦地说:"那,那可怎么办啊?我的天啊。"

杨书礼凶道:"能怎么办!你赶紧把昨天你召集的那帮老杆儿们再召集起来,然后一起去老杨家给人家道歉去。"

杨家院子外面,静子突然觉得肚子有些异样,眼看要到家了,咬咬牙忍着。她提着一篮草木疲惫地走进院子,她顺手关上了院门,缓慢地往正屋走去。突然听见里屋张文秀在说话:"我再郑重地说一遍,为了长山和我的政治前途,思田必须尽快离开杨家,至于她肚子里的孩子,我可以先安排她住到邻县的老乡家里,等孩子生下来,我们再想个名目把孩子接回来。"

静子一听惊呆了,手里的木篮子掉在了地上。她听见杨长水在里面气愤地大喊:"我不同意,思田是我的老婆,要走我们一起走!"接着又是杨长燕的声音:"大嫂,你也太自私了,为了你和大哥的政治前途,你就忍心拆散我二哥一家吗?"

张文秀一拍桌子,吼道:"你们懂什么?现在全国对敌斗争的形式依然严峻,思田虽说嫁到了杨家,但说到底她还是一个日本人,你们了解思田的过去吗?谁能保证她不是侵华日军的一员,谁又能保证她没干过伤害中国人民利益的事情?"

听了这些话静子忍不住哭了起来,她伤心欲绝地转身就向院门外走去。不料,掉在脚下的小篮子绊住她的脚,她一跤重重地跌倒在地上。

"啊……啊,我的肚子……"静子捂着肚子在地上痛苦地翻滚起来,鲜血很快就染红了她的裤腿。杨长水闻声跑了出来,见状惊恐地大喊:"娘,思田摔倒了!"说着就抱起静子进了西房。

张文秀跑过去看到了静子腿上的血,吓得大叫:"娘,思田大出血了!"

杨大娘跑过来一看,立即说:"长水,思田这是要早产了,你快去村里喊人帮忙套车,赶紧把思田送到县医院去,晚了就要出大事啊!"

早已经吓得慌了神的杨长水,紧张地起身跑出院门。正迎面赶上孙玉娘和杨书礼向他们家走来,身后还带领着一帮乡亲们。

杨长水像见到救星似的,"乡亲们,快来帮帮我,我媳妇她大出血了……"

杨书礼率先反应过来,想起张文秀,冷静地说:"还愣着干什么呀,大蔫兄弟你赶紧回家套车，其他人跟着一块去医院，咱们有钱的出钱，没钱的出力……"

"可是，她是日本人啊……"

"我们不就是来给她们道歉的嘛！快点！"杨书礼大喊一声，乡亲们愣了下，都各自进去帮忙了。

2/ 正式加入中国籍

医院急诊室外，杨长水双手抱头，痛苦地蹲在地上。一旁站满了乡亲，他们想起这几年，静子在杨家店为他们做过的事，心里也替她着急起来。杨长燕一直在劝着她小哥，说静子福大命大，可是丝毫不起作用，他难过得话都说不出来了。

一旁的张文秀说："什么福大命大，什么时候了还这么迷信。"

杨长燕兄妹俩同时转头怒视着张文秀，杨书礼见状走上去说："张文秀同志，你说这思田怎么就大出血了呢？我们本来是要去老杨家道歉的，谁想到……"

张文秀抱着胳膊，瞪了杨书礼一眼，不理会他，站到一边去了。这时候，急诊室的门突然从里面打开，医生戴着口罩走出来，众人都围了上去。

医生问谁是丈夫，杨长水立刻作答，医生看了他一眼说："你媳妇的胎位不正导致生产困难，而且伴有严重的大出血，根据现在的情况，孩子或大人只能保一个，所以征求一下你们家属的意见。"

这话一出，现场瞬间死一般的寂静，所有人都惊呆了。杨长水更是要崩溃了，他双腿无力地蹲在了地上。

张文秀刚开口问医生的意见。杨长燕立刻大喊道："保大人……二哥，我们得保大人，只要二嫂能活下来，你们以后还能有孩子……"

众乡亲也都反应过来，七嘴八舌地喊道："对，保大人，有大人就有孩子……"

"快点，再拖下去，两个都保不住！"医生说。

杨长水两眼通红，险些就要跪在地上，片刻后，他一把拉住医生："大夫，我决定了，我要保大人，我要保大人！我求你了，一定要保住我媳妇儿。"可是里间躺着的静子突然说："医生，我不要保大人，我要保孩子，求你们一定要保住我的孩子，无论如何你们也要保住我的孩子……"

医生停下了脚步，面对杨长水露出踌躇之色，"到底保哪个？快点决定吧。"杨长水冲进急诊室，哭喊着："思田，你说什么呢？我不要保孩子，我要保你，我要保你！你听见了吗？保住你我们还能有孩子，我们还能有很多的孩子……"

静子躺在手术台上，几名医生和护士围在她身边，他们都被眼前的局面震惊了，

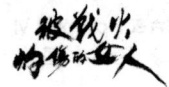

一时间都有些不知所措。

"长水,我要孩子,我要孩子……是我们的孩子啊……"

"我要你!医生你快点开始吧,我求你一定要保住我媳妇儿啊!"杨长水双眼红肿,不理会静子的话,双手抓着医生的袖子,不断哀求着。

"你先出去!我答应你。"医生被杨长水感动了,叫人把他拉出去。

"等等,大夫,我想跟我丈夫再说几句话……"静子虚弱地说,医生想了想,点点头。

静子此时面色极度苍白,神情疲惫,她看着杨长水,充满泪水的双眼闪烁着希望和期盼。她幽幽地说:"长水,我知道你爱我就和我爱你是一样的,但不幸的是,我是个日本人,我无论如何也改变不了我自己的血统,所以我不怕流血,也许我的血都流光了,我就能留下了……"

杨长水跪在地上,泪流满面地听着。急诊室门前,杨长燕、张文秀和众乡亲们也都静静地听着,很多人在流泪。静子说:"长水,记着告诉咱们的孩子,他的妈妈感谢中国人,感谢所有杨家店的父老乡亲,感谢你们老杨家人,要是没有你们,他的妈妈活不到他出生……"

"思田……"杨长水轻轻抱住静子,已经哭不出眼泪了,急诊室外面的乡亲们也都听得心里难过极了。

静子努力地把头微微抬起,看着外面的乡亲们。

"杨家店的乡亲们,请大家成全我吧,给我一个报恩的机会,也给我一个替自己的祖国赎罪的机会。不管怎么样,我要给杨家留下一点血脉,也给我自己留下一个带有中国血统的孩子……""不行了不行了,病人得赶紧治疗,请你先出去!"静子还没说完,医生突然发现她不断流出血的下身,赶紧把杨长水赶出去了。

杨长水被护士推出了急诊室,乡亲们不约而同地上前围住了急诊室外的那名医生,齐刷刷地给医生跪了下去。

"大夫,我们求你了,救救我们杨家店的媳妇吧……"杨书礼带头说。

"我会尽力的,这是我们的本分,你们快起来吧。"医生震惊地看着泪流满面的村民,心里非常感动。

"大夫,请问需要输血吗?"张文秀走过来冷静地问医生。

"抽我的吧,我血多!"

"抽我的!抽我的……"

乡亲们一听都抢着挽起自己的衣袖,嚷着要献血。就在这时,突然从急诊室里传出来了一个婴儿的啼哭声。众人的目光齐刷刷地看向急诊室,医生从里面出来,微笑着说:"大人孩子都平安。"

第六章 | chapter Ⅵ
真正的中国人

众人一听怔了几秒钟，突然都开心地笑了起来，杨长水看着医生喜极而泣，医生走过去对他说："你媳妇虽然是平安了，可是以后都不能再生育了……"

杨长山得知张文秀先前的举动后，大发雷霆，决定把静子是日本人的事，主动向上级报告，以争取宽大处理。

经历过上次医院的一幕后，杨家店的乡亲们也丝毫没有再为难静子的意思，反而对她越来越好，好吃好喝的都给她送去。连杨玉环也都去送东西了，可把杨大娘感动坏了。

这会静子头上包着头巾，怀抱着婴儿一脸满足和慈爱地靠着被垛躺在炕上。杨长水在一旁笑呵呵地看着静子怀里的孩子，故意嗔怒地说："就为了你这么个小东西，差点要了你妈的命，你知道不知道？"

静子低头深情地亲了一下孩子，喜悦地说："宝贝，告诉你爹，就说为了你，再让你妈死八回，你妈也乐意。"转而又对丈夫说："以后，我还要让他念大学，读博士。"

"什么是博士？"杨长水一脸疑惑。静子嗔怪地瞪了杨长水一眼，刚要回答，杨大娘端着一碗鱼汤，走了进来。

"思田，把孩子给我，你赶紧趁热把这碗鱼汤喝了……"说完把鱼汤放在炕桌上，自己爬上炕，从静子怀里接过婴儿，高兴地说："看我孙子这模样，跟他爹刚生下来的时候一模一样。"

静子一听就笑了，杨长水也跟着笑，一家人其乐融融。

正在这时，院门外传来一阵叽叽喳喳的说话声，杨大娘探出头来一看，原来是孙玉娘夫妇和杨玉环，还有翠花她们拿着东西来看静子了。她还没走出去，又听见杨长燕高声喊道："娘！我大哥大嫂也回来了！"毓敏一听就跑出院子，看到爸妈就奔了过去，乡亲们都在一旁笑着。

杨书礼对杨长山恭维地说："杨区长，你看你一回来，咱们杨家店立刻就跟过年一样，杨大娘这脸上的褶子立马都平整了。"

杨长山笑了笑说："什么区长不区长的，只要一回到杨家店，我就还是你的乡亲。"杨书礼啧啧称赞，满面笑容地说："你瞧瞧，你瞧瞧，还是人家区长有水平，这才叫平易近人。"

张文秀放下毓敏，走到静子面前，十分诚恳地说："思田弟妹，那天是嫂子我做得不对，我一时糊涂，你大哥已经狠狠地批评我了，今天来嫂子就是要跟你赔个不是。"

静子微笑，丝毫没有责怪的意思，"嫂子，你说什么呢？燕子早都告诉我了，那天是你第一个带头要给我献血的，虽然没用上，还是要谢谢你。"

杨长山见状走了过来，笑着说："行了，你们妯娌之间就别客气了。思田，你猜

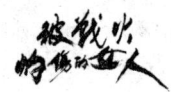

我和你嫂子今天给你带什么来了？"说着便从包里取出一张花名册递给她，"思田，你是日本人的事情我一听说，立刻向上级领导作了汇报，上级领导也非常重视，立刻做出了批示。根据我们国家的现行政策，对战后日本遗留在中国的孩子和已经进入中国家庭的妇女，中国政府都要宽厚对待，一视同仁，并给愿意的人办理中国户籍。你看，这就是我们根据上级领导的指示，给你办理的户籍花名册。"

静子大感意外，简直不敢相信，她双手颤抖地接过花名册，眼眶微热，"大哥，这么说我现在就算是个中国人了？"

杨书礼立即抢先说："思田，你应该把'算'字去掉，你现在就是个中国人了。哈哈，对吧乡亲们？"

众人都跟着吆喝，还鼓起掌来，静子看着乡亲们，心里一阵感动，还哭得泪眼婆娑。口中不断地念叨："我是中国人了，我是中国人了，娘，你听到了吗？我是中国人了！"杨大娘也感动地红了眼眶，频频对她点头。

张文秀微笑着，上前握着她的手说："还有好消息呢，你看。"她又从书包里掏出两张大红证书，递给静子说："是给你和长水补办的结婚证书。"静子喜出望外。

孙玉娘一脸无知地问："啥叫结婚证书啊？"

杨书礼恼怒地吼道："你个丢人现眼的傻老娘们，连结婚证书都不懂，那就是政府同意让长水娶了思田的手谕。"众人哄笑。杨长山又问静子给孩子取名没有。静子说："小名我决定就叫感恩。我要让他一辈子都不要忘记感谢中国政府和中国人民对他妈妈的恩德。大名就请大哥帮他取吧。"

杨长山点点头，想了想说："我看大名就叫援朝好了，杨援朝。"

静子和众人都不解这其中深意，杨长山抬高声音说："乡亲们，我今天来，还要告诉大家一件大事……"

3/ "疯妈妈"

午后，阳光透过窗户洒进屋里，朴成姬正坐在炕上把自己的一件衣服改成小孩的衣服，一想到富贵穿她做的衣服，她就觉得之前所有的屈辱都不算什么。

"不好了，出大事了！"突然，吴本正匆匆忙忙地跑了进来。朴成姬不理会他，自顾自地埋头缝着衣服。吴本正愣了一下，想要发作，但随即又诡异地一笑，故作神秘地说："你听说了没有，朝鲜战争爆发了，中国军队打到朝鲜去了。"

"真的？"朴成姬吓了一跳。

"当然是真的，咱们村里的老娘们都被集中到了村口的老槐树底下，说是要给去

第六章 | chapter VI
真正的中国人

朝鲜的军队做军鞋，不信你看看去。"说着就在她旁边坐下，继续说："听说是什么你们朝鲜的总统李承晚和美国人怎么着了，中国就不干了，就要发兵把你们朝鲜给灭了，对了，我还听说现在县城里满大街都在抓朝鲜人，抓住了就……咔嚓！你可得小心点，你不但是朝鲜人，还是个被小日本玩弄过的女人，这要是让外人知道了……"

朴成姬吓得全身一颤，转头看着他，"只要你不说……"吴本正故意哎呦了一声说腿又疼了，"那个也要看你怎么表现了。"朴成姬立即放下衣服，走到他面前，双膝跪地给他捶腿。

"你表现得好，我自然不会说的。"吴本正得意地说。

杨家，静子正倚在炕头给感恩喂奶，杨大娘戴着老花镜在一旁示范怎么纳鞋底。静子从来没做过这些，一双鞋底还没纳好，手上全是血泡。杨大娘见儿媳一脸迷茫，便开始讲解："你得先用锥子把鞋底子穿个孔，然后把针对准这个孔，再用你带着顶针的手指肚这么一顶，这根针就刺过去了。"

静子恍然大悟，原来她没有用顶针和锥子，难怪手都磨破了。

"别忙活了，来吃晚饭吧。"杨长水在外面说。

静子接过杨大娘手里的鞋底说："娘，你们先吃吧，我想再纳一会儿。" 杨长燕先前通知了，每家要拿出十双鞋底。静子想，她现在是中国人了，更要做好该做的事。

王寡妇坐在炕头上正哄着小富贵玩，韩秀芬站在一边贪婪地看着。但是不管说什么，王寡妇都不许她抱。

"躲远点，抱什么抱，看你那双脏手，小心把我孙子抱病了。"

韩秀芬愣了一下，突然报复似地大喊大叫起来："我饿，我饿，我要吃饭！"王喜顺端着一盆很稀的棒子面粥进来："喊什么喊，要是吓着富贵看我打不死你……"她无奈地接过饭碗，蹲到一边呼噜呼噜地喝了起来。

她听见王喜顺说："娘，咱们家白面就剩一个碗底了，要不今晚就让富贵跟着咱们……"

王寡妇皱着眉头说："怎么能让富贵跟我们吃一样的呢，你快去做面糊糊。"

富贵哭喊着："我不吃面糊，奶奶，我要吃奶，我要吃奶……"

王寡妇叹了口气，幽幽地说："我可怜的孙子，都好几天没喝上一口奶了……富贵不哭，奶奶就是不吃不喝，明天说什么都要给你换袋奶粉回来。"

韩秀芬看着哭喊的富贵，脑海里不断跳出一些画面。正是她没疯之前，抱着小豆子喂奶的画面。她撩起自己的衣裳，伸出双臂走向富贵，王寡妇一看气得大喊："你给我滚开！别在这添乱，没看见孩子在哭吗！"

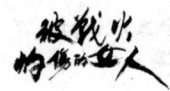

韩秀芬愣愣地，放下衣服，又端着稀饭出去了。她一个人坐在院子里，喝完了粥，把碗放在地上，然后掀起衣服用力挤着自己的乳房，却怎么也挤不出来，她拼地的挤压自己的乳房，最后一滴滴鲜血掉落在了碗里……

晚上富贵已经睡下了，王寡妇取下手腕的镯子，"喜顺，娘这还有个银镯子，明天去把这镯子卖了吧，富贵不能没奶喝。"

"也只能这样了……"

这时，韩秀芬端了一碗红色的液体小心翼翼地走来，口中念叨着："奶，奶，富贵喝奶。"

王喜顺接过去一看，不知道是什么，王寡妇一看她胸口的衣裳透着血迹，惊呼道："这是血，是那个疯婆子挤出来的血！"王喜顺一看也明白了，上前一把抱住韩秀芬，流下了眼泪，口中不停地说："你个傻媳妇啊……"

这一切，正好被一直躲在王家院子外的朴成姬看在眼里，她终于忍不住流着眼泪快步地走了。回到小破屋，她一头窜到了炕沿下面，费力地从里面掏出了一个小箱子。从箱子里找出了一串项链，她把项链攥在手里，继续在里面翻找着。突然她翻出了一张自己年轻时身穿朝鲜族军服的照片，她大惊失色，急忙一把将照片揉成一个团儿，准备扔掉，可是她突然想起什么似的，又把照片撕碎了塞进嘴巴里，嚼碎了咽进肚子里去了。

天刚破晓，窗外传来一声接一声雄鸡报晓的啼鸣声。

杨大娘打开院门，端着一盆脏水正作势要泼，猛然看到躲在角落中的朴成姬，奇怪地上前，"吴姑娘，这么早来我家门前有事呀？"

"大娘，我，我想找思田。"朴成姬小心翼翼地说，一见到静子，她双膝跪下，哽咽地说："思田，我对不起你，你是日本人的事是我说出去的。"静子赶紧欠身扶她起来，"吴敏，说句心里话，我谢你还来不及呢。要不是我的日本人身份暴露了，我哪来的中国户口？更别提我和长水的结婚证书了。"

朴成姬听了这话，心里才安慰了一些。她想说什么，看了一眼一旁的杨大娘，欲言又止。

"你们聊，我进去做早饭。"杨大娘识趣地进屋了。

"你一早来找我，肯定是有什么事吧？是不是富贵……"静子问。

朴成姬一听到富贵，眼泪就掉下来了，她取出项链递给她说："思田，请你帮我把项链拿去卖了，给富贵换点吃的……你不知道他现在多可怜……"

静子也听说了王寡妇变卖首饰给富贵买奶粉的事，她点点头，眼眶也跟着湿润了。

下午，吃过午饭后，杨家店的妇女又围坐在大槐树底下纳鞋垫。孙玉娘和翠花几个妇女在比谁纳得多，问及静子，她只是笑而不语。

翠花鄙夷地说："孙玉娘你显摆什么呀，人家思田是个新手，当然比不过你了，有本事咱俩比试比试，看看明天谁纳得多！"

静子听她们说话，抬头笑了笑，刚好看见杨长燕过来视察，她对她招招手。杨长燕一见就赶紧过来了："二嫂，有事呀？"静子没回答，只是偷偷把项链塞到了杨长燕的手里，在她耳边说了几句话，杨长燕点点头就走了。

晚上，王寡妇一家人围着炕桌吃饭，桌子上都是些咸菜稀饭，看起来很是寒酸。

"来，喜顺来吃个窝窝头，大老爷们也不能整天光喝稀的。"

韩秀芬一看到窝窝头就两眼放光，王喜顺只好把窝窝头掰了一半给她，她满足地吃起来。王寡妇却连一口粥都不吃，见韩秀芬狼吞虎咽，不悦地说："我不吃，我要把我那份口粮给我孙子换奶粉喝……喜顺，从今天开始咱家必须算计算计了，宁可咱们大人饿几天肚子，也不能让我孙子没奶粉喝。"

韩秀芬一听到这里，突然把刚塞到口里的一大块窝头又吐了出来，还把吐出来的窝头和手里的窝头拼在一起放到了炕桌上，然后起身默默地走向门外。王寡妇不以为然，以为她积食了，心想，刚好饿她两顿，还能省点粮食。

院子里，韩秀芬拔了一根草根在嘴里嚼着，双手捂着肚子，百无聊赖地坐在院子里。朴成姬提着一小袋粮食，在王家院子外面一直看着她，思考着要怎么把粮食给他们。

没一会儿，王寡妇抱着富贵从屋子里出来了，也坐在了院子里。王寡妇看着坐在门口的韩秀芬，心里一酸，喊她进去吃饭。富贵也跟着奶奶的话说了一遍，韩秀芬却说："我不饿，我不是猪。"

王寡妇没好气地看了她一眼，"真是太阳打西边出来了，你还有不饿的时候，好，最好一直不饿，什么时候饿了你再告诉我。走，富贵，跟奶奶进屋吃饭去。"

外面的朴成姬看着富贵就要进屋去了，着急地从树下露出脑袋，可是又看到韩秀芬站起身四下看了看，溜进了厨房。她正想走近院门，可是韩秀芬进屋喝了一瓢水，打了个饱嗝之后，又坐回到了院子门前。朴成姬无奈，只好拎着半袋粮食回去了。

"去，给疯子送去。"王喜顺还是心疼媳妇，抱着富贵给韩秀芬送吃的。

富贵乐呵呵地跑过去，嘴里念叨着："给疯婆子吃，给疯婆子吃。"韩秀芬转过头看着富贵，想起王寡妇说的话，她摇摇头不接饼，只是一把抱住富贵。哪知富贵吓得把饼子掉在了地上，仰头哇哇大哭起来。王喜顺赶过来骂道："谁让你抱孩子了。看你把他吓的。"说完就又抱着富贵进去了，韩秀芬连忙捡起饼子追进去喊："饼子，饼子，给富贵换奶粉……"

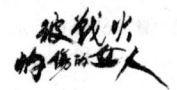

4/ 孩子的口粮

大槐树下，人头攒动，笑声鼎沸。

全村的妇女正在排队交上自己所纳的鞋底。她们有的把鞋底捆好，抱在胸前，有的把鞋底子放在小篮里用手臂挎着……每个人的脸上都洋溢着自豪和喜庆的神采。

大树底下摆着一张小木桌子，肖胜利和杨长燕一个负责登记造册，一个负责点数验质，忙得不亦乐乎。杨长燕正在一个一个检查交上来的鞋底，并将谁纳了多少双，质量如何报给大伙听。孙玉娘和翠花又杠上了，她得知自己纳了十五双比翠花多了一双，乐得嘴都合不拢了，就好像受了多大的奖励一样。

就是在大家都欢天喜地的当儿，人群里正在排队的静子，却突然"轰"的一声倒在了地上。众人吓了一跳，七手八脚地扶她坐在了一旁，杨长燕赶过去，她正幽幽地睁开双眼，说："没事，你先验我的吧，完事我回家睡一觉就好了。"

杨长燕急忙把静子小筐里的鞋底倒在了桌子上，大家一下子惊呆了，静子纳的鞋底的数量明显要比前面的人多出很多。

"一、二、三……"杨长燕一直数到三十双。妇女们都震惊了，不可思议地看着静子。孙玉娘更是惊诧："哎呀妈呀，足足是我的一倍。长燕，快看看她的质量怎么样？"

杨长燕拿起一双看了一眼，有点不相信自己的眼睛。又拿起一双看了看，而后又拿起前面孙玉娘和翠花交上来的鞋底进行比对，静子鞋底上的针脚密密麻麻，比其他人的要密集许多。

孙玉娘和翠花那些妇女都好奇地凑了上来，一见到静子的鞋底都大为惊诧。忍不住又去看看静子的手，她本能地缩起来，还是被孙玉娘抓住了。大家一看，心里一阵难过，静子的手掌上血泡一个挨着一个，有的流着血水，有些明显能看出是破了很长时间的，已经开始化脓。杨长燕流着泪高喊："刘思田，三十双，品质——优！"大家都不约而同地鼓起掌来，静子只是欣慰地笑了笑。

大伙儿拥着静子，像送英雄一样把她送回了家，让她好好歇歇。静子侧身躺在炕上，一边抚摸着旁边睡着的感恩的小脑门，一边回想着刚才的场景……就在这时，杨大娘端着一盆温水，还拿着一些药膏，走了进来："你说你这孩子，本来就没出满月，你还竟然敢瞒着我三天两宿不睡觉，你不要命了？要强也不是这个要法啊！"杨大娘直怪她不注意身体，虽然这么说着，给静子包扎伤口的手却一直没停下。

"娘，我知道啦，你帮我拿个碗来。最近胸口胀，挤点奶给富贵送去好了。"静子笑了笑。

"你这孩子，就知道替别人着想。"

第六章 | chapter Ⅵ
真正的中国人

王寡妇坐在炕头上逗富贵玩，韩秀芬虽然蹲在地上，却不错眼珠地看着富贵，脸色一会青一会白，神情十分复杂。她想靠近富贵，想摸摸富贵的小脑袋，甚至想把富贵抱在怀里，狠狠地亲他的小脸蛋。

就在韩秀芬控制不住自己，刚要有所行动的时候，王喜顺领着杨长燕和静子开门进了屋子。王寡妇急忙从炕上下来，笑着说："哎哟，稀客稀客，你们姑嫂俩怎么有空过来了？"

杨长燕把手中的奶粉和东西一股脑递给她，"王婶儿，镇里听说你最近的生活有些困难，就让我给您送来了几袋奶粉和五斤白面，您先应应急。"

王寡妇一听，高兴坏了，拉着扬长燕的手，连忙说："我家的困难镇里都知道了？哎呀，那我可要谢谢共产党，谢谢毛主席的领导好啊！"

一边的静子从怀里掏出一个奶瓶递给王寡妇："王婶，这是我的奶，还是热乎的，赶紧喂富贵喝了吧。"

"长水媳妇……"王寡妇感动得都说不出话来了，连忙接过奶瓶去喂富贵。本来在一旁沉默不语的韩秀芬，一见到富贵在喝静子的奶，就冲过去推静子，她狂躁地连比划带喊道："不要不要！奶，我有，我有……"

"你这个疯婆子，怎么又犯病了，看我不打死你……"王喜顺赶紧过来把她拉到一边，伸出拳头，就往韩秀芬身上招呼。

杨长燕和静子急忙拉住了王喜顺，王寡妇表情有些尴尬，"思田啊，那天晚上……不好意思啊。我只是……"

静子赶紧打断她："没事啦王婶，我瞧着秀芬脸色不大好，怎么回事呀？"

王寡妇说："我寻思着她可能是积食了，有两三天没吃饭了。"

"两三天不吃饭哪行啊。"静子说完向韩秀芬走去，在她面前蹲下。静子问她饿不饿，她点点头，可是说去给她煮粥吃，她突然整个人扑到了米袋上，不准拿米。静子终于明白了为什么。

"我刚才蹲到秀芬姐的面前，就听到她的肚子里咕咕地叫，她不是积食了，她三天没吃东西了，肯定饿得不轻。可是当我刚一动这面袋，说给她煮碗粥的时候，她却不顾一切地把我推开。你们以为她这是疯吗？她这不是疯，她其实是想自己不吃不喝，然后把节省下来的粮食给她儿子换奶喝。"

韩秀芬听到这里，眼泪刷地一下就流了下来，向着静子连连点头。王寡妇母子这才明白过来，心里也一阵心酸愧疚。连忙把富贵递给韩秀芬，打算让她抱抱，可是富贵一看到韩秀芬就大哭起来，死活不让她抱。王寡妇只能把富贵重新抱在自己的怀里。

179

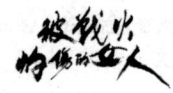

静子和杨长燕从王家出来后，二人顿时感到心情很低落。她们都可怜韩秀芬的命苦，接着谈起了杨家店大屠杀的事。

"我们都怀疑是吴本正……"杨长燕说。这句话刚好被躲在树坑里解大手的吴本正听见了，他吓得提了裤子就往家里跑。他没回自个家，反而是冲进小破屋就把朴成姬骂了一顿，吓得朴成姬下意识地拉着自己的领口，在角落里缩成一团，瞪大了眼睛看着他。吴本正愤怒地说："你别神经兮兮的，老子今天没这份心情，你赶紧收拾东西，明天一早咱俩就跑路！"

"为什么啊？"

"我刚才在树坑里拉屎，听见杨长燕和刘思田说肖胜利正在调查你的身份，这要不跑，你就没命了。"吴本正故意吓唬她。

朴成姬惊恐万状，吓得魂都快没了，连连点头说："跑，赶紧跑……"但是她又突然想到了什么似的说："我不跑，不能跑，大不了让人知道我是朝鲜人，一枪把我毙了算了。"

吴本正一愣，十分诧异地看着她，讪笑地说："呦，长脾气了嘛！你以为你配挨他们的一颗子弹呀？你是个什么人？慰安妇，一旦让他们知道了你的身份，哼哼……"

朴成姬听到这些吓得哭起来，只好妥协。约好三更时分，一起收拾东西逃跑。吴本正走后，朴成姬悲从心来，坐在地上大哭起来，哭着哭着突然想到了什么，她擦擦眼泪拎着那半袋粮食悄悄地出去了。

杨家院门外，朴成姬隔着墙头，小声地叫道："思田，思田，你能出来一下吗？"声音凄惨无比，见静子出来，她扑过去，一把抱住静子。

"思田，你救救我吧，救救我吧。我不想死，也不想离开憨憨啊，救救我吧。"她哭得鼻涕一把眼泪一把。

静子一头雾水，拍了拍她的肩膀，"你在说什么呀？我怎么一点都听不明白。"

朴成姬松开静子的手，哽咽地说："不是说中国和朝鲜开战了，县城里正在满大街的捉拿朝鲜人吗？而且我还听说你们家长燕正在撺掇肖胜利要去调查我的身份……"

静子听着她的话，脸色顿时变得铁青，"是吴本正跟你这么说的吧？这个吴本正，政府正在调查他是不是杨家店惨案的告密者。千万别听他的，他吓唬你呢！什么中国和朝鲜开战了，那是中国人民志愿军雄赳赳、气昂昂地跨过鸭禄江，帮助朝鲜人民抗击美帝国主义去了，这是抗美援朝。"

朴成姬听了之后，大吃了一惊，她还是不放心，接着问为什么要满大街抓朝鲜人。

第六章 | chapter VI
真正的中国人

静子耐心地解释道："根本没那回事，肯定又是吴本正骗你的。"朴成姬又追问："那慰安妇呢？"

静子低下头，缓缓地说："我听说前一阵子政府倒是关闭了范家屯所有的妓院，对妓女进行强制改造……不过你别怕，你看我是日本人的身份都得到原谅了……"

朴成姬打断了静子的话，一边啜泣着一边说："那思田，你能帮我把这袋子粮食送给韩秀芬吗？我看她也真是够苦的，而且他们家对憨憨……"

"嗯，我知道。我帮你给他们。"静子接下粮食，一看竟然这么多，正想问是不是她的全部口粮，却发现朴成姬已经走了。

朴成姬一个人跟跟跄跄地返回小屋里，外面犬吠声声，她的脑海里全都是富贵的哭声和笑声。三更天很快就到了，听见门外吴本正的声音后，她咬咬牙一狠心举起一把凳子砸在小腿上，顿时鲜血染红了裤腿。

吴本正闻声跑了进来，问："怎么了……"朴成姬流着眼泪，痛苦不堪地说："我的腿被凳子给磕断了。"他跑进来一看，她的腿果然鲜血淋漓。吴本正一气之下，把包袱摔在地上。

"这还怎么走啊！你真是个丧门星，也罢，那就不走了，我倒要看看他们能把我怎么样……不对，我倒要看看他们能把你怎么样？"

早晨，杨大娘在炕上给毓敏梳辫子，静子抱着感恩从门外进来："娘，感恩不知道怎么了，把喝的奶都吐出来了。"

"该不是发烧吧？"杨大娘说。

静子一听吓了一跳，赶紧摸了摸感恩的额头，发现确实有些发烫。杨大娘怕静子太过担心，连忙安慰她："别急，没事，小孩子发烧就是在长身体呢。你去给他喂点开水，盖好被子睡一觉就好了。"静子这才放下心，抱着感恩按照杨大娘的吩咐行事。

梳完了头，杨大娘正抱着毓敏准备哄她睡觉，门外传来一阵急切的敲门声，"大娘，大娘，在家吗？"

杨大娘听出来是王喜顺的声音，立刻放下手里的毓敏跑出来开门，见门外的男人满头大汗。

"咋啦？大侄子。"

王喜顺着急地说："大娘，我们家疯婆娘不在你们家吗？"

杨大娘疑惑地说："没有啊，她都好些日子没来过了。"王喜顺焦急地一拍大腿，说："咳，我那疯婆子不知道跑哪去了，吃午饭都没见人影。我娘去她养的狗儿子那里也不知道找到没有。"

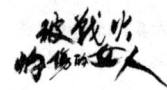

静子听到后也出来了，急急地解下身上的围裙说："我跟你找找去，娘，您帮我看着感恩，他睡着了。"说着就跟王喜顺快步跑了出去。

到了村子外，静子见王寡妇抱着富贵怔怔地看着韩秀芬养狗儿子的窝棚。一旁已经围了一些村民在议论什么。王喜顺看着那个狗窝乱七八糟，狗已不见踪影，更加着急得不知道怎么办好。

翠花看着狗窝对静子说，"长水媳妇，你说这疯婆子能跑到哪去呀？"

孙玉娘叹了口气："你傻呀？是个人都能看明白，这疯娘们肯定是为了节省口粮食，好让她们家的小富贵能有口奶喝，离家要饭去了。"

这话一出，静子抹了抹眼泪，平日里傲慢嚣张的王寡妇也跟着潸然泪下，她怀里的富贵全然不知道发生了什么，还翘着脑袋闹腾。

王寡妇狠了狠心，抱着富贵一声不吭地往回走。静子虽然一脸无奈，却也不知道说什么好。

"算了算了，咱们也回去吧，回去吧。"很快其他人都各自议论纷纷地散去了。

静子也只好默默地回家了，感恩已经醒了。她一边拿着拨浪鼓逗儿子笑，一边跟丈夫讨论韩秀芬的事。

杨长水突然想起什么似的说："你就别想秀芬的事了，他们都不知道她去哪了，你忧心也没用。唉，对了，你说咱们儿子怎么就不会笑呢，我记得毓敏这么大的时候一逗就笑。"

"男孩和女孩本来就不一样，你小时候也不爱笑吧。"静子说。

"我小时候可爱笑了，最招人喜欢了，这可是我娘说的。"杨长水得意地说。

静子调侃地说："那你儿子肯定比你聪明，你知道吗？世界上有很多著名的科学家在小的时候都与常人不同，说不定我们的感恩就是当科学家的料，没准还能得个诺贝尔奖呢？"

杨长水挠着脑袋，一脸不解地问："诺贝尔是什么东西？是什么特产吗？"

静子笑了笑，想想跟他也解释不明白，只好换了话题，说："你说吴敏托我给富贵的粮食，我要怎么给呢？"杨长水笑着说："这么简单的事，我明早扛过去给王婶呗。"

静子敲了一下他的脑袋说："你可真笨，王婶能要吴敏给的吗？上次我还是让燕子用镇上的名义给的呢。"

杨长水想了想，似乎想到一个好点子："要不就把富贵接到咱家来，你给他做着吃不就结了，再把吴敏也叫过来，反正韩秀芬也走了，那孩子正缺个妈呢。"

静子看着丈夫，点点头说："嗯，这主意不错。"

5／晴天霹雳

幸福的时间，总是过得比较快，杨家店的太平日子更是时光如梭。

静子和朴成姬两个人坐在炕上聊天，旁边的感恩已经两岁多了，正和富贵、毓敏一起玩耍。瞧着天快黑了，朴成姬才说："我先回去了。明天再来。"

"富贵，跟大妈说再见。"静子说。

"大妈再见。"只顾着玩的富贵头也没回地说了声，又继续玩去了。

杨长水在院子里劈柴，他看着朴成姬从里面出来，便顺手帮她开了院门，"慢走，有空再过来。"

朴成姬满脸笑容，客气地说："长水大哥，谢谢你，我回去了。"

朴成姬哼着歌曲开门进屋，心情很不错，正要返身关门，门却从外面突然被人踹开。她一看是吴本正，他怒气冲冲地走了进来，二话不说就打了她几个耳光。

"我说你怎么老往老杨家跑呢，原来你是跟杨长水那个王八蛋勾搭上了……走！咱们去乡政府，我要你把怎么和杨长水勾搭成奸的一五一十地向政府说个清楚。"

她吓得惊恐万状，连连摇头，"我没有，没有……"

吴本正哪里肯相信，摆明了欺负她，"你再说没有？你是没当过妓女还是没勾搭过杨长水？这次我要不让政府把你遣送回国我就不姓吴。"她一听，立即噗通一声跪在了吴本正面前，"我错了，我明天再也不去了，你饶了我吧。"

吴本正看她像条狗一样趴在自己面前，得意地笑了起来。

天刚亮不久，静子打算去范家屯赶集，给孩子们买点学习用的书。

"娘，我现在就出去了，顺道去看看吴敏，这几天她都没来了，不知道有没有什么事。"

"唉，怎么没看见感恩呢？"杨大娘问。

"还在睡着呢。昨晚上睡得晚，累着了吧。对了娘，你说这感恩都两岁多了，怎么还不会说话呀，我都急死了。"已经走出门的静子，又走回来了。杨大娘笑着说："贵人语迟，你急也没用，到该说话的时候他自然就会了。我先进去看看感恩去。你出去吧，路上当心啊。"

静子走到了朴成姬的小破屋外，朝里叫了两声，一直没有回应，只好自个走了。里面被吴本正看着的朴成姬，什么话也不敢说。

"这才对嘛，你要是不想被人知道你曾经干过的皮肉生意，以后就得像今天这样，听见了没有？过来，继续给我捶腿！"

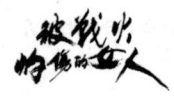

吴本正得意地笑了笑,朴成姬跪在地上给他捶腿,眼泪无声地滑落。

集市上热闹非凡,人头攒动,各种吆喝叫卖声此起彼伏。随着熙熙攘攘的人群,静子走到一个卖旧书的地摊前,蹲下来仔细挑选着幼儿图书。突然,不知道从什么地方传来孙玉娘的声音,"思田,刘思田!"

静子踮起脚四处寻找,刚看到孙玉娘和翠花二人在朝她招手,刚想开口说什么,孙玉娘先开口了:"哎呦妈呀,可找到你了,真是急死我们了!你家感恩抽搐得晕死过去了!现在已经被送到县医院了。"

简直是晴天霹雳,静子站在那里脑袋一片空白,完全不知道该干啥。翠花在一旁着急地说:"发什么愣啊!赶紧去医院瞧瞧去!"

她这才反应过来,把菜篮子丢给翠花就往医院的方向疾步跑去了。等她一路飞奔到医院急诊走廊里时,杨家一大家子全都一脸着急地等着,杨长水更是如同热锅上的蚂蚁。

"唉,二嫂来了!"杨长燕率先看到了满头大汗、一路狂奔的静子。

"娘,感恩,到底怎么回事啊?"静子拽着杨大妈的胳膊,一个劲儿地问。

"我也不知道啊,本来睡得好好的,突然一下子就开始手脚抽搐,口吐白沫,怎么叫也叫不醒。"杨大娘说。

急诊室的灯就在这时突然灭了,大家迅速围了上去,医生问道:"谁是孩子的娘?"

静子急忙加快脚步走到医生面前,举起手气喘吁吁地说:"我,我是……"

医生看了一眼静子,安慰地说:"你先别着急,你能不能帮我们好好回忆一下,在你怀这个孩子的时候有没有接触过什么有毒的物品,或者受过什么外伤?"她想也没想连连摇头,她从怀孕开始就一直小心翼翼地保护胎儿不受任何伤害。

"再好好想想,我们得给这孩子诊断。"医生说。

突然,她似乎想到了什么,睁大双眼,惊恐万状地说:"有……"话一出口,杨家人都一脸诧异,从来没听她提过啊。她看着医生又回头看了一眼杨家人,默默地说起当年她所在的火车上遭遇了毒气弹的事情。静子说的时候,眼神空洞,甚至不敢去想象那些画面,小村绝望地死在她面前,她的孩子也没了。

"思田……"杨长水走过去,将静子揽在怀里,他从来都不知道她经历过这么可怕的事情。

杨长山问道:"当时你坐的是不是由方正方向开往长春的列车?"

静子点了点头。他面色瞬间变得严峻起来,"那是日军驻'满洲100部队'干的,当时他们得到消息,有一列苏军列车将要开往长春,为了做最后的挣扎,日军使用了毒气炸弹。当时,我带领着一个游击小分队想要去阻止他们,但因为距离太远,我们还是迟了一步。"

医生说:"这就能解释了,因为孩子的母亲曾被日军的毒气炸弹所伤,所以体内仍残留生化毒素……"

静子听到100部队时震惊了,但是现在管不了其他的,只是一脸焦急地说:"大夫,你就告诉我,我儿子到底怎么了?他得的是什么病?"

医生沉默片刻说,怜悯地看着她:"是……先天性心脏病而且伴有先天性愚痴。"

她瞬间呆若木鸡,所有的人也被惊呆了。杨大娘问医生什么是"先天性愚痴",医生告诉她说就是傻子。

杨大娘嚎啕大哭:"我的老天爷呀,你怎么能这么狠心呀!我们家思田是个多善良的媳妇啊,你为什么这么折磨她……"

杨长水一拳打在墙壁上,指关节都擦破皮了,眼眶里蓄满了泪水。静子没有哭,她摇摇晃晃地走了几步,突然整个人坐在了地上,神情无比绝望和痛苦。杨长燕看着她心里难受,刚上去劝了两句,突然听见她用日语大喊:"这是为什么?这到底是为什么?你们回答我……"

众人都没明白静子喊的是什么意思,不由得面面相觑,可是看到她悲苦的表情,也不敢说些什么。

这件事过去没多久,又是一天的中午,杨家店的妇女们在村口的槐树下一边干活,一边议论着静子在医院那天的情形。

翠花绘声绘色地给众人形容。

"你们是没看见当时的那个情形,太让人心酸了,就在大夫说出那孩子是个傻子以后,我看见老杨家的人都哭了。可是你们说怪不怪,就是长水媳妇没哭,当时她那个表情,脸色惨白惨白的,眼睛就跟要喷出血来似的,最好后还喊了几句日语,简直吓死人了。"

孙玉娘瞥了她一眼,"我家老爷们说那叫欲哭无泪,你们想想啊,她为了生出这个孩子,连自己的命都豁出去了不说,还搭上了自己当女人的生产能力。谁知道,生出来的却是一个傻子,你们说她现在想哭还能有眼泪吗?"

杨玉环在一旁好笑地撇撇嘴说:"大字都不识一个,还拽文呢,啥叫女人的生产能力呀?那叫女人的生育能力。要我说啊,这就叫报应,日本人报应日本人,谁让她是个日本女人呢。"

可是她刚说完这话,翠花等一众妇女就对她一顿白眼,她只好讪讪地提着篮子走了,口中还抱怨着:"那不然要怎么办?你们还能把那孩子再塞到肚子里去回炉呀?"

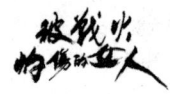

　　静子盘腿坐在炕上，怀里紧紧地抱着小感恩，就像一座雕像一般。她紧闭双唇，面无表情一动不动，充满血丝的两眼呆呆地注视着前方。

　　杨长水端了一碗水递到她面前，声音沙哑，"思田你还是喝碗水，活动一下吧，老么坐着你的身子受不了呀。"

　　见她还是毫无反应，杨长水感到非常心酸和心疼，他哽咽地说："思田，你能不能跟我说句话，哪怕说一句也行，再不行你就打我两下、骂我几句，我求求你了。"

　　杨大娘在门口看了小两口一眼，含着眼泪回了房间，窸窸窣窣地从一个老旧的木箱子中取出一个小木盒子。小木盒子中有一叠面值不等的钞票和一对老款的金耳环。

　　杨长燕推门进来，"娘，你得去劝劝我二嫂啊，她抱着小感恩坐了一天一夜了，水米不进，一句话也不说，要这么下去二嫂她……"

　　杨大娘摆了摆手，止住了扬长燕的话。

　　"你二嫂她是在找落脚的地方呢，你们就别去打扰她了。"

　　"落脚的地方？落什么脚？"

　　杨大娘合上手里的小木盒，泪眼朦胧地说："你想啊，她身为一个日本人，为了咱们老杨家的血脉，她可以豁出命去，可是她怎么也想不到，她自己身上掉下来的肉，却被她自己的同胞、自己国家的军队给毒害傻了。这个弯她一时转得过来吗？还有啊，她对感恩这孩子期望这么高，从孩子一生下来她就规划着要让他上大学，当科学家，还要去获什么诺贝尔奖，可以说感恩就是她在咱们家的全部希望和梦想。可孩子现在是个傻子，这个梦不容易醒，就算醒了，这从天上掉到地下，也总得给自己找个落脚的地方不是吗。"

　　杨长燕似懂非懂地点点头，心想，这个嫂子的命咋这么苦呢。

　　杨长水在院子里背着双手转来转去，偶尔从窗口探头往里瞅瞅，又来回踱步，他已经无计可施了。他似乎想到了什么，突然冲了进去，对着炕上的小感恩说："儿子啊，你娘不动你怎么也不动呀？你渴不渴呀，饿不饿呀？你倒是动一动啊！真是急死我了。"

　　小感恩似乎听懂了爸爸的话，在静子怀里扭动起来。可静子还是面无表情，一直到孩子哭了起来，她才机械似的撩起衣服给他喂奶。

　　杨大娘见儿子和媳妇都快要疯了，想了想决定先劝服静子。静子要是没事了，儿子也就能好得差不多了。

　　"思田啊，别想了，再怎么想咱们也得面对啊，不管咱们的感恩他好也好，坏也好，注定他都是你和长水的儿子，是我的孙子。我们都不会嫌弃他，反而会更加疼爱他。你说是不是？"

第六章 | chapter Ⅵ
真正的中国人

良久，静子还依然是不说话，也没有任何表情。就在杨大妈忍不住决定再说点什么的时候。静子突然抬起满是泪水的脸，目光异常坚定地，"娘，我想好了，您说得对，不管怎么样，感恩他也是咱们老杨家的血脉，所以别管我将来吃多少苦，受多少罪，我也要把这孩子养大。我要让他感恩，我要让他在这远离战火的和平环境中幸福地成长！长水，我要吃饭，帮我盛饭。"

杨大娘见静子终于想通了，欣慰地笑了笑，"长水，赶紧给你媳妇端碗吃的来！"

这两天，张文秀和杨长燕两家都各自拿出了积蓄给静子，杨大娘把多年来攒下的钱和结婚时杨老槐送她的一副金耳环也都给她了。就连杨家店的孙玉娘、翠花都结集了村里的人凑了钱，不论多少，就是表示个心意。静子感动得不知说什么好，看着众多乡亲，心里一片温暖。她想起这几天来看望的乡亲们，心里暗自决定，以后一定要好好报答杨家店的乡亲们。

钱凑得差不多了，静子决定带感恩去治病，无论怎么样都要治好，县城里不行，就去省里。无论如何，也一定要把感恩的病治好。

静子每天都抱着感恩四处求医，杨长水也放下手里的活计跟着她一起带着感恩走遍了一家又一家的医院。整整五个月过去了，静子瘦了一大圈，脸色憔悴，双眼布满血丝；杨长水自个也瘦了一圈，面如土色，看起来都像老了好几岁。只是跑了那么多医院，看了那么多医生，感恩的情况丝毫没有好转的迹象。

静子每一天都跪着声泪俱下地求那些医生。

"大夫，我求求你，你就再想想办法吧，我就这么一个儿子，他就是我的全部希望，我的命啊，我不能看着我的儿子永远这么呆傻下去，我想让他和别人家的孩子一样，能说会唱，我要教他识字，送他上学，让他受最好的教育……"

每一个医生也总是摇了摇头，表示无可奈何。

"你的心情我完全可以理解，普天之下所有的父母没有不望子成龙的，但是请你要相信科学……对不起，对你儿子的病我真的无能为力……"

在这样的求医问药、东奔西跑中，时间不知不觉地过去了。小感恩已经差不多五岁大了，但还是不会说话。晚上，静子哄着他入睡后，看着儿子的脸庞，忍不住幻想。

在蓝天白云下，阳光如同斑斓绚丽的彩虹，和绿油油的草地，在无垠的天空中，四处都回荡着她和感恩欢快的笑声。在一片鲜花烂漫、绿草茵茵的田野中，她和小感恩正在无忧无虑地追逐嬉戏，尽情玩耍。

感恩会在漂浮着五彩气泡的彩云之下，向她挥舞着小手，他口齿清晰地，用稚嫩的童音叫道："妈妈……妈妈……"

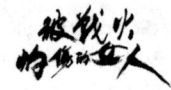

正幻想到这里，突然，静子被不知道从何处飘来的烟熏得咳嗽起来。她回头一看，是杨长水蹲在地上抽着旱烟袋，顿时火冒三丈。

"让你别在屋里抽烟，你就是不听，你看看这满屋子的烟气，感恩他能受得了吗？"杨长水愣了一下，然后拿着烟袋一声不吭地低着头出去了。她看着杨长水的背影，突然有些后悔刚才说话的语气，眼泪在眼眶里打转，几乎要落了下来，"长水，对不起……"

杨大娘在屋里听见了静子说的话，知道她心里不痛快，就赶紧端着一碗热气腾腾的棒渣粥走了过来。

"思田啊，我给你熬了一碗棒渣粥，你这些日子可是累坏了。"

静子听了这话，擦擦眼泪，接下棒渣粥。

"娘……我……"

"别说了，我知道，这几年你为了给感恩瞧病，吃了多少苦，遭了多少罪，甚至跑了多少家的医院，吃了多少剂的偏方。娘这心里呀都一件一件地记着呢，咱杨家店的老百姓也都瞧得明明白白的，你这个娘当得真是……"说着，杨大娘竖起大拇指，眼泪也流了出来，她擦了擦眼泪继续说："可是思田你想过没有？在这个世界上有很多事都不是咱当娘的能说了算的，在这些事情面前，当娘的呀还真就是回天无力。你就拿咱家的小感恩来说吧，那么多的医院都说治不好了，你个当娘的能咋办啊？可话又说回来了，就算他是个傻子，我们也不会让别人欺负他，让他高高兴兴地长大。这样不就好了吗？"

静子怔怔地听着杨大娘的话，心里一阵难过。过了许久，她狠狠地点头："娘，我明白你的意思了。"

杨大娘欣慰地点点头，把静子揽在自己怀里，像对自己女儿似的抚摸着她的头发……

6/ 小争执

日子一直往前赶着似的过，富贵和毓敏都已经上小学了。一天下午放学后，他们和翠花的儿子杨大龙兄弟结伴回家。杨大龙比富贵大两岁，却整整高出富贵一个头来，他突然停下来看着富贵说："王富贵……"

其他孩子不约而同地喊："老娘是个疯婆子！"杨大龙大笑着，又对毓敏喊："杨毓敏……"

那些孩子跟着喊："弟弟是个大傻子！"

一喊完，那些孩子们就捧腹大笑，还不时对他们做鬼脸，王富贵气急败坏地冲到

第六章 | chapter Ⅵ
真正的中国人

了杨大龙的面前，踮着脚揪起他的衣领。

"你娘才是疯婆子！你弟弟才是大傻子！"

杨大龙猛推了富贵一把，不屑地说："小样，你敢再说一遍吗？"富贵毫无畏惧，一遍一遍地说。

"找死！小心我揍你！"

"谁怕谁啊！"富贵冲上去给了他一拳，很快二人就扭打起来，其他孩子都在看笑话，还起哄。毓敏着急地大喊："不许打架，不许打架，打架不是好孩子！"

可是两个人不听劝，最后趁杨大龙摔在地上时，杨毓敏一把拉起富贵就跑了。

静子正在院子里晾衣服，小感恩乖乖地坐在一个小凳子上看着她。这时，抹着眼泪的毓敏和鼻青脸肿的富贵一同走了进来。静子看到他们这么狼狈立刻板起脸来。

"富贵！毓敏，你们是不是又跟人打架了？"

"打了。"富贵说。

静子正要骂，毓敏突然挡在富贵面前哭了起来，"二妈，这次不是富贵的错，是杨大龙他们说富贵的娘是疯子，还说感恩是傻子。"

静子听了这话心如刀绞，看着两个孩子也不好再说什么，"毓敏，去端盆水来，我给他擦擦，不然回去又要被喜顺哥骂。"然后又转过身说："富贵呀，你今儿在舅妈这吃完了再回家。舅妈现在就给你们做血肠去，可香了。"

刚说到这里，杨大娘就在里屋嗔道："刚打完架就给做血肠，这不是奖励嘛。瞧你给他们惯的……"

"这也不是他们的错，那几个孩子总是说我们家感恩。我得找翠花说说去。"静子不高兴地说。

杨大娘走过去，"孩子们嘛，哪里有一起玩不争嘴的，省的别人说我们护犊子。"

静子一脸不悦，"我不管，我就护犊子了，反正谁说咱们家感恩傻就不行……"

静子去了一趟翠花家里，正好孙玉娘也在，她刚开始说的时候，她们还一脸不以为然。她却气得不轻。

"谁说我们家的感恩傻都不行！我告诉你们，你们要是回家还不教育教育你们的那俩马蜂儿子，哪天我就替你们管教管教他们！"

一听到这里，翠花就不高兴了，"呦，我半天都没说话了，你这咋还越说越走样了，思田，不是我翠花瞧不起你，就我家大龙，你管教一个让我看看！你管教一个让我看看，我削不死你。"

"你，你怎么能纵容你儿子欺负别人呢！"静子在杨家店这么多年了，头一回和

189

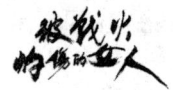

别人发生争执，又是读过书的人，怎么也学不来翠花那说话的嘴脸。

没一会儿两个人针锋相对起来，骂得很凶，翠花更是骂得不堪入耳。隔壁的宋小兰闻声赶来，劝了好一会儿才劝开来，静子看了她们一眼，气得眼泪都快掉下来了。

富贵从杨家出来，又不想回家，走着走着就到了朴成姬家门前。原本刚被吴本正差遣去敲腿累得精疲力竭的朴成姬，一抬头就看到了富贵，高兴极了，甚至都不觉得身上酸痛了。想叫他，又怕被隔壁的吴本正听到，只好压低声音说："富贵，没吃饭呢吧？我这就给你做。"

富贵也瞥了一眼隔壁，十分默契地压低声音说："大妈，我吃过了，我舅妈给我们做的血肠。"

朴成姬的眼神立刻黯淡下来，"又在思田家吃的，你真是白……小馋猫！"她原本想说白眼狼，想想又改了口。然后想想能看到富贵就很开心了，她十分欣喜地从身后的菜篮子里取出一件小背心递给他。

"富贵，你看大妈给你做什么了？"

富贵眼前一亮，"呀！小背心，大妈你上次给我做的袜子我还放在书包里呢，我奶奶她……"

朴成姬说："你这孩子真笨，你不会说是你思田舅妈给你做的嘛！"富贵高兴地点点头，接过背心，塞进书包里。然后央求着朴成姬给他讲故事，可是天已经快要黑了，她只好违心地说："下次吧，不然太晚你奶奶会担心的……"

"大妈，我不想回家，别人都有妈妈，我没有……"

朴成姬看着富贵，难过地要掉眼泪，心里撕扯地疼起来，一把将他拉进怀里。突然，老远就听见杨大龙和小虎冲着他们喊："王富贵！你快跟我们去村口看看，你娘回来了，疯婆子回来了！"

朴成姬感觉到怀里的富贵身子一僵，还没等她反应过来，就已经从她怀里挣脱了，撒腿就往村口的方向跑去。她怔了怔，也放下手里的活儿跟着去了。

"吴敏，你去哪！给我站住！"吴本正在后面怒喊，朴成姬连头都不回。

太阳透过层层云朵散发出最后的光芒，暗红的阳光穿过大槐树的枝叶洒落在村口，大地顿时变得鲜活起来。

韩秀芬搂抱着干瘦的"狗儿子"坐在大槐树下边，两眼急切又充满期待地不住向四周寻视着，似乎在找寻或等待着什么。过去了几年的时间，韩秀芬看上去明显衰老和憔悴了许多，她衣衫褴褛，满头污垢，但神色却显得有些紧张和兴奋，一只手里，还高高地举着一个脏乎乎的气球。

很多村民站在不远处，都充满同情地看着韩秀芬，悄声议论着，就像多年前议论她的失踪一样。现在,他们都在议论着不知道她是怎么活下来的,为什么苍老成了这样。

孙玉娘忍不住感叹:"唉,能不老吗,连个遮风避雨的地方都没有,也不知道疯婆子这几年到底跑到哪去了?你们说她一个疯子活下来多不容易啊!"

"是啊,唉……"翠花跟着叹息。

就在这时,突然从远处跑来几个孩子。韩秀芬一见这几个孩子,立刻站了起来,她的眼神停留在这几个孩子的脸上,逐一端详着,辨认着。

杨大龙指着韩秀芬说:"富贵,那就是你娘,我没骗你吧,你看她是不是个疯婆子?"王富贵怔怔地看着站在大槐树下的韩秀芬,满脸疑惑的表情。韩秀芬怀里的"狗儿子"狂叫着径直跑到了他的面前,不停地摇晃着尾巴。王寡妇和王喜顺也从村子里跑了过来,一同站到了富贵的身边,满脸惊愕地看着韩秀芬,一时之间显得有些不知所措。

韩秀芬的眼神终于定在了富贵的脸上,与他四目相对。随之面部急剧抽搐,眼泪哗啦啦地流出来,泪水流过得地方洗去了她脸上的污垢,使她看上去更加怪异。她端详富贵片刻后,举着手里的气球跌跌撞撞地向他跑去。

富贵有些害怕,下意识地躲在了王寡妇的身后,透过她手臂和身体的空隙,注视着那个陌生的脏女人。韩秀芬看到王寡妇后,紧张地停下来,指指她身后的小富贵又指指自己,说不出话来,表情哀伤地还不断摇晃着手里的气球。

远远站着的朴成姬看着韩秀芬,一时心酸得说不出话来,默默地走回自己的小屋去了。

王寡妇上前一把抱住多年没见的疯媳妇,王喜顺也冲上去抱着韩秀芬。他们都没有说话,但是三个人的脸上都淌满眼泪。这个眼泪有久别重逢的欣喜,有愧疚,也有原谅……富贵怔怔地看着他们,脑海里全是杨大龙的话:"你娘是个疯子!你娘是个疯子!"他突然挣开奶奶的手,看也不想看韩秀芬,一个人发疯般朝村里跑去了。

韩秀芬看着富贵向远处跑了,眼里满是眼泪,手里的气球也落到了地上,被风吹远了。围观的乡亲们,也默默地流出了眼泪。

王喜顺无声地揽着她的肩膀,领着她回家了。一回到院子里,就看见富贵坐在门口,一脸赌气地说:"我娘不是疯婆子,我娘不是疯婆子。"

富贵听见动静,一抬头看到韩秀芬,便往屋里跑去,还大声吼道:"奶奶,谁让你把她领回来的?她不是我妈,我不要这个疯婆子,我不要……"

王喜顺冲过去骂道,"打你个小兔崽子!妈都不认了。"

"她不是我妈……不是!"富贵大声哭喊。

王喜顺冲过去要打他,韩秀芬浑身如电击一般,迅速挡在儿子前面。王寡妇看到这场面惊呆了,富贵却趁机跑了出去,韩秀芬急得团团转,要去追儿子。

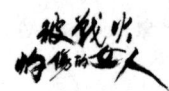

王寡妇拦着她说:"你别管他,他一会知道回来。"转身又对王喜顺说:"还不赶紧去给你媳妇儿烧热水,好好洗个澡。"

富贵流着眼泪,在村的路口站了站犹豫了下,还是朝着朴成姬家的方向走去了。

"大妈,快开门啊,我是富贵!"外面传来富贵的哭喊声。

朴成姬急忙下炕跑去开门,看见富贵满脸泪水,"富贵,你这是咋了?快进来,这天都黑了,你怎么一个人跑出来了?"

富贵扑进她的怀里,"大妈,我不想要那个疯婆子,可奶奶还是把她领回家了。"

"富贵,你听大妈跟你说,那个疯……那个女人名叫韩秀芬,她在你四岁的时候……"朴成姬难过地抱着富贵,试图告诉他韩秀芬是如何疼他。可是富贵却捂住耳朵,不停地摇头大喊:"我不听!我不听,反正我就是不要一个疯婆子来当我的妈,我不想让大龙和小虎他们笑话我。大妈,为什么你不是我妈呢?"

朴成姬的眼泪夺眶而出,紧紧地抱住富贵说:"孩子,我……唉,这都是命呀……"

虽然夜深了,但杨家大院里也并不平静。

杨大娘穿过院子到西屋,瞧静子已经把感恩安置妥当了,就叫她出来下。而静子正对着从柜子里收拾出来的一张照片发呆,直到杨大娘叫了好几声才回过神来,匆匆忙忙把照片塞进了炕席下面,赶紧应答着出去了。

静子为了掩饰刚才的心虚,赶紧找话题:"娘,您听说了吗?秀芬姐回来了。"

"听说了。唉,谁也说不好这几年秀芬在外面吃了多少苦。我听说她回来的时候都没个人样了,不过总算是回来了,也算是了却了你王婶和喜顺的一块心病。要不然一个大活人从家里走丢了,这么多年,他们心里指不定多愧得慌呢。"杨大娘直叹气。

"嗯!娘,我想给秀芬姐找几件衣服,明天一早给她送过去。"静子说。

杨大娘赞许地点点头,然后拉着她的手坐下,说起当年她生感恩的时候,乡民们如何出了力,还抢着给她献血,连孙玉娘和翠花那些妇女都哭得跟泪人似的。

见静子一脸疑惑,杨大娘索性直接说了:"你前两天跟翠花争执的事儿,村里人都在传说你是个白眼狼。我是想说呀,做人一定要记着别人对你的好,不能因为一点小事就跟人家撕破了脸。还有啊,咱家的感恩本来就不是个正常的孩子,我们再怎么护短,也治不好他的病不是吗?"

静子这才明白了杨大娘的意思,点点头。

"娘,我知道了。"

7/ 照片上的日本人

早晨。王寡妇和富贵坐在炕桌前，炕桌上摆放着四副碗筷、一盆菜粥和几个窝头，她给富贵面前的碗里盛了一碗棒子面菜粥。

"富贵，你赶紧吃。吃完了好上学。"

王喜顺拉着刚洗过脸的韩秀芬进来。此时的韩秀芬脸上的污垢已然被洗去，头发也梳理好了。比起昨天来，好看了很多。也年轻了一些。韩秀芬一看到富贵，立刻满脸笑容，顺手抓起一个窝头举到富贵眼前，可是却把富贵吓了一跳。

"我不要，你走开……奶奶，你让她走，我不要这个疯婆子……"富贵哭闹着，还把碗给摔在了地上，王喜顺气不过他这样对韩秀芬，作势要打他，韩秀芬立即挡在儿子面前。她抬头紧张地看了看王寡妇，而后默默地走到富贵撒在饭桌上的粥，用手归拢到饭碗里，毫不在意地大口吃了起来。

富贵一看她这样，更加不肯吃东西了，提着小布包三步两步就跑出门去，任凭王寡妇怎么喊，都不回头。

"饿他一顿也好，自己妈都不认了！"王喜顺气愤地说。

富贵边跑边哭，在外面分岔路口，刚好遇见了送毓敏到村口的静子。

"富贵，你咋了，是不是大龙他们又欺负你了？"静子问他。

富贵摇摇头，抹了抹眼泪说："舅妈你最疼我了，你去和我奶奶说说吧，你让她把那个疯婆子赶走，我不想要那个疯婆子。"

静子一愣，"富贵，你怎么说话呢？别人可以管你妈叫疯婆子，但你不能，你是他儿子……"富贵哪里听得进去，一听静子这么说，更加觉得没啥希望了，转身就往路上跑去，杨毓敏跟在身后追赶而去。静子怔怔地看着他们跑远了，无奈地摇摇头，打算去给韩秀芬送两件衣裳。刚走进王家院子，就看到韩秀芬坐在门槛上，手里捧着富贵画过的图画，似懂非懂地上下左右看着，一副心无旁骛的样子。

王寡妇和王喜顺在院子里商量着，要不要让韩秀芬下地干活。不然家里养着个闲人，日子也不好过。

"王婶儿，我来给秀芬姐送几件儿衣裳。"静子走进院子。

韩秀芬看着她，笑了笑没言语。王寡妇把静子领进屋坐下，"尽让你费心。对了，大妈问你个事，要是让这个疯婆子跟我下地学着干干农活，你说行不行？"

"行啊！秀芬姐只要不受到刺激，越让她接触这些她过去熟悉的事物越好，这样能唤醒她的记忆。对了，王婶，我还给秀芬姐带了一些药，都是感恩用不着的，吃了对秀芬姐有好处。"

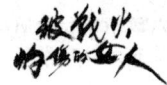

王寡妇一听就乐了，听静子又说："不过您得答应我，不能再疯婆子、疯婆子这么叫秀芬姐了，不然大人小孩都跟着学……"

"嗯嗯！我保证不再那么叫了。"王寡妇想想也是。

"那我还是接着过来给秀芬姐扎针好了。"静子说。

扎了几天针后，韩秀芬的情况似乎真的好转了。静子说她现在至少懂得回答别人的问题，说明已经开始有了自己的思维，再过不久就会好很多的。可是刚说完她好些了，她就把人家宋小兰和杨亮家的稻子当成草给割了，背了一箩筐高高兴兴地往家里走。刚回来，债主就找上门了。

王寡妇对着她劈头盖脸地骂："你这个疯婆子，你净给我惹事，我打死你，你给我滚！"

韩秀芬边躲边哀嚎，抱着头跪在地上瑟瑟发抖，"别……别……"

王寡妇偷看了一眼宋小兰和杨亮，见他们没反应，就继续抽打韩秀芬："你说怎么办吧？你赔得起人家吗？"

杨亮没好气地瞪了她一眼，不悦地说："我说王寡妇，你是打她呢，还是吓唬我们呢？你要是把她打死了是不是还得我们替她抵罪去呀？"

宋小兰脸上挂不住了，上前制止："算了，算了，这次我就不和你们计较了，不过以后你们可要把这疯婆子看紧一点，咱庄稼人种点粮食不容易。"

王寡妇立即又是道歉又是赔笑脸的，杨大龙和几个孩子在门口冲着王家院子大喊："王富贵，你妈偷人家稻子喽……"

富贵羞愧难当，回骂过去，王寡妇立刻关上院门，杨大龙等人一哄而散，口中还在大声喊着、笑着。富贵见人走了，冲上去瞪着韩秀芬："你怎么连草和稻子都分不清，你是头猪啊？"

"兔崽子！她可是你妈！"王寡妇上前就给了富贵一巴掌，富贵哭喊着不要这样的疯子妈，她又追上去打，韩秀芬又心疼地赶紧将他揽在身后，"打我，打我！"

王寡妇看着疯媳妇，她缓缓放下自己高举着的手臂，一行热泪夺眶而出，口中喃喃自语："造的什么孽啊！"

富贵趁机又跑了出去："我不要这样的妈，我不要……"韩秀芬赶紧从地上爬起来，跑出去追儿子，她跑着跑着，脑袋针扎似的疼起来。她发了疯不分方向地乱走："我的儿子，我的儿子啊！"

沿途，她一边大声呼喊一边四处翻找着，把路边村民堆放的稻草堆、柴火堆以及一切可能藏得住人的地方都翻了个底朝天，搞得一路鸡飞狗跳，一片狼藉。

村民们看着又在议论："这疯婆子怎么又在找儿子了，又犯病了吧。"

第六章 | chapter VI
真正的中国人

有些妇女想起当年的情况，立刻关了家门，不许孩子到外面去。

她走着走着，就到了杨家院子，她从外面推开门，见没人就冲进了屋子，然后在里面翻找着。

"富贵……富贵，我的儿子……"

她把被褥都抱起来扔在地上，又顺势把炕上的炕席翻了起来，静子藏在炕席下面的照片随着炕席的起伏，飞舞到了韩秀芬的面前。她疑惑地拿起照片颠来倒去的地端详着，片刻，她的神色变得异常惊恐。照片上，静子和松田三郎紧密地靠在一起。松田的那张脸在韩秀芬的瞳孔中迅速放大，变得异常狰狞。

她的脑海里不断浮现出一些画面，松田三郎放毒气毒杀杨家店的村民，她才满一个月的儿子被他高高举起扔在地上，停止了哭声……这一切在她脑海不停地重复，不停地重复。

"啊啊啊！"她又看了一眼照片，突然凄厉地大叫一声，拿着照片冲出了房间，正好和领着毓敏进门的静子撞个满怀，韩秀芬看到自己面前的女人后，又看看照片上的女人，顿时吓得全身发抖说不出话来。

静子看到她手里拿着的照片，就明白了，一时之间显得有些不知所措。这时，韩秀芬突然尖叫一声，往她身上扑来，凄厉地尖叫起来："还我儿子！你还我儿子！"

无论静子怎么解释，她都不理会，一个劲地踢打她，眼泪掉得像断线的珠子。静子想抓住她的双手，试图让她冷静下来，可是她手里的照片却突然飘了下去，也不知道落到了何处。感恩在一旁，吓得哇哇大哭。

"秀芬姐，你住手！"静子忍无可忍，一把将她推开。韩秀芬向后踉跄几步，突然看到了一旁站着的感恩，便向他扑过去。

"我的儿子，这是我的儿子啊！"韩秀芬抱着感恩大哭起来。

这时村民们都闻声赶来了，王寡妇看着这么多村民在场，气得脸都绿了，对韩秀芬一顿打骂。可是她却怎么也不肯松开感恩的手。

"王婶，你先让秀芬姐把感恩抱回去，等她情绪稳定下来兴许就撒手了。感恩不怕啊，让大妈抱一会儿……"

村民们见状，都是一脸的同情和无奈，对于刚才韩秀芬闹得鸡飞狗跳的事，也不好计较了。闹了好久，天都黑了，众人看着王寡妇领着韩秀芬回去了，也都各自回家去了。

晚上，静子坐在炕上，还没从刚才的争执里回过神来，杨长水端了一盆水来给她洗脚。不解地说："难道韩秀芬知道你是日本人了？"

静子点点头，"应该是的，我看到她手里……"说到这里，她突然想起什么，喃喃地说："坏了坏了……"同时她赶紧穿了鞋子往外走去，杨长水问她怎么回事，她

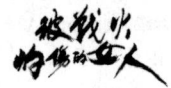

只说要去找个东西。

静子借着月光在院门前仔细地寻找，外面一片漆黑，静子又回去点了一柄煤油灯，在之前和韩秀芬争执的地方仔细查看。

"思田，这么晚了，你在找什么呢？"杨大娘从外面回来了。

她刚想回答，却看到她身后还跟着王寡妇母子，只好转移话题，"没找什么……你们还没找到富贵吗？"

"没有，这孩子也不知道跑到哪去了，我们都快把村子都给找遍了……"王寡妇说到这里，焦急得快掉眼泪了。

"我去再帮你们找找。"

静子说完，把煤油灯递给杨大娘，一个人匆匆走进了黑暗里，她似乎能够猜到富贵在哪里。

果然，小破屋的炕上，朴成姬正在给富贵讲故事，富贵窝在她怀里，一脸幸福的模样。

"今天太晚了，你赶紧回去吧，不然的话奶奶要担心你了。"

哪知富贵紧紧地抱着她说："我不想回去，我想和大妈一起住。"

朴成姬感动得眼泪一直掉，她抚摸着富贵的头，一脸慈爱。静子刚好进来看到这一幕，顿时觉得心酸无比，但是无奈，还是得把富贵带回王寡妇那里。

韩秀芬自从回去后，就被王寡妇捆起来关在院子里，她一直挣扎嘶喊地看着院门，也没人来放她出去。突然，她看到有一只手从院门外伸了进来，丢下一张照片就走了。她用力地挪到了门口，看到那个照片后，整个人都像疯了一样，大喊大叫，满眼都是怒火。

"我的儿子！我的儿子！坏人……"韩秀芬不断地呐喊着，直到院门从外面被推开，王寡妇母子一脸倦容地走进来，跟在后面的富贵则是一脸的不悦。

王喜顺一见疯媳妇倒在地上挣扎，急忙跑上前来，替她解开了绳子。

"你这疯劲怎么还没过去？吃多了是不是？再折腾我打死你，你知不知道你今天闯了多大的娄子？"

韩秀芬不理会他，只是继续扭动着身体，眼睛盯着地上的照片，口中喃喃地说："眼镜……日本人……"

他们都没理会她在说什么，只当她还在发疯，给她解开绳子。韩秀芬连滚带爬地到院门前捡起地上的照片。王喜顺疑惑地跟了过去，看到她手里的照片，一头雾水："娘，我们家怎么会有照片呢？"

王寡妇拉着富贵走进屋子，不以为然地说："什么照片不照片的，管他呢，咸吃萝卜淡操心。"

王喜顺借着月光仔细地看着照片，神情变得错愕。

"妈，您看看这照片上怎么有个日本人……"

8/ 衣冠禽兽的前夫

富贵走了，朴成姬又失魂落魄地躺在炕上。突然，她听到了吴本正回来的声音，赶紧机警地披了衣服站在门口。

"你，你不是腰疼吗？"

吴本正阴险地一笑，邪恶地说："臭女人，你以为老子腰疼起不来炕就不知道你都干了些什么？刘思田刚领着王家的那个小崽子从你这走的对不对？"

"思田，思田是来……"朴成姬支支吾吾。

吴本正瞪了她一眼说："你别一口一个思田的，我告诉你吧，这个刘思田马上就得从老杨家滚蛋，这回呀，我非得让老杨家那群王八蛋，全都吃不了兜着走！"

朴成姬惶然地看着他："你，你又干什么坏事了？"

吴本正冲上去给她一耳光骂道："呸，你个臭女人，敢说我干坏事？他们老杨家杀了我的儿子，共产党又分了我的土地，我跟他们不共戴天！"

这时已经知道事情真相的王寡妇，正好着了吴本正的道，怒气冲冲地往杨家去了。王寡妇出门前还跟王喜顺说："怪不得疯子受了这么大刺激，原来这个刘思田是眼镜松田的老婆，早知道让疯子打死她算了。真是人面兽心啊！"

王寡妇快走到杨家门口的时候，想了想，觉得这么着太便宜那个日本女人了。又返身往回走，然后在村里一家一家地敲门，结集了杨家店全村的人。村民们一听说这事，连睡意都没了，杨家店屠村的情形他们都记忆犹新，想着不管静子是不是松田眼镜的前老婆，只要有点关联都能引起他们的愤怒。

村民们都举着火把，一时间村路上火光冲天，人头攒动，队伍看起来庞大且散发出一种无法言语的怒气。

"刘思田是眼镜松田的老婆，就是刽子手的老婆！"

"我说她怎么叫刘思田呢，原来是在思念眼镜松田！"

"眼镜松田就是杨家店惨案的刽子手，他毒杀了多少杨家店的父老乡亲，我恨不得抽了他的筋，扒了他的皮！血债血偿，让他老婆也尝尝当年的滋味！"

"韩秀芬的一家就是让眼镜松田杀的，杨老槐、杨二蔫、大妞这些人也都是他杀的。"

"乡亲们！我们找这个刽子手的老婆算账去！"王寡妇呐喊。

很快，举着火把的人群几乎包围了杨家院子，火光下映照着一张张因气愤而变得

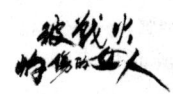

异常扭曲和狰狞的脸。

"杨大娘你给我出来!"杨树魁冲院子里喊道。

杨家人听到动静赶紧从院子里走出来,一边走一边还在穿着衣服。看着这么多乡亲们,还都带着怒不可遏的神情,杨大娘心里开始忐忑不安起来。

"乡亲们,出了什么事?大半夜的你们这是……"

杨树魁不说话,径自把照片递给了杨大娘,一旁的静子一看照片就明白了,可是她一脸无辜地说:"乡亲们,这张照片是我的,这是我来中国之前和我前夫松田三郎的照片,大家不是都知道嘛,我原来是个日本人……"

听到这话的杨大娘猛地抬头,震惊地看着静子一字一顿地说:"你说的前夫松田就是照片上这个戴眼镜的人吗?"

同时,杨家兄妹也震惊地看着静子。她看着他们不明所以地点点头,哪知杨大娘突然一声大吼:"你给我滚,你给我滚!"

乡亲们也齐声喊:"滚出杨家店!"

静子无比诧异,简直不敢相信:"娘,你这……"

杨大娘狠狠瞪了她一眼,"别叫我娘,我没有你这个儿媳妇。就是照片上你身边的这个人,就是你的日本前夫——眼镜松田,他为了制造毒气弹,抓走了我们杨家店的多少人进行活体实验?就是他用毒气弹一次就炸死了杨家店100多个无辜的老百姓,就是他杀死了韩秀芬全家,就是他,杀死了我的丈夫……"

杨大娘一直在歇斯底里地大喊,直到嗓子哑得说不出话来。她气愤地把照片摔在静子的脸上,并朝着静子狠狠地吐了口口水:"呸,你给我滚!"

静子震惊了,她看看地上的照片,又看看杨大娘和面前悲愤的百姓,双膝一软跪在了地上痛哭流涕,怎么会这样?怎么会是这样啊!她之前从他们这里听到过关于日军100部队的事,却没有想到竟然是这样。老天,为什么要如此捉弄她,难道这就是命运吗?静子难过地流出了眼泪。

乡亲们不理会她的心酸难过,只是一个劲地喊:"滚出杨家店,滚!"

"娘……"静子试图叫杨大娘,可是看到她一脸仇恨的表情后,也不知道说什么,再看看乡亲们,都是一副恨不得将她大卸八块的样子。她坐在地上,火把的光在她脸上闪烁,不断地想起这些年,她在杨家店的生活。尽管经历了很多,可还是咬咬牙走了下来,而这一次,是真的再也没办法待下去了吧。

最终,静子摇摇晃晃地站了起来,她浑浑噩噩、目光呆滞地向前走去。乡亲们虽然给她让出了一条路,但怒骂声却此起彼伏,更有愤怒的乡亲向着静子吐口水,还有人捡起地上的土块砸她。但静子对此已经全然没有反应,她只是机械地一步步向前挪

第六章 | chapter VI
真正的中国人

动着，一副心死的模样。

作为丈夫的杨长水实在看不下去了，他突然跪倒在杨大娘的面前，哭喊着："娘……"

杨大娘痛苦地看着静子离去的身影，对儿子说："你不用叫我，她既然是你的媳妇，你要愿意，就和她一起去吧。"

杨长水一时不知如何是好，心里更是难过得说不出话来。一旁的杨长燕明白了杨大娘的意思，便对他说："小哥，你还不赶紧去！"

静子走远后，突然疯狂地跑起来，冰凉的夜风在她耳边呼啸，眼泪像是要结冰似的在脸上刺痛。她一直跑到了水库边上，看着月光下波光粼粼的水面，心里无比凄凉。她不敢相信，当年她怀着他的孩子来到中国，为了找他，远渡重洋，背叛了她的父母和家人；为了找他，她身陷开拓团，九死一生，最终被自己的国家所遗弃；为了找他，她饱受了战争的摧残和磨难，见证了太多的残酷和死亡；为了找他，她至今在这远离故土的异国他乡，替那些战争贩子赎罪……

她看着夜空突然高声大喊："而你呢？你却是一个刽子手，一个双手沾满中国人民鲜血的杀人工具，一个不折不扣的强盗！我告诉你！你的孩子死了，你知道为什么吗？是因为你，因为你在中国犯下了这么多的罪恶，因为你屠杀了这么多的无辜百姓，因为你发明的毒气弹，让我的另一个儿子变成了傻子，你是一个恶魔、畜生、王八蛋、日本鬼子……"

静子愤怒地撕碎了手中的照片，而后把照片的碎屑抛在半空。她默默注视着照片的碎屑落入水中，继而被墨色的水浪吞噬消失，如释重负般地吐出一口恶气。

静子闭上双眼，眼泪忍不住地从脸上滑落，她慢慢向水塘走去……

"思田，思田……"突然有人从背后拉了她一下。

回头一看，竟然是朴成姬，静子二话不说就扑进了她的怀里。也许因为她们同病相怜，只有朴成姬能够明白她的感受，能够知道她心里有多痛。

"吴敏，你知道吗？我曾经苦苦寻找的丈夫松田三郎竟然就是乡亲们恨之入骨的眼镜松田，他是个无恶不作的刽子手！"

听到松田三郎这个名字后，朴成姬身子一僵，口中不知不觉重复这个名字："松田三郎……"

静子抬头看她："怎么，你也认识他？"

朴成姬赶紧摇头。就在这时，突然从远处传来了杨长水的呼喊声。静子借着月光看到了正向她跑来的男人。她松开朴成姬的手，拔腿向他跑去，没想到他会来找她，心里除了感动，更多是对他的感激。

水库边上风不断地刮着，杨长水搂着静子，把外衣披在她肩上。

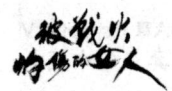

"思田,今晚的事,不能怪乡亲们和我娘,他们……"

杨长水试图来宽慰静子,可是却被她打断了话头:"你别说了。我做梦也想不到松田竟然恶贯满盈,在你们这里犯下了这么多天理难容的罪恶,我恨他,我诅咒他……长水,我想不明白,我真的想不明白,松田他当初不过就是一个大学刚刚毕业的研究员,他给我写信还说他在中国只是进行环境改良方面的研究,可他怎么会……他欺骗了我,他欺骗了我,他是个衣冠禽兽!"

"你不知道,当时小鬼子的驻满洲100部队本身就是一个魔窟,他们专门生产毒气弹,在中国的老百姓中传播瘟疫、流行病,让中国人失去抵抗能力。他们还打着招劳工的名义,把中国人骗去给他们做活人人体实验……"

静子突然想到之前在开拓团时。团长喝醉酒后告诉她,她的丈夫是在研发伤寒针,而不是阻止伤寒扩散。她还想到了那个叫小菊的妇女,她的丈夫因为她的伤寒针而一命呜呼。想到这里,静子的心剧烈地疼痛起来,那时候她竟然还不相信她的丈夫是个杀人不眨眼的魔头。她闭上眼痛苦地撕扯着自己的头发。

"罪孽啊……罪孽啊……"

杨长水立即心疼地握紧她的双手,可是她还是喊着:"我有罪啊,所有来到中国土地上的日本人都有罪!"

杨长水不知道该说什么来劝解她,只有心疼地把她搂在怀里,轻轻抚摸着她的头发,希望能给她一丝安慰。没过一会儿,杨长燕也跑过了来,给他们送了两件衣裳,还带了贴饼子,并告诉他们说这是娘让送的。静子终于明白原来杨大娘并没有想要抛弃她。此刻的她,心里充满了对杨大娘的感激,对中国人民的愧疚,这两种感情不停地交织糅合,冲击着她的内心,让她决定一定要好好地活下去,只有活下去,才能替日本人赎罪。她和杨长水商量了一下,决定先在水库边上的小窝棚里住下。

可是谁都没有注意到不远处,吴本正贼头贼脑地窥视着静子的一举一动,得意地笑了起来,在夜空里显得格外诡异。

"……你放心吧,妈说了,地球是圆的。不管咱们分散在世界的哪个角落,只要互相想念,总有一天会再见的……"

第七章 | chapter Ⅶ
久别重逢，岁月静好

1/ 有家难归

朴成姬在炕上躺着，想起了关于松田三郎的事，那些画面鲜活地在她脑海里放映。山本一郎把她送给了松田三郎，他大骂她是高丽狗，还扬言迟早会灭了她的国家……想到这里，朴成姬的脸色，突然闪过一丝难以形容的愤怒。

这时，吴本正在外面急切地敲门。

"我今天身体不舒服，求你……"

"谁问你身子舒服不舒服了？你以为我找你就是那点破事？我告诉你，老子今天可算是逮住老杨家的把柄了，我也要让他们尝尝家破人亡，妻离子散的滋味！"吴本正凶狠地说。

朴成姬无奈之下，只得给他开了门，他继续说："所以，你给我好好监视着那个刘思田，只要她一回杨家……"

"我就跟你报告。"朴成姬打断他的话。

吴本正先是诧异地看了朴成姬一眼，而后又嬉皮笑脸伸手摸了摸她的脸，淫笑地说："终于跟我一条心了？"

天还没亮，静子突然从梦里惊醒，口中念叨着感恩的名字。出来这么久了，也不知道感恩怎么样了，她决定趁着天还没完全亮，回家一趟。

杨长水发现静子正在穿衣起床，也猜到她想要回去看儿子，迷迷糊糊地说："我劝你还是别去了，娘的脾气你还不知道，她肯定不让你进门。"

"不让我进我也要去。我刚才做了一宿的梦，满脑子都是小感恩，哪怕我回去能看儿子一眼也行！"静子坚持一定要回去一趟，她实在放心不下感恩啊。

静子穿好衣服就出了窝棚，没有看到不远处的朴成姬正窥视着她……

天很快就亮了，水库的水面上已有了些霞光。

　　杨长水正在晒着渔网,感觉身后有一双眼睛盯着他,他一回头发现是朴成姬。朴成姬假装关心地问静子在哪里,杨长水回答道:"吴敏妹子,你咋这么早呢?思田她……"

　　朴成姬娇笑着:"你不愿意说也没关系的,我就是过来看看你们。"一边说一边拿起放在一边的衣服给杨长水披上,声音娇媚而温柔:"长水哥,早上天凉,还是把衣服穿上吧。"杨长水哪见过这阵仗,脸刷的一下就红了,更加手无足措起来。

　　静子在杨家院门外站了很久,一直苦苦哀求杨大娘让她进去看一眼感恩,杨大娘不但不给她开门,还一直让她走。

　　就在这时,静子觉得背后有一股凉意袭来,她下意识地回了下头,看到韩秀芬居然提着一把刀,瞪着双眼向她跑来。静子吓得只好又往水库的方向跑去。韩秀芬见她跑了,便把手里的刀狠狠地抡起来,狠狠地砍着静子带来的两条鱼,一边剁还一边大叫"砍死你!砍死你!"。里面的杨大娘吓了一跳,同时也长长地叹了一口气,不是她不让静子进去,她是不敢啊。

　　静子回到水库,丧气地坐在窝棚里,杨长水一直在一旁安慰她。

　　"要不我明儿再打两条鱼,你拿着再去试试,就说给感恩炖汤喝。我娘心软,你又不是不知道。"

　　静子听了他的话,这才没那么忧心了。

　　"对了,吴敏来找你了,那会……"杨长水面色有些不正常。

　　"我知道了,她肯定是不放心我……"静子说。

　　"她……那我先去打鱼了。"杨长水欲言又止。

　　这边,朴成姬已经回去把静子今儿回杨家的事报告给吴本正了。他一脸奸笑,一拍大腿笑道:"好啊,她们老杨家竟然敢置乡亲们的面子于不顾,说一套做一套。那我就要让村子里的人自己去看看,他们老杨家到底是什么东西!"

　　朴成姬听着他的话,表情矛盾且复杂。在杨家店这些日子里,一直都是静子在照顾她,她并不是忘恩负义的人。可是一想起松田三郎曾经对她的侮辱,她的心又往报复的那边开始偏移。

　　水库边上的日子非常的静谧,除了见不到感恩让静子觉得心焦,其他时候并没有什么人来打扰,静子夫妻也就安静在这住了下来。

　　可是好景不长。一天,打渔回来的杨长水发现静子洗的衣服被人抹上了大便。不光如此,就连粥里也被人扬上了炉灰。

　　静子一看就知道是被人整了,难过得要哭,突然不知道从哪里传来一阵怪笑。静

第七章 | chapter Ⅵ
久别重逢，岁月静好

子夫妻冲到小窝棚外，发现韩秀芬躲在一棵树后正在"喋喋"怪笑。见他们来了，立即拔腿就跑。杨长水抄起一根木棍就追了过去。

"长水算了，她有病。"静子喊道。

"你别管，疯子怎么了？你今天要是不教教训她，以后她就得寸进尺了，我们这日子还怎么过呀？"长水说完继续追。

"你打她一顿我们的日子就能过好了？"

听到这里杨长水一愣，看着静子已经快要哭出来，立刻放下木棍跑回来安慰她。

"长水……"静子扑进丈夫的怀里，说不出的难过心酸。

清晨，雾还未散去，村路上一片寂静。静子提着两条鱼警惕地往家里走去。

一堵矮墙后，吴本正和杨亮正躲在后面窥视着她，吴本正故意低声地说："亮子兄弟，你看见了吧，这可不是我瞎说的。老杨家说话就是口不对心，明着是把这日本娘们给赶走了，暗地里这不是又回来了嘛！"

"太不像话了！老杨家这不是拿乡亲们当傻子耍着玩嘛，你等着，我去村里叫乡亲们来评评这个理。"杨亮气恼地说。

说到这里，吴本正从身后拿出事先准备好的两瓶烧白酒递给他："我这腰疼也不犯了，你拿去喝吧。"杨亮看了吴本正一眼，毫不客气地收下了酒。

静子在门口敲了很久，里面依旧没有人回应。她担心地往路上看了看，还好现在还没有村民往来。突然院子里传来杨大娘扬起声音说："感恩啊，奶奶去集市上买点东西，一会就回来。"

很快，杨大娘便从里面开了门栓出来，装作没看到静子，一个人往集市的方向走去。静子看着她的背影心头一热，赶紧溜进了屋子，抱起还没睡醒的感恩又是亲又是摸。感恩睁开睡眼惺忪的小眼睛，"妈妈，你去哪了，你是不是不要我了？""儿子，妈妈想你还来不及呢，怎么能不要你呢？妈妈出去办点事，过几天就回来了哈，你要乖乖听奶奶的话。"见感恩没事，静子悬着几天的心终于落了下来。

杨大娘走了一小段路后，停下来坐在一棵树下休息。

有村民经过，与她招呼："杨大娘，您怎么大早晨起来在这坐着？"

杨大娘笑了笑说："岁数大了，走几步就喘，我在这歇歇脚。"正说着，她突然睁大眼睛，蹭地一声站起来。不远处，杨亮带领着一帮乡亲们沿着村路向着杨家浩浩荡荡地走去，杨亮独有的聒噪声也隐隐地传了过来："老杨家就是拿着咱们这帮人当傻子，那个日本娘们就藏在他们家里！"

杨大娘连忙借着大树的掩护，慌乱地向着家里跑去。此时的静子正坐在院子里抱

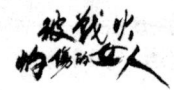

着感恩，跟他说着话。杨大娘推门进来："思田，你赶紧走！"

静子急忙说："娘，你让我再跟感恩待一会儿……"

杨大娘不由分说地将她推出了院门，边说边给她使眼色："再不走，就来不及了！走得远远的！"

静子惊诧地看了看紧紧关闭的院门，心有不甘地转身沿着小路慢慢走去。突然，身后隐隐传来阵阵的喧嚣声。静子回头一看，只见远处的村路上，杨亮正带领着一帮乡亲们吵吵闹闹地向着杨大娘家走来。她顿时明白了杨大娘的用意，她急忙隐身于树后，向着水库的方向跑去。

水库边的窝棚里，韩秀芬看里面没人，就偷偷地溜了进去。报复地拿起木棍在小窝棚的里里外外一顿胡乱搅和。窝棚里的衣服、被褥都被她扔到了地上。她似乎还不解恨，站在窝棚前四下寻找着，一眼看到了正煮着一锅开水的火炉。气恼地上前一棍子打翻了火炉，炉中的煤火四处滚动，韩秀芬看到火吓得赶紧跑了出去。

煤火首先点燃了地上的被褥和衣服，接着就引燃了搭建窝棚的木料。躲在暗处的朴成姬立即跑过来帮忙。但当她抓起一把扫帚就要灭火时，脑海里却突然闪过松田三郎的话："你们这帮高丽狗……你给我爬过来，爬过来！"她奋力地将扫帚扔在了地上，跑了出去。

小窝棚转瞬就燃烧起来，大火借着风势向着一侧的草丛和树林蔓延。树林外不远处，就是杨家店一望无际的麦田，金灿灿的麦穗正迎着风点头，似乎在等待着人们的收割……

看望儿子归来的静子，在很远的地方就看到了窝棚的火光，一阵惊呼地奔过去。可是看到高涨的火势，又向外跑去，对着村子的方向大喊："来人呐！着火了，着火了，大家快来救庄稼啊！"

而此时，以独臂大爷、杨书礼、王寡妇、王喜顺、翠花、孙玉娘等一帮人带头的乡亲们几乎都僵持在杨家大院里。杨亮非常不屑地看着杨大娘，勒令她把静子交出来："杨老太太，你人前一面人后一面，你拿我们大伙都当傻子呢？"杨老太太一边给感恩擦脸，一边抬头看着杨亮："亮子，你敢这么跟我说话也不怕你长山哥回来抽你？"杨亮一愣："我怕什么？你不说你私自包庇我们杨家店的仇人，置我们大家的感情于不顾，你对得起杨家店的老少爷们吗？"杨大娘放下手里的感恩，站了起来："亮子，你说我包庇可得有证据，我怎么对不起杨家店的老少爷们了？"杨亮眼看说不过杨大娘，他朝着站在后面的独臂大爷递了眼色，示意他赶紧说话，"大妹子，别说那么多了，你是当着大伙的面赶走的那个日本娘们，我就不信你会背着大伙又把她给藏在你们老杨家。你就给句痛快话，那个日本娘们是不是在你家里吧？"杨亮一看独臂大爷的语气，就怕事儿被压下去了，赶紧着说："叔，你别跟她那么多废话，我是眼看着那个日本娘们走进来的，你不信我进去一搜就把她给搜出来。"杨大娘瞪起了眼睛："亮子，你要是搜不出来怎么办？"

第七章 | chapter VII
久别重逢，岁月静好

正当杨亮支支吾吾的时候，突然有人来报说麦田着火了。

"啊！这好好的怎么会着火啊？"

"我的妈呀，麦田着火了，我一年可白干了。"

"这麦地要是烧掉了，可就完了……"

"还说什么啊！赶紧去救火啊！"杨树魁着急地大喊。

众人一听都赶紧回家取灭火工具，往麦地方向跑去了。远远就能看到熊熊大火，小窝棚在大火的吞噬下已经面目全非，火势顺着草丛和树木向着麦田的方向迅速蔓延。

静子孤身一人迎着火势，在下风口的草丛中手脚并用，奋力地挖着防火沟，她满脸黢黑，衣服、头发都已被大火烧焦，但她似乎已经忘记了这一切，防火沟在她的手下越挖越宽，大火在她的脚下嘎然止步。

但毕竟是肉做的身体，这样大的劳动量早已经使静子支撑不住了，她的身体摇摇欲坠。"思田，思田啊！"杨长水率先赶了过来，抱起马上就要跌倒的静子。

静子看到了杨长水和众多的相亲，她觉得安心了，麦田有保了，瘫倒在了杨长水的怀里，晕了过去。她的身体俨然是一处分水岭，在她身体的两侧，一侧是被大火烧黑了的土地，另一侧草木仍旧摇曳。草木的后方，就是那一望无际的金黄色的麦田。

赶过来的乡亲们扛着耙子和水桶，默默地看着眼前的景象，无一不为之动容。杨书礼激动地率先开口："你们看看！你们看看，要不是思田一个人拼命地挡住了火势，咱们杨家店的麦田就要毁于一炬了。"

"是啊……多亏了思田。"翠花说，"刚才多危险啊！"

乡亲们看了这场景，一时不知道说什么好，看着一脸悲痛的杨长水，忍不住跟着心酸起来。

杨树魁看了一眼乡亲们的表情，知道该怎么做了。

"这窝棚没了，大娘，你就把他们接回家住去吧。"

"现在要赶紧送她回去休息！"孙玉娘说。

乡亲们纷纷附和着要送静子回家休息。人群的后面，吴本正推了下站在他旁边的杨亮，杨亮立刻会意到了吴本正的意思，他大声说这场火可能就是静子故意放的，主要是为了博取乡亲们的同情心。众人一听又开始议论纷纷，突然一脸脏乱的韩秀芬站出来，低着头说："是我点的，我点的，我把他们家锅炉打翻了……"

吴本正一看到韩秀芬，气得脸色发青，怎么也没想到竟然偷鸡不成反蚀一把米。

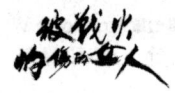

2 / "疯妈妈"的心思

傍晚,大雨未歇,整个村子都被阴霾覆盖。

王寡妇打算去接富贵放学,韩秀芬一听就来劲了,抢着说要去接她儿子放学。

王喜顺说:"娘,你就让她去吧。平时疯疯癫癫,一说接儿子,那条道她比我还熟悉呢!"王寡妇只好妥协,把伞给了疯媳妇。

大雨中,韩秀芬打着一把伞拿着一把伞艰难地在泥泞的乡村小路上前行,不时滑到,浑身上下满是泥泞。一声雷鸣,她吓得跌倒在一个水坑里,很快又爬了起来,继续向前走去……

由于雨势太大,老师规定只有家长来接才能走。等韩秀芬到了教室外时,已经是浑身脏乱不堪,富贵的同学们一阵哄笑。富贵幽怨地瞪了一眼窗外的女人,示意她赶紧走开。

韩秀芬还是傻傻地站在外面冲着富贵微笑:"富贵……伞。"

同学们又是一阵哄笑。富贵无地自容地低下了头。杨小虎故意跑到他面前,模仿刚才韩秀芬的动作和语言,富贵二话不说举起书包向他砸去,然后两人很快就在走廊上扭打成一团。韩秀芬一看,不顾一切地冲上前,抓起压在富贵身上的杨小虎,一把把他扔到了对面的水坑里。

赶来接孩子的杨书财和宋小兰一见儿子被疯子扔到了水坑里,立刻怒不可遏地冲向韩秀芬,二人怒骂着对她一阵拳打脚踢。杨毓敏在一旁大哭大喊,却没有一个人理会她。看着韩秀芬被打得不能动弹,一直旁观的富贵再也看不下去了。他冲上去奋力地拉住宋小兰和杨书财,口中大喊:"你们不许打我妈,不许打!"

宋小兰看到富贵,想到这娘俩苦命的身世,有气也变成没气了。她看着滚在泥地里的娘俩,什么话也没说,默默地带着杨小虎往家走去。韩秀芬从泥泞里爬出来,全身都是酸疼,却笑得很开心,她爬到富贵面前抓住他的手。

"富贵,刚才你叫我什么?"杨毓敏笑着跟她说:"他叫你妈了。他叫你妈了。"

韩秀芬喜不自胜地一把抱住富贵。但富贵却挣脱了她的怀抱,一个人冒着大雨跑回家去了。

一回到家,王富贵就跟王寡妇大吵,"以后不要叫那个疯子去接我了,我没有妈,我不要妈!"

韩秀芬一身湿漉漉地从门外进来,怯生生地看了一眼富贵,然后就默默地坐在了一边。富贵气哼哼地看了她一眼,满脸都是厌恶之情。

第七章 | chapter Ⅶ
久别重逢，岁月静好

杨毓敏回到家里就把宋小兰打了韩秀芬的事跟静子说了。

"唉，燕子，明天你要回县城的吧？要不你帮忙打听打听哪有医院可以治秀芬姐的病，这样一直下去也不行啊。"静子说。

"嗯，没问题。"杨长燕说。

静子说着话，突然看到了晾衣绳上挂着的衣服，"这长水，刚下过雨也不多穿件衣裳就去打鱼。"说完，取了衣服出了门。

雨过天晴，库水碧波荡漾。一条渔船被缆绳紧紧地系在水库边上。杨长水扛着渔网走到渔船前，他把渔网扔到渔船上，然后蹲下身子去解木桩上的缆绳。

朴成姬出现在了他身后，摆出一副娇媚的模样，娇声说："呦，长水哥，打鱼啊？"

杨长水一看来人，不知道为什么，紧张得不得了，心里直打哆嗦，他赶紧站了起来。

"是，是啊，吴敏妹妹，你，你怎么来了？"

朴成姬故意走上前走到他身边："你紧张什么呀，我只是想跟你上船去玩玩。"

杨长水连连拒绝，搪塞地说："我这船，不能载女人。"

朴成姬笑得如三月里的桃花，一直追问原因，杨长水下意识地后退两步，脚下一滑，她伸手去拉他，不料脚也一滑，顺势就倒在了杨长水的怀里。他立即大窘，张着双手推也不是躲也不是，一时之间竟然手足无措。不远处，静子拿着衣服走来，恰好看到了这一幕。她下意识地躲在了大树后面，看了一会儿，她又拿着衣服回去了。

黄昏时，静子正在给感恩念诗，听见院子里杨长水在说话。

"今天真是遇见鬼了。"

静子一愣走了出来，"这大白天的，哪来的什么鬼呀？你是不是眼睛花了？"

杨长水没好气地说："什么呀，我是说你那个好姐妹儿吴敏！哎，她以前到底是干什么的呀？怎么浑身透着一股骚气。"

静子嗔道："你胡说什么呀？人家怎么你了？"

"怎么倒没怎么我，就是赖皮赖脸地非要上我的船，难道她不懂吗？这船女人是不能上的，一上准翻。她还……算了，说也说不清楚，我不跟你说了。"杨长水越说越气愤。

静子忍不住窃笑，继而又联想到了上次她告诉朴成姬关于松田三郎的事，她当时脸色就不大对，莫非她有什么秘密……

由于上次韩秀芬和孩子打架的事发生后，宋小兰和翠花那些家长都会在放学时来接自家孩子回家，他们都怕有那样的事情再发生。

放学铃声响了之后，孩子们都抢着往教室外面跑，眼尖的杨毓敏一眼就看到了韩秀芬。

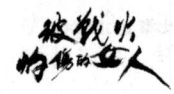

"富贵，你妈又来接你了。"

可是富贵一见到韩秀芬，立刻皱起了眉头，他甩开同学们，一个人大步向前走去。

韩秀芬满眼渴望地注视着富贵，当看到儿子冷冷地从自己身边走过时，她眼神中的渴望变成了焦躁，片刻之后，又像是想起了什么。只见她突然疯狂地从翠花手中一把抢过杨大龙，在所有人都还没反应过来的时候，奋力地把杨大龙推倒在一个水坑里。

翠花和所有的家长都惊愕地看着韩秀芬，而肇事者则面对翠花和一群惊愕的家长们大声喊叫："打我，一起来打我，来呀来呀！一起来打我呀！"

大人们面面相觑，不知道这疯子又发什么疯。一旁的静子赶紧跑过来，把一直哭着的杨大龙从水坑里拉了起来。

翠花到此时才反应过来，她叫嚣着冲过去："你这个疯婆子，看我今天不削死你！"

"翠花嫂子，别打了别打了，先听我说，听我说！"

静子急忙上前阻止怒不可遏的翠花，眼眶微红地和众人解释韩秀芬刚才的举动。

"那天的事情大家还记得吧？因为富贵和小虎打架，韩秀芬把小虎扔到了水坑了，小兰姐一怒之下打了秀芬。在那样的情况下，富贵冲动中叫了韩秀芬一声妈，那也是这孩子长大以后第一次管韩秀芬叫妈。"

宋小兰点点头："那天倒确实是这么回事，可是这疯婆子挨过一次打了，今天为什么还要找打？"

静子鼻子一酸，眼泪掉了下来，转身看着韩秀芬。

"秀芬姐竟然误以为只有自己挨打才能换来儿子'妈妈'的呼喊。为了能让儿子喊她一声'妈妈'，她不惜去重复前几天自己被打时的情景，这就是她今天为什么平白无故地把大龙推到水坑里的原因。"

大家听完解释，都沉默了。翠花扔掉手里的木棍，看了一眼韩秀芬说："可怜见的疯婆子……"

在一旁偷看的富贵，狠狠抹掉脸上的眼泪，转身跑了。

可是韩秀芬打人这事，瞬间就传遍了整个杨家店。杨书礼和杨亮边下棋，边说起此事。

杨书礼落下一枚棋子，大义凛然道："太不像话了，王寡妇这婆婆是怎么当的？就知道娶个媳妇进门给他们家传宗接代。"

杨亮嗤笑："别逗了，还传宗接代呢，王喜顺的那玩意都不好使了……"

这时有人看到了村路上的杨长山、肖胜利，还有一名背着药箱的医生骑着自行车往杨家店来了。杨书礼一见，放下手里的棋，立刻热情地迎了上去，恭维地说："杨书记，肖队长，你们二位一起来我们杨家店是不是有什么好事呀？"

第七章 | chapter VII
久别重逢，岁月静好

杨长山笑笑："当然是好事了，要不你们跟我们一起去看看？"

众人都乐呵呵地跟着去了。

王家院子里，王寡妇举着扫把正满屋子追着韩秀芬，富贵在静子的教育下，已经对韩秀芬这个疯妈妈多少有点接受了。他跑出来说："奶奶，您别打她了，今天的事不怨她，您要打就打我吧。"

静子一愣，她明明没这么说，这孩子怎么就不会绕个弯呢。这时，已经从杨长山那里得到消息的杨书礼突然出现在门口。

杨书礼走进院子拍手大叫："喜事，天大的喜事啊！"然后看了一眼，王喜顺正扭着韩秀芬的胳膊，指着他说道："你放开她！我告诉你，从今以后，她可是你们老王家的功臣。"

杨长山和肖胜利，还有一个背着药匣子的男人也都进了王家院子。静子高兴地说："大哥，你和小肖都回来啦？"

杨长山笑着说："思田，你让长燕给我带的口信我收到了，这不是，我们就是根据你的建议回来宣布一下乡政府的决定。小肖，你来说吧！"

肖胜利点点头打开一份文件，立正身子喊道："乡政府决定，鉴于杨奎同志在抗日战争中的英勇表现，特追认杨奎同志烈士称号。韩秀芬作为杨奎同志的妻子，享受革命烈士家属的荣誉和每月二十元的烈属津贴。"

大家一听都鼓起掌来，王寡妇更是高兴得热泪盈眶。杨长山还说了，如果韩秀芬的病一直治不好，还可以申请到县医院医治，众人又是一阵鼓掌，王喜顺赶紧松开了韩秀芬的手，改为抱着她，笑得脸都歪了。

很快，人民公社就开始在各乡实行起来了。

杨家店村口的各处墙壁上都书写着"人民公社万岁""鼓足干劲，力争上游"等口号。村口的大槐树上挂着的大喇叭也不停地在广播："社员同志们，公社的大食堂就要开饭了，请大家前去就餐……"

杨书礼、孙玉娘等村民们三一群两一伙高高兴兴地向大食堂走去。但是又有人抱怨，说大食堂虽然是好，可是份量不够，总是吃不饱。

吴本正由于还是"待罪"之身，所以只能在自家开火，吴本正抱怨已经好多天没见荤腥了，便从怀里掏出一个银镯子，让朴成姬去换两条鱼吃。

朴成姬到水库边上时，杨长水刚好停船靠岸，她迅速地解开了衣领下方的纽扣，露出了白皙的脖颈，满脸媚笑地从树后走出。

"长水哥，我都等你半天了，今天打到鱼了吗？"

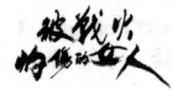

杨长水正要弯腰系缆绳,一见她走来,立刻显得十分紧张。连连说鱼都让村里人打光了,他一条都没打到。朴成姬说着故意把胸部往他身上靠,说:"长水哥,你紧张什么呀?我还能把你吃了不成。"

杨长水更加紧张了,腿向后靠去,突然脚下被什么东西一绊,一屁股坐在了地上。朴成姬风情万种地拍着胸口大笑起来:"长水哥啊,我就是嘴馋了,想从你这弄两条鱼解解馋。"她上前拉他,顺手将银镯子丢在他口袋里,看看船舱里确实没鱼:"长水哥,我信你,不过明天要是打到鱼了你可得想着我。"

说完,笑得春风荡漾地走了。

杨长水有些气恼地看着她,心里不明白这吴敏怎么突然就像变了个人似的,不过他也没把这件事放在心上。他悄悄地从船舱下面捞出来几条小鱼,用衣服挡起来,准备拎回家去。

原本经过朴成姬这么一折腾,杨长水的心情就不好,哪里知道,他藏在衣服里的鱼被鼻子灵的杨大龙给闻见了,几个孩子上前就把鱼给抢走了。

回到家后,杨长水坐在炕上,一脸的恼怒,衣服都给那帮抢鱼的孩子给扯破了。静子拿着针线盒进来,打算给他缝衣服,"好啦,你也真是的,跟孩子们较什么劲儿。几条小鱼,抢了就抢了呗。"

杨长水气愤地说:"你说得轻巧。不光孩子抢,大人还抢呢。回回都这样,好不容易打上几条来,没一条进得了咱家孩子的肚子。"

静子放下了手里的针线活:"唉,现在大食堂的饭越来越少了,家家都吃不饱,家家都不易啊。难道要跟村里人红脸啊?"

杨长水边穿鞋子边说:"我有法子了,我一会再去下一网,看他们谁还去抢。"

静子笑了笑,突然觉得衣服不对劲,一摸口袋,发现了一个银手镯。她看了一眼浑然不觉的杨长水,悄悄地把手镯藏在了针线筐里。说道:"今天,有没有人去水库跟你买鱼啊?"

杨长水想了想,突然变得支吾起来:"有,有啊,那个吴本正的表妹来过,她说想买几条鱼……可是只有这几条,我就没卖。"

静子见他说要再去碰碰运气,就也没说什么。但是想想又跟了去。

到水库边时,天已经有些黑了。杨长水在船上奋力地拉渔网,却发现偌大的网中,只有几条瘦小的鱼苗。他无奈地叹口气,沮丧地把船划回到了岸边。

朴成姬突然不知从哪里走了过来,悠然地说:"长水大哥,大晚上的还来捕鱼啊?该不是怕让别人看见,自己想吃独食吧?"

杨长水立即手忙脚乱地试图把小鱼藏起来,但还是被她看到了。她说:"别藏了,就那么几条小鱼苗还不够我塞牙缝的呢。长水哥,你这半夜三更地来捕鱼思田知道吗?她可是村里的先进……"

杨长水慌忙地打断她:"不知道,她什么都不知道,是我自己偷着来的。"

不远处,静子走来,她一眼看到了站在岸边的朴成姬,不免有些意外,犹豫了一下,她还是悄悄地躲在了一棵大树的后面。只见朴成姬上前对她男人拉拉扯扯,杨长水匆忙拎着鱼仓惶地走了,那个女人对着他的背影娇媚地笑了许久。静子大为惊诧,从另一条小路先跑回了家。

等杨长水把鱼拿回来,静子装作什么都没看到的样子,进厨房去做鱼,让毓敏去把富贵叫了过来。感恩直勾勾地看着碗里的鱼,口水都要滴下来了。杨毓敏像个小大人似的站起来护着盆里的鱼:"都不许动,要等二妈来分。"

这时,突然一块石子"噗通"砸在院子里的水缸里,三个孩子转头去看。大龙带着一帮孩子翻进院子,一把抢走了装鱼的盆,富贵一见鱼被人抢走了,火冒三丈地和对方扭打起来,杨大龙不管三七二十一,直接一口咬了鱼尾巴,吞下去时却被鱼刺卡住了喉咙。

"啊啊。我的喉咙,好疼……"杨大龙惊慌地喊着。

"你们在干嘛!富贵你给我住手!"静子从厨房了冲出来。

"他们抢走了我们的鱼!"富贵气得直要上前揍杨大龙。

"好啦,都别抢,我来还给你们分,每个人都有份!"静子说,"大龙你没事了吧。"

"没,没事了。"杨大龙自觉理亏就把鱼还给了静子。

孩子们都坐下来,等着静子分鱼。可是分到最后,大龙和小虎那些孩子都有鱼肉吃,轮到感恩他们时,只剩下鱼汤了。富贵大喊静子偏心。

"别吵别吵,明儿我再去打鱼。"杨长水无奈地看着这一群饥饿的孩子。

3/ 大食堂关闭

第二天,静子和杨大娘说起此事。

"娘,您觉得我做错了?"静子问。

杨大娘笑着说:"错?一点儿都没错。是得给孩子们补补。长山和他媳妇都是党的干部,这水库又分配给了长水管,咱不能辜负了大家伙儿对咱的信任不是?要亏也只能亏咱自家孩子了。思田啊,难为你啦。不过,我看你自己都连着好几天喝粥了,你是不是又把自己的口粮分给别人了?"

静子脸上一笑,说:"真是逃不过您的眼睛啊,我分了一包苞米碴子给村里的关老师。"

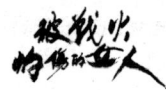

杨大娘虽然点着头,可还是一脸期盼地想知道事情的始末。静子解释说:"我琢磨着吧,不管家里多困难,不能亏了孩子们受教育,一定得让他们有文化有知识。村里这么多孩子,就关老师这一位小学老师,太金贵了。要说孩子是一个家的希望,关老师身上可担着全村人的希望啊。所以,我就自作主张……"

杨大娘拍了拍静子的手背,一脸赞同地说:"你这主张做得对。妇女能顶半边天。思田,你是咱们杨家的媳妇。现在,咱婆媳俩撑着这半边天,将来我不在了,你更得把这天撑得高高儿的!稳稳的!"

静子说:"您是咱家的主心骨,您得结结实实地,活它个一两百岁!"说着娘俩大笑起来。

由于突然的自然灾害和诸多问题没有得到改善,刚刚施行不久的大食堂只能关闭了,乡民们又开始自家开火了。

可能是因为营养跟不上,最近感恩的体质也突然变得差了,静子每天都带着他去县城医院看病。一天,他们从县上回来的时候遇见了挎着篮子去洗衣服的朴成姬,可是朴成姬一见到静子就神色慌张,眼神躲闪,随便打了个招呼,就一个人往河边走去了。

"吴敏,我跟你一起去,洗得快点。"静子在她身后喊道。

朴成姬一脸尴尬地坐在大青石板上锤着衣服,静子在一旁帮忙。

"吴敏,最近你老是闷着不出门儿,别是生病了吧?你好久没来我家看富贵了,你不想他吗?"静子说。

朴成姬一听到富贵的名字,心里滑过一丝难过:"想,当然想。一天不见就难受。"

静子柔声地说:"我知道你心里苦,天天看着自己的儿子又不能相认,要是换了是我,恐怕早就疯了。你呀,这么多年,活得小心翼翼,什么苦都往自己肚子里吞,这样会憋出病来的。你多来串串门,有什么苦水就跟我倒倒,我就算不能帮你什么,至少有个人听你诉苦也好不是?"朴成姬眼圈一红,别过头不吭声。

见她不说话,静子又叹了口气:"你也知道我的性子,咱有话就直说吧。妹子,你最近,是不是对我有啥想法?"

朴成姬连连摇头,静子便从口袋里拿出来一只银镯子,"这是你的吧?幸亏被我捡着了,这么好的东西,要是被别人拿走了,可太亏了。来,戴好,下次别到处乱丢了。"

说完就拉过朴成姬的手,给她套了上去。朴成姬看着自己手腕上的银镯子,顿时觉得尴尬万分,试图解释什么,又不知道怎么说。只能一直流着眼泪,心里悔不当初。

"我的人生,肮脏不堪,不值得你对我这么好……"

静子搂着朴成姬的肩膀,脸贴着脸地跟她说:"中国有句老话叫'出淤泥而不染'。

第七章 | chapter Ⅵ
久别重逢,岁月静好

吴敏,我相信我可以,你也要相信你自己也可以。你是一个好姑娘,你有资格获得新的人生。"

朴成姬看着一脸真诚的静子,顿时心如刀割,想了想这些日子,她所做的一切行为,顿时对自己厌恶无比。她决定对静子坦诚相告。

"对不起,思田,我很坏,我真的不是个好人。我,我勾引长水哥,因为我自从知道你以前的丈夫是眼镜松田,我就恨!我恨他,他侮辱过我,他们不把慰安妇当人看……所以也带着你一起恨了,其实我知道你跟他不一样,可是我还是忍不住……"

静子感到非常震惊,她一时没反应过来,愣在了那里,瞬间又明白过来,原来事情的始末是这样的。她抱着朴成姬,真心为她感到难过,更为自己感到悲哀,她曾经那么深爱的丈夫,竟然是如此可恶肮脏的人。

"好了。说出来就好了,我不会怪你。往后,我们还是自家妹子,有什么事就跟我说。在异国他乡我们必须要互相帮助啊。"静子感慨地说。

"嗯,以后再也不会了。"朴成姬擦了擦眼泪,一脸感激地看着静子。

晚上,静子正在给感恩盖被子,突然院门被人剧烈地敲打着,还有人喊着:"思田,思田!"她听出来是王寡妇的声音,便立刻出去了。

"我们家疯子又不见了!"

静子一怔,立即跟王寡妇他们一起出门去找。她们结集了村里所有的人,举起火把在村子四周寻找着,一直找到天亮也没找到。就连一直说讨厌韩秀芬的富贵,都一脸愁容地坐在院墙下面发呆,他的心里其实还是很担心的。

韩秀芬又这么失踪了,这次同样没有人知道她去了哪里。

自然灾害越来越严重。虽然已经到了秋天,可杨家店在公社里分下来的粮食却越来越少,每个人每天只能二两五分左右的粮食。王寡妇几乎把粮食都给富贵吃了,他还是瘦得不成样子。

在学校上课,关老师让学生们背课文,杨大龙喊着肚子一直呱呱叫,怎么背得下来呢。关老师放下书,心里一酸,现在这世道真是太让人难过了,这灾害和粮食短缺的情况也不知道什么时候才能得到改善。

"我这就去给你们弄野菜汤去。等我回来测验,谁记的字儿多,谁就能多吃菜,多喝汤。"老师一走,同学们就在抱怨,天天吃野菜,脸都吃绿了。突然感恩也从一旁钻了出来,嘴里啃着一根草。杨毓敏一看就上前说:"感恩,这不是菜,是草。怎么你都记不住啊。"

一旁的富贵说:"他怎么记得住,也不看他什么脑子!"

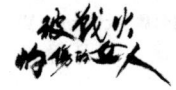

杨毓敏说:"说话注意点,被二妈听见不削你!"

富贵轻哼了一声说:"削?也得削得动啊,你没看大妈这些天都饿成啥样了?走路直打晃儿,哪儿有力气削人啊。"

杨大龙一听这话,又开始嘲笑他:"王富贵,连疯子都不愿意给你当妈,哈哈。"其他人也都跟着大笑,他们又扭打在一起。杨毓敏突然拍手大喊:"给我停停!打什么打!你们不怕打完架肚子更饿啦?还说我们感恩傻,你们才是傻子呢,大傻子!"

这时突然,一个蓬头垢面,瘦得皮包骨的女人跑了过来,由于脚下不稳,一下子栽倒在了田里。很快她又爬起来,手里举着一块沾了尘土的玉米饼向富贵跑来,这时大家才认出来,原来那是韩秀芬。她噗噗吹了吹玉米饼上的土,把饼递给富贵:"饼子,你吃,香。"

富贵看着韩秀芬举高的手臂,上面满是擦伤的血痕和泥土,眼睛有些湿润。杨毓敏问了她这几个月都上哪去了,看她突然跪在了地上,把碗摆在面前,顿时明白了。杨大龙那些孩子一看又哄笑起来。

富贵觉得脸上挂不住,将韩秀芬手里的饼打落在地上,感恩跑过来捡起饼就往嘴里送。韩秀芬顿时脸上挂满愤怒,她拉扯着感恩,从他手里抢走了饼。

"我儿子的饼,我儿子的饼!"

"哈哈,疯子和傻子打起来了!"杨大龙带头笑起来。

关老师大老远看到这边的情况,也不管背着的野菜了,往这边跑来,正好静子也来找感恩。

"不是叫你们背生字吗?你们这是干啥呢?你们不是喊饿吗?还有力气打架起哄?既然这样,今天的菜汤,一个人都不许喝!"

同学们一阵哀嚎,静子看到韩秀芬又惊又喜,连忙问她去哪里了。可是韩秀芬对所有人都视而不见,趁着感恩吵着要妈妈的工夫,抢回玉米饼再次塞给富贵。

静子看到这里心里安慰不少,看来韩秀芬啊,脑子越来越清楚了。

"走,秀芬姐咱们回家。"静子拉着韩秀芬和富贵往家里走。

晚上,孩子们都睡了,静子和杨长水躺在炕上,说起韩秀芬的事。王寡妇家本来粮食就紧张,差不多都给富贵吃了,现在她回来了,也不知道能吃什么,杨家店已经有好些家里都饿死人了。

"要不,我把我的口粮给她送去吧。你没瞧见她那副样子,看着真难受。"

"不行!你自己怎么办?不能总这样子不管自己,我只看到你最近越来越瘦了。"杨长水说着,心疼的同时又怪自己没能力。

二人正在商议着想找个两全其美的法子,突然就听见了院子外面熙熙攘攘的叫喊声，静子一愣，似乎能感觉到有什么大事发生了。她赶紧穿了衣服就出去，院子外面的路上，好多乡民急急走过，静子一手拉住一个小男孩问道："豆子，这是怎么了，你们干嘛去呀？"

"我爹说疯子家出事了，王富贵他奶奶死了……"

静子震惊地看着走向王家方向的人群，心似乎被什么砸了一下，潺潺地流出血来。

人人不敢相信，平日里活蹦乱跳的王寡妇会突然就这样去世了。王喜顺领着富贵跪在灵位前，眼神呆滞，泪痕还清晰可见。乡亲们和杨家一家人都在外面站着。突然，在旁边站着的韩秀芬抢了灵位前供着的两颗野果子，就跑出去了。

"秀芬姐！你干吗啊？"静子急忙跟了出去。

静子追到韩秀芬之后，在跟她说话时，韩秀芬以为她要抢她的果子，就一直后退，突然一屁股坐在了河里。

"啊啊！"韩秀芬在水里冻得直发抖。

"秀芬姐！把手给我！"静子赶紧下水去拉她，却被她用力一推，大腿磕在了石头上，顿时鲜血流了出来，顺着河水流下去一片猩红。

"我不抢你的果子，你快上来。我回去做菜汤给你和富贵吃好不好。"静子也站在水里，说到这里，韩秀芬的双眼里没了敌意，她伸出手拉着静子。

静子把她拉上岸，抱着她冰冷的身体，温柔地念叨着："秀芬姐，你放心，王大妈不在了，还有我呢。只要我刘思田还有一口饭吃，就少不了你和富贵娘俩的……"

韩秀芬似懂非懂地看着静子，点点头。

杨家店越来越困难了，接连不断地饿死人，村子里的庄稼颗粒无收。就像多年前长春被围困一样，静子一想到王寡妇已经不在了，就觉得可怕。晚上做梦，也常常梦到在长春的那些日子，梦见满囤、琴兰和那些曾经一起共生共死的人。她的心理充满了恐惧，她多怕自己跟她们一样不明不白地死去了……

4/ 杨大娘离世

村里唯一的关老师，在上课的时候，突然饿晕了过去。所以学堂不得不暂时休课，静子得知后就做了窝窝头，想给关老师送去。感恩和富贵为了争一个窝窝头而打了起来，让静子又气又难过。

静子想了想，擦干了眼泪，将一个窝头掰了一半，分给了几个孩子。

"富贵，这半个窝头，你和弟弟妹妹分着吃。剩下的，大妈还是得拿去给关老师。"

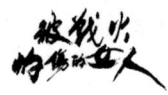

　　杨大娘已经在杨长山那里住了很久，今天才从县城里回来。大儿子好不容易给她凑了点干粮带回来。一到村口，杨大娘就看到了在大槐树下休憩的静子，她刚才去了关老师那里，走在回家的路上，已经饿得走不动了。

　　回到家后，杨大娘把带回来的油渣饼都给了静子。但是静子却把饼一点点地分给了孩子们，自己和杨长水只喝粥糊口。

　　"娘，您老说您在大哥家吃过了，您是不是在骗我们啊？"静子端起一碗粥说。

　　杨大娘看了静子一眼："我骗你们干嘛？虽说现在家家都吃不饱饭，可长山他们夫妻俩毕竟是干部，他们的待遇总比老百姓强些。你看，文秀怕我脚浮肿得太厉害，还送了我一双新鞋子呐。看，你们看。"

　　杨大娘炫耀地伸出脚来，静子笑着说她还像个老小孩。

　　"苦中作乐嘛。你如果自己不想办法找乐子，那就只能痛苦到死了。命就一条，不活得乐呵点儿多不值呀？对吧？别光喝粥了，你可是我们家一把手，不能饿着了。那饼你可得吃。"杨大娘说。"我饭量小。富贵，一会我那份也给你，给你娘带点回去，她肯定高兴。"静子对富贵说。

　　富贵舔舔手指说："谢谢干妈。"

　　自从王寡妇去世后，富贵就一直这么叫静子了，他潜意识里已经把她当成亲妈了。

　　晚上睡觉时，静子跟杨长水说起最近她发现杨大娘的举止很奇怪，和从前完全不一样了。

　　静子说着一点睡意都没了，干脆坐起来，一副思索的模样。

　　"娘最近有点奇怪，整天乐呵呵的，像个小孩儿。"

　　"嘿嘿，返老还童吧。这么有精神头儿是好事啊。"

　　"可是按常理说，现在日子这么艰难。家家户户吃不饱，像咱们这样的成年人都整天饿得跟个魂儿似的，走路都飘悠，娘怎么突然就精神起来了呢？"

　　"看来，还是去大哥家住了几天，把身子调养好的吧。"

　　静子叹了口气，躺回炕上说："可是，大哥虽说是个干部，可他毕竟是咱们共产党的官呀，共产党的干部跟咱们老百姓一样，平时吃的比咱好些也有限，再说还总周济咱家了。反正，我就是觉得娘开朗得反常。"

　　杨长水伸手将她揽在怀里，让她别再多想了，早点睡，这样就不会觉得饿了。

　　晨曦初露，房间中一片静谧。静子起早煮粥，然后给杨大娘端了洗脸水进屋，把脸盆放在脸盆架上，又拿起毛巾向炕边走去。

　　"娘，咱早饭还是吃棒子芯儿粥吧，晚上孩子们放了学再一起吃剩下的饼。"

第七章 | chapter Ⅶ
久别重逢，岁月静好

见杨大娘没反应，有些奇怪，难道还没睡醒吗？她走了过去，只见杨大娘静静躺在床上，嘴角含笑，双手放于胸前。静子心里有些不好的预感，她瑟瑟发抖地看着杨大娘面无血色的脸，试探地叫了声"娘"。但杨大娘依然毫无反应，静子又伸手探了探她的鼻端，届时，全身一僵，毛巾从手里滑落……

寂静的杨家店，猛然爆发出静子痛断肝肠的喊声："娘！"

小小的坟冢前，杨长水一边抹眼泪，一边默默地烧着纸钱。富贵、毓敏、感恩三个孩子哭得眼睛、鼻头红肿，这会儿也有样学样地帮着杨长水往火堆里放纸钱。

看这烧黑的纸屑在半空中飘飞的样子，感恩大张着嘴："蝴蝶飞飞，蝴蝶飞飞……"

静子跪在坟前双手合十，喃喃地说："娘，您在天有灵，保佑咱们家渡过难关，孩子们顺顺利利地长大，考上大学，将来为他们的祖国做贡献。保佑他们成家立业，将来子孙满堂。"

杨长水搂过静子的肩膀，"娘您放心，我会和您媳妇儿一起，把这个家撑下去。"

静子将一双绣着花纹的布鞋摆放在坟前，"娘，我给您纳了双厚实的鞋底子，还在鞋面上绣了你喜欢的油菜花。黄泉路远，您一双脚又小，穿上这双鞋，走得稳稳的，不累脚……"

所有的人听到静子的话后，都忍不住哭起来。他们直到现在依然不敢相信前段时间还好好的人，现在都已经化成一抔黄土。

烧完纸钱，静子和杨长水俯下身，带着三个孩子恭恭敬敬地给杨大娘磕了几个响头，泪水洒满衣襟。没钱，也没力气，坟冢也都只是用黄土随便埋了，没有墓碑。

因为村里死的人越来越多了，静子决定带领着大家去找吃的，不管是挖野菜还是挖薯根，她都要带着他们活下去。静子想起，从前在黑龙江的时候，看见过开拓团驻地附近的中国妇女们做大酱，用很少的黄豆，就做出很大一缸大酱，沾着橡子面做的窝头，能帮一家子吃好长时间。村里的人得知后，都开始按照静子教的方法去做。

由于韩秀芬没人管，衣服已经残破不堪了，静子用碎花布头拼了好几夜，给她做了件新衣裳。朴成姬一边学，一边给静子打下手，顺便学学怎么做衣裳。

朴成姬帮韩秀芬套上外衣后，秀芬兴奋得像个小姑娘一样，拎着衣角在院子里转来转去，"思田你看她，像个花蝴蝶似的，真俊。"

静子笑道："是呀。富贵，看你妈，多漂亮。"富贵站在一旁看着，眼眶也湿润了。韩秀芬高兴地从衣袋里掏出两个干瘪的果子，递给她们，似乎对朴成姬也没有了敌意。

"谢谢你呀秀芬。这果子你存了好久都不舍得吃吧？你还是自己留着……肚子饿

了的时候吃。"静子说。

她则固执地把果子塞在两人手里,"吃。秀芬不吃。你们吃。"

静子和朴成姬无比感动,只希望这场突如其来的灾难赶紧过去,她们再也经受不起这样的折磨了。想着,三个人的手牢牢握在一起,流下了眼泪。

5/ 盛开的油菜花

已经过去了好多个冬天,春天终于来了。

杨家店远远望去,金黄的油菜花似乎要开到天边去,一派春意盎然的景象,一切都要重新开始了。曾经的一场场灾难,似乎飘落到了记忆的最深处,谁也没再提及,只是庆幸自己还活着,还能看到日升月落,能看到孩子们长大。

在村口的那棵大槐树下,静子和杨长水面前站着几个孩子,已经是十七八岁的模样了。

"富贵、毓敏,能考上大学不容易,你们在学校里可一定得好好学习,不能辜负了国家对你们的培养和我们对你们的期望啊。"静子笑起来的时候,眼角已经有些明显的皱纹了。

"知道啦,干妈,你这些话翻过来翻过去说了好多遍了,记住啦。"富贵说。

王喜顺不满地拍了一下儿子的肩膀说:"说你是为你好,你还不耐烦了?"

"耐烦耐烦。爸,你放心吧,你儿子这么聪明好学,到了学校里也肯定是尖子生,保证给你们脸上增光。"富贵一脸自信地说。

杨长水笑着说:"增不增光不重要,重要的是要学到真本事。"

毓敏忍不住笑道:"好啦二爸,连你都开始唠叨起来了,我看呀,夫妻做久了,这生活习惯还真是会传染呢。"

静子忍不住大笑起来。

韩秀芬今天打扮得齐齐整整,站在一旁红着眼圈沉默不语。看到富贵的眼光转到她的方向,赶紧从口袋里掏出来一块馍,递给了富贵。富贵看了看手上的馍,又看了看韩秀芬,也同样没说什么,只是接过馍放在了自己口袋里。

杨长水向四周看了看,又抬头看看太阳:"吴敏大妹子咋还没来?昨儿不是约好了今天一块儿送孩子们上学吗?"

"说曹操,曹操就到。"静子指着远处的朴成姬,只见她三步并作两步地跑来了,怀里揣着给富贵做的好吃的,口中还喊着:"富贵,等等我,等等大妈!"

"我们等着你呢。"富贵对她大喊。

第七章 | chapter Ⅵ
久别重逢，岁月静好

朴成姬欣慰地把东西都给富贵装好了，站在一旁开心地看着他们，杨毓敏看看日头说："不早了，我们得走了。"

"嗯……是该走了。"静子说。

"那，我们走了。"富贵已经红了眼眶。

随后，大人们都恋恋不舍地松开他们的手，孩子大了，是要远离父母身边了。富贵和毓敏背起行李，向大家挥手道别。众人含着泪水挥手，看着一群孩子的背影渐行渐远……

隔了一段日子，杨家店突然来了些领导开会，一个被称为老周的人，在台上讲话，"……对于巩固无产阶级专政，防止资本主义复辟，建设社会主义，是完全必要的，是非常及时的……"站在后方人群中的静子从人们的缝隙间探头望去，忽然面色大变。离老周身后不远处的人群中，站着一位中年女性。她也正往听众中看，视线恰与静子的视线相遇。这个中年女人，就是当年王六斤的老婆赵小菊！

静子一下愣住了。多年前的往事一下子浮现在她的脑海中，她永远也忘不了，是她亲手将伤寒病毒打入王六斤等乡亲的身体里；她也永远忘不了，相亲们指着她鼻子骂的场景；她更忘不了，那些打了伤寒病毒的人，临死前的痛苦表情……

就在静子愣住不知道怎么办才好的时候，赵小菊一指静子，振臂高呼："同志们，我想问问大家，为什么革命老区杨家店的村民队伍里，竟然混进来一个日本女人？"

杨长水不由得跨前一步，将静子遮挡在身后："她不是日本人，她是我媳妇！"

杨书礼也上前解围："赵小菊同志，刘思田同志以前呢，的确是日本人。可她现在嫁给了杨长水同志，组织上给她办理了中国户口，还给他们夫妻俩发了结婚证。所以呀，刘同志现在就是咱杨家店的普通老百姓啦。"

赵小菊完全不顾形象地大喊："她是个刽子手，化成灰我都认得！"

杨长水不乐意了，冲着她说，静子从进杨家店以来，在村里一直都受老百姓称赞的好人，好媳妇。村里人也都纷纷应和。翠花说："思田，可是我们杨家店的大夫，救了好多人的命呢。"

赵小菊冷哼一声："我呸！救命？当年在黑龙江，我男人——不，我以前的男人，王六斤，还有我五哥，都是被这个日本女人打毒针害死的！当初她就是日本鬼子的医生，也是穿白大褂，看着人模狗样的，说什么白给俺们打疫苗，结果呢？村儿里的男人一打完那个鬼疫苗，一个一个都浑身发冷，没多久就死了！我们村里能下田干活儿的老爷们儿都给她的毒针害死了，田里没人管了，日本鬼子就把我们的田地都占了去！好狠毒啊！"

赵小菊说着说着嚎啕大哭，众人一时目瞪口呆。静子吓得浑身颤抖，拼命抓紧杨

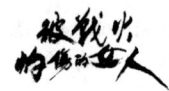

长水的手臂。哪里知道,赵小菊突然抬起头,一下冲上去一把扯住静子的头发,使劲把她往主席台上拽。

"我警告你,给我松开!"杨长水气得不轻,把赵小菊推开,拉着静子就要走。

正在这时,吴本正突然从人群里蹿了出来,指着静子大骂起来。

"好你个刘思田。平时装得一副正经女人模样,想不到啊想不到,原来你是小鬼子安插的特务啊!说!你害死过多少中国人?你还想要害死多少人?"

朴成姬立即出来抓着吴本正的衣服,试图阻止他,却被他一把推倒在地上。杨长水上前大吼:"给我住手,再乱来,小心我剁了你的爪子!"

静子愤怒地大喊:"你要干啥冲我来,拿女人撒气算什么!"

吴本正说:"哼,我的女——呃,表妹——我爱踢爱踹爱怎么着都行!你管不着!可话说回来了!你是小日本的特务,杀人凶手,是党和国家的敌人!一句话,'人人得而诛之'!"

赵小菊一看人群里有个人支持她,也不管是谁,赶快站到他身边去。跟他一起控诉静子,"对,这位大叔说得对!这个日本女人,不杀她就是个祸害!打倒小日本,打倒日本鬼子。"

场面顿时一片混乱。

静子立即解释:"我的确跟着日军的开拓团去过黑龙江,这我跟组织都交代过。至于打针的事情,我真的只知道是给中国老百姓打疫苗,帮他们增强体质,不生病。还有,我打针的手法是百分之百正确的……"

赵小菊听不下去了,一巴掌把静子打倒在地,无论静子怎么解释,她都不听。

静子绝望极了,她转头看着杨长水:"长水,我说的都是实话!"杨长水看着静子,肯定地说:"我信你,思田,我信你!"

赵小菊闻言,更加怒不可遏。她又冲上去对静子又撕又打,脑海里全是六斤当年死时的惨状,这么多年来,她一直都不曾忘记,还经常在梦里惊醒。

静子任她踢打,不再反抗,只是噗通一声跪在了她面前。

"对不起,我知道说一千个,一万个对不起也换不回你家人的命。你要怎么样对我,我都没有怨言。"

这时,刚才讲话的老周,也是赵小菊现在的丈夫,终于看不下去了,自己的媳妇竟然一直满嘴说着她从前的男人,这不是丢人现眼么。他赶紧走上前不悦地说:"有什么问题组织会调查的,你这算什么?动私刑?啊?太不像话了!"

赵小菊气恼地说:"她,她害死了我男人!"

老周彻底被激怒了:"我才是你男人!我还没死呢!"

第七章 | chapter VI
久别重逢，岁月静好

说完什么也不管了，大步走了，赵小菊这才意识到自己说错话了，连忙跟着老周走了。

经过赵小菊这么一闹，杨家店的干部决定，为了不引起大家的误会，把静子的医疗工作室给取消了。但是这样一来，村里懂点医药常识的就只有以前的大地主吴本正了。没办法，只能让他去管理医疗室，搞得他整日在村里跟人兜售跌打药。

吴本正一大早就得瑟地坐在大槐树下看着人来人往，他看着王喜顺一瘸一拐地经过，就赶紧冲他嚷嚷："喂，王瘸子，你那腿怎么越瘸越厉害啦，得治啊，不治不行。来来来，来两块膏药，保管你膝盖也不疼了，腿肚子也不转筋了。便宜，便宜卖你。"

王喜顺摆摆手，笑道："别别，我这老寒腿，养两天就没啥事了，用不惯你那稀罕药。"

吴本正撇了撇嘴："喊，不信我的医术是不是？"说着还顺手拍了拍药箱，"看见没，咱是正儿八经的赤脚医生，是公社周副主任的太太亲自封的。你不买，我可卖给别人了。过了这村儿可就没这店儿喽。唉，没啥说的，福薄啊，福薄！"

说话间，杨亮领着一条狗打这儿经过。那狗也奇怪，哪也不去，只围着吴本正的药箱子打转。吴本正一看，可得意了："亮子，看见没？狗都能闻出我这匣子里是好药。你们这些人，愚昧啊！我都懒得说你们！"

杨亮瞥了他一眼："那啥，俺家大黄不是稀罕你那药。"

"不是？那它围着俺转啥。"

杨亮一本正经地说："你现在坐的那块儿地儿吧，是大黄每天撒尿的地方，你占了狗的地盘儿，它急啊！"说完就哈哈大笑起来，就在这时，只见大黄冲着吴本正抬起腿来，一泡尿浇在了他身上。路过的村民都跟着哈哈大笑起来。

突然，一个中年妇女拨开人群冲进来，一把揪住吴本正稀疏的头发，对着他就是一顿踢打，"你个死庸医！我打死你，打死你！"妇人对着围观的村民大喊："大家千万别找他看病，我家嘎子有点儿发烧，他一看就说是感冒，结果吃了他给的药，烧得反倒厉害了，烧到抽筋、吐白沫……眼看着就不行了，幸亏我抱着他去找思田大夫，这才把孩子从鬼门关上抢回来！"

吴本正一把推开妇女，骂道："你这是诬赖！我堂堂的一个村官，连个小屁孩儿的感冒都治不好？这是刘思田那个小日本鬼子在编排我呢！乡亲们，你们可不能听信那个日本特务的挑拨，她是害人精啊！"

妇女狠狠地踩了他一脚："呸！要不是思田，我儿子命都没了！要我说，你才是害人精！"

吴本正作势要打人，妇女使劲推了他一把后就愤愤地跑了。这件事之后，再也没有人找吴本正求医了。吴本正认为这都是静子在搞鬼，他把所有的气一股脑都出在静

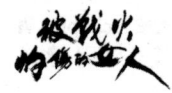

子身上,白天黑夜都在想方设法地报复她。

那天静子和杨长水正在水库边上的窝棚里修补渔网,吴本正带领着所谓的"造反派"气势汹汹地要来把静子抓走。

"打到日本特务刘思田!"

"刘思田不投降!就叫她灭亡!"

一群人跟在吴本正的后面,大喊大叫着一些当下流行的口号。就当这些人要把静子给带走的时候,杨树魁突然站了出来,他挡在静子的前面,表情严肃地给那群人讲,静子这些年是如何做人的,大家都看在眼里,而且她已经有了中国户口和结婚证,所以她现在是中国人。很快孙玉娘和翠花那些人也都跟在身后,大义凛然地挡在前面。

杨长水已经由于太过激动被两个人架了起来,静子看着乡亲们都在为她说情,她的心情异常的激动,她大喊:"我不是日本特务!我是中国人!是普通的中国老百姓!"

一个小头目眼睛一瞪:"胡说八道,一看你这模样就是个小鬼子,说!你是怎么打入杨家店,腐蚀人民群众思想的?"杨长水不乐意了:"什么叫打入杨家店?她可是我明媒正娶的老婆!我们有结婚证,政府给盖了公章的!"静子在一旁补充道:"政府还给我发了户口本,现在的我叫刘思田,是杨长水的老婆,我跟日本侵略者毫无关系!"那个小头目一脸难以置信的表情:"结婚证?户口本?假的吧?告诉你,革命小将的眼睛可是雪亮的,别想欺骗人民群众!"

这时,杨书礼拨开众人,走到前面来,他拉着造反派里小头目的胳膊说:"你说假的就是假的?你去打听打听长水他大哥是谁?区长!杨长山!堂堂的区长,他要是欺骗人民群众,党组织能派他当区长?"

一些"造反派"们窃窃私议,有些犹疑。

乡亲们看这帮"造反派"有点松动了,就赶紧你一言我一语的补充起来。孙玉娘嘴快,还没等众人反应过来,就先开了腔:"就算思田是从日本来的,可她原先也是普普通通的老百姓,她也是被日本鬼子骗到中国来的。这么多年,她是和杨家店的老百姓风里雨里一起苦过来的。你们问问乡亲们,思田为大家做过多少事,出过多少力?"

"是啊是啊,前些年闹饥荒的时候,刘同志把自己孩子的口粮省下来给全村的孩子。她自己饿得站不起来了,还要为村里的小学老师张罗吃食,就怕耽误了孩子们念书。

"我家儿子生了病,差点儿被这个老地主吴本正给的药害死了,多亏了思田姐医术高,这才救回了我儿子的命。"

"要是没有她,大饥荒的时候村里不知得多死多少人啊。刘思田不是日本特务,不是敌人,而是我们杨家店的大恩人呐。"

……

第七章 | chapter Ⅵ
久别重逢，岁月静好

那个小头目听着大家七嘴八舌的发言，又看了看一旁的静子："我们暂时就相信你们所说的话，不过，我们还是会去调查的。刘思田，如果你，你男人，有半点撒谎骗人的地方，你就等着和那些日本鬼子一个下场吧，叫你们血债血偿！"

静子大义凛然地说："我如果有半句假话，任凭政府处置。要杀要刮我毫无怨言。"

他们看着静子一脸的正气，听着乡亲们的诉说，窃窃私议了片刻："当然，我们不会放过一个坏人，也决不冤枉一个好人！刘思田，今天就放过你。回去以后要深刻反省，好好改造，争取做社会主义的新人！走，咱们回去！"

见他们转身离开。吴本正急了："哎，别走呀，小将们，你们，你们怎么能放过这个日本女特务呢！等等，等等啊！"

忙着追上去，却不料被路旁大树的根须绊倒，摔了个狗啃泥。

众人哈哈大笑，一哄而散。

6/ 烈士的孩子

杨家店刚才安静了两天，静子远没想到，这么快就又来了新的风暴。当翠花告诉她，现在满村都贴着关于她的大字报时，她愣了下，随即又想通了，不管怎么样，她能交代的都交代了，她也从来未做过伤天害理的事，任凭他人去说、去写、去评论吧。

"以前是吴本正揭发你，大家自然不相信，可是这回不一样，是吴敏写的大字报啊！"翠花说。

静子听了苦笑了下，她告诉翠花，她坚信，吴敏一定不是自愿揭发她的，一定是吴本正逼她的。翠花唉声叹气地说大家都在为她打抱不平，既然她觉得没事，那就算了。躲在一旁的朴成姬听了静子的话，眼泪哗哗地流了下来。她觉得自己对不起静子，可出于吴本正的威胁，她又不得不这么干。她的心里，充满了对静子的深深愧疚。

大字报的事，很快就销声匿迹了，因为乡民们都把大字报给撕了。可是静子万万没想到，因为自己的事而连累了杨长山和张文秀，区里竟然设了"揪斗杨长山"革命工作组，说什么要反击杨长山粗暴压制群众的嚣张气焰，夺回领导权之类的！

杨毓敏哭着跟静子说："二妈，爸妈的头被剃了，还被拉着游街……"

静子紧张地问："那大哥大嫂到底怎么样了？"

杨毓敏说："反正权是交出来了，人倒是还没出大事。可我怕啊，二妈。"

富贵在一旁安慰她："毓敏，人民群众的斗争热情很高涨，一激动没掌握好分寸，下手重了些，也在所难免。"

"哎……"杨长水也不知道说什么，看着一家人都愁眉不展的表情，心酸不已。

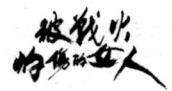

正在杨家人沉浸在一片悲伤里时，吴本正却正在家里庆祝杨长山的倒台。朴成姬简直恨透了他，却又没办法，只能听之任之。吴本正喝了点酒，就开始往外倒他那满肚子的坏水了，"你知道我白天去哪了吗？嘿嘿，我告发他杨长山，说他就是杨家店惨案的告密人，披着革命外衣的刽子手，大汉奸！"

朴成姬惊呆了，手里的碗掉在地上摔成碎片，红烧肉咕噜噜地滚动，沾满了尘土。

"怎么，不相信啊？你明天就会知道了。哈哈哈。"吴本正已经喝得七荤八素了。

第二天村子里就到处张贴着海报，诸如此类："打倒大走资派杨长山""打倒反动分子杨长水""让日本女特务刘思田低头认罪"等内容。还有一张署名为吴本正的大字报，写着"杨家店惨案告密者的真面目！混迹于革命队伍的大汉奸杨长山！"

杨长燕和肖胜利急得没办法，于是他们决定先在村里走访，找当年大屠杀时的见证者来为杨长山做证明。就连富贵也写信给静子说，他加入了"造反派"，想要帮他们澄清，静子也不知道这到底是好事还是坏事。

晚上，静子去给王喜顺看腿，顺便把富贵的事跟他说下。

"喜顺哥，前些天的草药用完了吧，我再给你几副，多泡泡这药汤，能帮你的腿舒筋活血。"静子边给他检查身体边说。

"思田，这几年我们一家子真亏了你们夫妻俩照顾。真是，也拿不出啥可谢你们的。我算是看清楚了，只有你们老杨家啊，个个都是好人。"王喜顺一想到这些，就觉得羞愧，这些年，大事小事静子都会来帮忙。

"要说起来，最近村里批斗我们夫妻，你从来都说我们的好儿，不肯落井下石。我们才真是感激不尽呢。哎，喜顺哥，我给你和秀芬姐把饭做好了，再回去吧。"静子在抹布上擦擦手，然后就往厨房去了。没一会又探出头来："秀芬姐，快点来帮我择菜啊。"

"进来！进来吃饭，吃……"

韩秀芬突然从门外进来，手里拉着朴成姬，静子一愣说道："吴敏？"

朴成姬连忙挣脱，脸色煞白地想转身出去，不料又被韩秀芬拉住，嚷着让她进来吃饭。她只好低着头，神色不安地说："我，我从门前经过，她……非拉着我进来。你，还好吗？"

静子宽心地笑了笑，知道她肯定是为了上次大字报的事自责呢，连忙走上前说："我挺好。吴敏，都是好姐妹，干吗整天看了我就跟耗子见了猫似的，一躲八丈远？"

只见朴成姬支支吾吾，一直不敢抬头，最后突然扑通一声跪在了静子面前，哽咽地说："思田，我对不起你，你打我吧，你骂我吧！"

第七章 | chapter Ⅶ
久别重逢，岁月静好

静子连忙将她拉起来，"你是说大字报的事吗？"

她一听羞愧难当，扬起手就打自己耳刮子，静子把她拦下："你这是干啥！我又没怪过你，我知道你是不得已的，你心里比谁都苦！你伤害你自己，不是成心让我难受吗？你明知道我最看不得别人受罪，何况还是自己的好姐妹！"

朴成姬这才敢抬起头看着静子，豆大的泪珠随着她的动作也纷纷地落了下来："你真的，真的把我当姐妹？"

静子笑眯眯地拉着她的手说："都这么多年了，你怎么说这话。吴敏啊，越是这个时候，我们要互相理解，互相支撑，咱们同甘共苦、同病相怜，不管发生啥，咱们的情分不能断啊！"

朴成姬感动得说不出话来，只是紧紧握住静子的手，韩秀芬在一旁看着也紧紧抓着她们的手。二人瞧见韩秀芬口中不知什么时候咬着一只菜叶子，顿时又破涕为笑起来。

"秀芬姐，脑子越来越好使了，就是爱吃的毛病还改不掉啊。哈哈。"静子指着韩秀芬，笑得呵呵的。

一波未平，一波又起。吴本正不知道听谁说，王富贵当上"造反派"了，就逼着朴成姬去把他从王家抢回来。

"你别做梦了，这辈子要不回儿子，我认了！反正富贵有秀芬、思田这两个妈，他不缺人疼。我已经把杨家害得够惨了，要我再给你当帮凶，我死也不干！你就是想害人，才不是什么想帮我找回孩子，我才不上你的当了！"朴成姬想起白天静子对她说的话，她决定再也不违背良心去害人了。

"臭婆娘！你胆子真是越来越大了啊，看来最近是让你过得太好了。"吴本正看到她领子上别着针线，拿起针就往她身上扎起来……

"啊啊……"朴成姬疼得在地上打滚，却怎么也不求饶了，她知道她一求饶就要去做那些害人的事。

白天，朴成姬帮静子择菜，静子看到她身上的点点红斑，气愤地要去找吴本正算账。却被她拉住了，她缓缓地说："思田，你就给我留点自尊吧。"

静子看她眼神不对，难过地说："那这样的日子，什么时候才是个头啊……"

朴成姬眼神呆滞，略有所思地说："这一天，快了……"

晚上，吴本正泡在大木桶里洗澡，舒服得睡了过去，还呼呼地打起了鼾。朴成姬蹑手蹑脚走到他背后，看了他许久后，脑海里不断地想起这些年，吴本正对自己的欺凌，一咬牙，哆嗦着双手从怀中摸出一把剪刀。从后方一点点接近那个害得她生死不如的

男人,汗水颗颗滴落。她举起剪刀又放下,再举起,双手发抖……

吴本正突然打个呵欠伸个懒腰,她吓得一屁股坐倒在地,慌忙地把握着剪刀的手藏于身后。

"干吗来啦?"吴本正瞥了她一眼说。

"没,我想着给你加点热水,这就去提……"

朴成姬说完把刀藏在衣袖里,走了出去,在门外靠在墙壁上,默然地流出了眼泪……

睡觉时,衣柜里突然传出来窸窸窣窣地声音,吴本正原不在意,突然又觉得似乎是耗子在嗑柜子的声音。他一个激灵从炕上坐起来,让朴成姬起身瞧瞧,见她不动就一脚把她踹下炕去,骂骂咧咧地说:"你个懒货,不想过了是不是?阴阳怪气儿好几天了,要死不活的。嗑坏了老子的宝贝你就玩完了!"

他往衣柜处走去,打开柜子把老鼠都驱赶走了。从柜子里取出当年他做地主时穿的地主袍子,满心欢喜地套上,想找找当年的威风感觉。

"咋样?老子这身儿够气派吧?想当年,老子可是一等一的大地主……"吴本正趾高气昂地说。

朴成姬眨了眨眼,仔细打量着他的地主袍子,缎面布鞋和瓜皮帽,眼前忽然飞速闪过一些碎片似的画面:同样的装束,同样的狞笑,不同的场景……

突然她瞳孔紧缩,脑海里的画面一幕一幕地翻过……她开始瑟瑟发抖,正在吴本正笑着的时候,她猛地从地上站起来指着吴本正说:"是你!是你!"

吴本正笑着说:"是我啊,怎么,换了衣服不认识了呀?"

朴成姬大喊着:"不,我认出来了。你,就是你!你才是杨家店惨案的告密者!"死死地盯着吴本正,眼睛里充满了怒火,吴本正吓得连连后退,就如同多年前在日军指挥部时完全一样的情形……

又是一个大太阳的晴朗天。杨家院子里,静子正在跟感恩一起洗小鱼仔,突然肖胜利抱着杨长燕冲进院子里。

"思田,你快给燕子看看,她昏过去了!"

"把她抱到炕上去!"

静子赶紧起身,看到脸色惨白的杨长燕,开始给她做检查。杨长燕清醒过来第一句话就是:"二嫂,大哥他,他……要死了!"紧接着开始失声痛哭,肖胜利在一旁看着心里也难受,便跟静子讲了事情的原委。原来,杨长山被打成特务汉奸,听说,没多久就要被判处极刑了。

静子震惊地喃喃自语:"怎么会?怎么会?大哥是顶天立地的汉子,死也不会出卖

第七章 | chapter Ⅶ
久别重逢，岁月静好

自己的同志和同胞的！政府怎么会相信这么无耻的诬告呢？你们是不是搞错了，啊？"

杨长水难过地说："没错。同一批被打成特务汉奸的名单都出来了，公告已经发到杨家店了，就在村委会门前贴着。村干部通知我们的时候，你出门看诊去了。我们，我们都看过公告了……"

"这叫大嫂和毓敏怎么活啊！老天爷！"静子突然瘫坐在了地上。

静子不知道的是，在长春大学校园里，杨毓敏正在被批斗，学校里的同学们押着她游街示众。

富贵从人群里冲了出去，站在将游街的队伍前，三两下就把杨毓敏从他们手里抢了过来，拉到自己身后。他大喊："凭什么批斗她？他父亲的罪名跟她有什么关系？"

"杨毓敏的老子是打入党组织内部的大特务大汉奸，因为他向日本鬼子告密，死了那么多无辜的老百姓！杨毓敏不脱离她老子，就是和党作对，和人民作对，和社会主义祖国作对！"其中一个学生一脸愤慨地说。

"才不是！不是我爸！我爸是好人！"杨毓敏依然不停地大喊，眼泪早已经打湿了她的脸。

"狡辩！赶紧把杨毓敏交上来，不然连你一起抓起来批斗！"一个学生说。

就在富贵和一群学生相持不下时，又有人来报新消息。马干事跑过来气喘吁吁地说："大特务杨长山和反动派张文秀夫妻主动向组织交代，杨毓敏不是他们的亲生女儿！"

杨毓敏第一个反应过来，歇斯底里地朝他大喊："你胡说！"

一旁的富贵拦着毓敏，忙着追着问到底怎么回事。马干事说："根据杨长山夫妇的供述，组织上已经调查清楚了，杨毓敏的确不是他们的女儿，她是被抱养的。她的生父叫范智博，曾任我党秘密联络员，对外身份是百草大药房的掌柜。百草大药房作为地下党秘密联络站，后来被国民党特务摧毁了，范智博同志被捕，被国民党杀害了。他的爱人冷筱云在被捕前将他们的女儿偷偷送了出去。后来，杨长山同志——啊不不不，当时是同志，现在是大特务——杨长山他收养了范智博同志的女儿，改名叫杨毓敏。"

这一席话，令现场一片沉寂。众人吃惊不已。

学生立即给杨毓敏松绑了，马干事突然想起了什么，补充了一句："啊对了，瞧我这记性。还有个重要的事儿，杨毓敏同学，你的生父范智博同志，已经被授予烈士称号。所以，你现在就是光荣的烈士子女啦，呃，恭喜，恭喜！"

杨毓敏仍旧瞪大了眼睛，急促地呼吸着。突然间，她身子一软，倒了下去。

富贵一把拽住她焦急地大喊："毓敏！毓敏！……"

杨毓敏清醒过来后，不停地呐喊，她就是杨长山和张文秀的女儿，死也不改口。

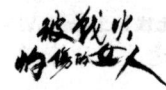

第二天,杨毓敏又被"造反派"关进了牛棚,说她拒绝和特务划清界限,就是这个下场。富贵一听说就赶过去找她,他们已经准备给杨毓敏剃"阴阳头"了。富贵怒不可遏地跟他们打成一团,只好被当作同谋给抓了起来。还被冠以长期和杨毓敏二人暗下往来的罪名。富贵不满他们的冤枉,一拳就朝他们主任的脸挥了过去……

王富贵被抓到公安局的事,学校很快就通知了王喜顺。但是王喜顺的腿越来越不好使了,家里又没个人方便去,只能在家里干着急。朴成姬一听说就说她要去,韩秀芬也跟了去。

静子操劳过度,生病好些天了,杨长水也没敢把这些烦心的事告诉她。可杨长水总是目光闪躲,还是被静子察觉了。

静子声音微颤地说:"出事了?是毓敏?还是富贵?"

杨长水缓缓抬头,无奈地说:"是他俩。吴敏和秀芬姐去了,还被人给打了……不但不放富贵,还说要把富贵抓去和大哥一起枪毙!"

一听这话,静子马上就挪动着身子就要下炕,还一直埋怨杨长水怎么瞒着她,可是还没穿上鞋,又晕了过去。

7/ 真正的汉奸

杨长燕和肖胜利走访了大屠杀当时所有在场的人家后,依然没有找到丝毫线索。但是却找到了已是中年的冷筱云,由于常年病痛折磨,她早已变得苍老不堪。

当年范智博牺牲后,她被马大山威逼嫁给了他做媳妇。后来,马大山死了,她便进了劳改所。

冷筱云看着手中的几张毓敏的照片,忍不住泪流满面。她哽咽地说:"看得出来,你们一家都对毓敏很好。能做杨家的孩子,是毓敏的幸运。谢谢,谢谢!"

杨长燕立即说:"快别这么说。能和毓敏这么好的孩子成为一家人,是我们杨家的幸运才是。"

肖胜利深深地叹了一口气,"大哥被打成特务,毓敏都不肯和他划清界限。这孩子,太仁义。"

"是啊,我们才该谢谢你,生下这么可爱的孩子。只是,查不出杨家店惨案真正的告密者,我大哥就没法摘帽子,现在连累得毓敏也被公安局羁押了……我们杨家对不起你,对不起牺牲的范同志啊。"

冷筱云听到这里面色犹豫,欲言又止。肖胜利以为她想到了关于杨家店惨案的线索,

第七章 | chapter VI
久别重逢，岁月静好

没想到却得知，另一个惊人的消息——毓敏也不是她和范智博的孩子。

监牢的铁窗外，夕阳西下，冷筱云看着窗口的微光，像是在回忆上辈子的事似的，然后把关于毓敏身世的真实情况娓娓道来……

走出劳改农场。杨长燕面色沉重地看着手里冷筱云给他们的布包。

"没能找出杨家店惨案真正的告密者，却翻出了这么多惊人的秘密，我现在完全不知道该怎么办了。"

"是啊，真想不到，两个孩子的身世竟然是这样的。"肖胜利仍然一脸诧异。

"毓敏既不是大哥大嫂的女儿，也不是烈士子女，而是日本人的遗孤。这已经够匪夷所思的了。可谁想得到，富贵的身世更离奇呢？"杨长燕若有所思地说。

"照冷筱云的话来看，吴敏就是朴成姬，富贵很可能就是范老四当年从冷筱云那儿抱走的'雄一'。"

"可是，万一不是呢？"

"应该不会错。你想，当年韩秀芬捡了个孩子抱回王家养，没多久，吴敏，哦，应该是朴成姬就出现了。她跟王寡妇争孩子的事儿乡亲们虽然不太清楚内情，可当年闹得动静也不小。虽然朴成姬因为和吴本正的关系被人唾弃，没能要回孩子，可按当时的时间来推断，这孩子应该就是富贵。"

杨长燕点点头。

"嗯，只可惜，朴成姬还不知道她当初生下来的是个死婴，已经被范智博和冷筱云掉了包。"

"最难办的还不是朴成姬这边。而是思田嫂子。如果冷筱云说的都是真的，那几乎可以断定，她就是那个日本女人，也就是富贵的亲妈。"肖胜利说。

杨长燕茫然地看着已经落下一半的夕阳。

"可愁死我了，这要怎么跟我二嫂说啊……"

杨长燕夫妇回到杨家店时，天已经全黑了，村里几家亮着星星灯火，偶尔从巷子里传出几声犬吠。他们经过村口的时候，刚好碰见了翠花。

"翠花嫂子天都黑了，怎么还站在门口啊？"

"哎呦燕子回来啦！你们家出大事了你还不知道吧……"

翠花一看她表情就知道就赶紧跟她说了。杨长燕简直不敢相信，这才两天怎么就出了这么多事。一是杨毓敏和富贵都给关在了警察局；二是傍晚时感恩也走丢了；三是还在病中的静子一时激动，心肌梗塞被送到医院抢救了。

肖胜利当机立断，想着杨家现在肯定也没有人在，就带着杨长燕赶到县医院去了。

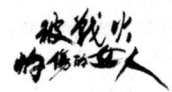

杨长燕一到医院就看到蹲坐在地上,一脸疲倦自责的杨长水。

"怎么会突然发病呢?"

"着急上火。都是我不好,没看住感恩,让他跑丢了。结果咋找也找不着,你嫂子就急晕了。幸亏刚刚吴敏帮忙把感恩找回来了。"杨长水看着妹妹说。

"感恩怎么会走丢呢?"杨长燕这才看到朴成姬也在旁边坐着,"吴敏,真是太感谢你了。"

朴成姬看着杨长燕,眼神闪烁。谁也不知道,其实是吴本正偷走了杨长水的鱼,被感恩看到了,他追着吴本正,还咬伤了他的手。吴本正要打他,他逃走的时候躲在了庄稼地里,然后被她找到了。可是这一切她都不敢说。

杨长水问起杨家店血案的线索,肖胜利也支支吾吾地说还没什么大线索。

"二哥你别急,我和长燕再接着查。反正不到最后决不放弃。"

"可是!已经来不及了啊,再不找到,大哥就要判处极刑了!"杨长水又跌坐在地上,埋头痛哭起来。在场的人,都心急火燎上火得不行,可静子还在急诊室里没出来。

一直站在一边,心里挣扎许久的朴成姬突然开口:"那个……肖同志……我……我知道真正的告密者是谁。"

"什么,你知道?"杨长燕震惊地看着她。

可是朴成姬还在犹豫不决,低着头双手抓着衣角,脑海里一直想起她来医院前,吴本正恶狠狠的警告。而且她只要一说,自己做过慰安妇的事情也要被曝光了,可是想到这些年杨家人给她的帮助,心里矛盾起来。众人也都焦急地盯着她。

"吴敏姐,你快说呀,要不我大哥就冤死了……"杨长燕急得都快哭了。

终于,朴成姬看了一眼静子的病房,自言自语般的说:"我本来就是个下贱人……"继而又转身咬牙切齿地看着众人,一字一顿地说:"告密的人是——吴本正。"

刚一说完,急诊室的灯突然灭了,医生快步走出来,摘下口罩告诉大家。

"刘思田已经渡过了危险期……"

热烈的鞭炮声在杨家店热闹地响起,全村的人都出动了,站满了村路和田间陇头。一队人压着吴本正在村中游行而过。犯人颈间挂着写有"特务、汉奸、凶手"的字牌,村民们都忍不住上前撕扯他的衣服,向他身上扔石头、丢垃圾,不断地诅咒他。

"吴本正!你个杀千刀的!害了杨家店那么多条人命,下地狱去阎王爷会跟你一笔一笔算清楚的!上刀山下油锅,永世不得翻身!"

"早该让他死掉!竟然逍遥法外了这么多年!"

"哼!吴家人没一个好东西!都是当汉奸的料!"……

第七章 | chapter Ⅵ
久别重逢，岁月静好

游行的队伍经过杨家时，杨家的人全都站在门口观看，吴本正突然挣扎着停下来，瞪了一眼朴成姬，朝她啐了一口，满脸鄙夷的神态，"嘿，想不到啊想不到，年年打雁，倒被雁儿啄瞎了眼。朴成姬，算你狠！没想到你为了救老杨家，真豁得出自己的脸面去揭发我。不过你也别得意，你揪出了我，也就彻底暴露出你那些不光彩的历史！你这个给小日本做过慰安妇的朝鲜女人，还有脸光明正大在杨家店呆下去吗？"

静子上前，瞪着他说："吴本正，你到死到临头还想拉人下水。成姬过去做过什么，那都是罪恶的日本侵略战争造成的，跟她没有关系。她是我们老杨家的恩人，更替杨家店惨案里死去的无辜乡亲们报了仇，全杨家店都感谢她！"

杨长山也走了过来："是啊，吴本正。你再怎么往朴成姬同志身上泼脏水也没有用。她勇敢地救了我们大家，她的人格是闪光的，这种无私奉献的无产阶级精神，是你永远都体会不到的。"

"无私？哼哼，大道理说得好听，她不就是为了她自己的亲生儿子王富贵吗？"临走临走，吴本正还要使坏。

村里人一听都哗然了，互相争论着。只有王富贵一声大喊："你说什么！"王喜顺也一瘸一拐地上前，举起手里的拐杖狠狠地打了他几下。

"吴本正，你给我住嘴！再乱说就把你嘴给撕烂！"

吴本正忍着疼，不理会王喜顺的威胁，反正要死了，索性扯着嗓子喊起来。

"朴成姬，你费了这么多年的心思，不就想着把你儿子抢回来嘛！可惜啊，人家富贵能稀罕你这个给日本鬼子当过妓女的娘吗？哈哈哈……"

王富贵简直不可思议地看着众人，一会有人说他妈是个疯子，一会又是个妓女，他不敢相信，他环顾着众人，每个人都回避他尖锐的目光，一副欲语还休的表情。

"你们，你们都是骗子！"富贵突然大喊一声，跑开了。

"我去找他。"杨毓敏赶紧跟着他后面跑了过去。

吴本正见状哈哈大笑，口中还出言侮辱，朴成姬终于忍不住上前扇了他一耳光，他欲还手立刻被乡亲们按倒在地。场面顿时混乱起来，静子搀扶着站不稳的朴成姬，肖胜利拉着杨长燕后退了两步。

"燕子，富贵和毓敏的身世，你还没跟他们说？"

"怎么说啊！别说孩子们这边儿，就是二嫂和朴成姬她们这边儿，我左思右想都开不了口啊！二嫂刚大病了一场，我怕她一激动再有个好歹，再说了，你看富贵这反应……"杨长燕看着自己的丈夫，一脸愁容。

吴本正被抓进监狱了，富贵又回到了大学的校园里，关于他的慰安妇母亲的事，

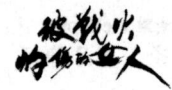

早已经传遍了整个学校。前两天有人在图书馆嘲笑他，还被他打了。富贵现在每天脾气都非常暴躁，动不动就跟人打架，任凭杨毓敏怎么劝都没有。

"我连自己是谁家孩子都还不知道呢！"

"你跟我怎么能一样？你是烈士遗孤，我呢？我是从一个日本鬼子的慰安妇肚子里掉出来的……"

还没说完，杨毓敏狠狠扇了他一耳光，富贵一时间愣住了。回过神后，他狠狠地瞪了杨毓敏一眼，二话不说就跑了。

自从知道自己的真实身世之后，富贵周末都不回家了。杨毓敏只好每个星期回去，告诉家人富贵的情况。静子左思右想打算去学校找他谈谈，但又觉得解铃还需系铃人，就让朴成姬去找富贵。哪里知道，朴成姬做了点心，满心欢喜去，却被富贵劈头盖脸地羞辱一番，关系还不如从前做大妈时好了。

眼看着王富贵骂完人就要走，杨毓敏上前一把拉住他，骂道："王富贵你站住！你这什么态度？怎么这么跟你妈说话呢？"

朴成姬小声地说："我没事，毓敏你别上火。富贵，我不是有什么非分之想，一定要跟你相认。我知道这么多年来，我没能尽到一个母亲的责任，还不如思田做得好。可是，我有我的苦衷。你还年轻，你不知道，人生很多事情，都是阴错阳差。一步错，步步错……"

富贵不耐烦地说："好了，你不要说了。你的人生没必要解释给我听，我跟你没有任何关系。"

朴成姬看着富贵一脸鄙夷的神情，她的眼泪在眼眶里直打转，"富贵，我只是希望你能理解，我当初不是要放弃你，我实在是不得已，你不知道，当初我受了伤，眼看着秀芬把你抱走的时候，整个心都碎了。这么多年，我就是盼着有一天你能原谅我，接纳我，所以才苟且偷生地活到现在，求求你，给妈妈一个补偿你的机会吧。"

富贵怒喊一声："够了！要讲多少遍你才明白，我只有一个疯妈，叫韩秀芬。她虽然是疯子，可是清清白白的，她死也不会做日本鬼子的慰安妇！"

"王富贵！"杨毓敏被他的话气得直哭。

朴成姬看着富贵跑远的背影，脑海里不断回想着他刚才说的话，难过得心像针刺得一样疼。从前他说他不想要个疯婆子当妈，希望她是他的妈，现在总算是真相大白了，可富贵他……

突然富贵又转回来了，大步向朴成姬走来。杨毓敏还以为他想清楚了，要来道歉，心里有了些安慰。哪知他跑回来，怒气冲冲地抢走朴成姬手里的点心盒，然后狠狠地摔在地上，又怒气冲天地跑了。

第七章 | chapter Ⅶ
久别重逢，岁月静好

朴成姬看着点心摔得粉碎，赶紧去捡那些点心，却被盒子的棱角扎得血肉模糊。

"我真是造孽啊！造孽啊！"朴成姬看着满手鲜血，仰天嚎啕大哭起来。

杨毓敏赶紧送朴成姬去看校医，可是途中又被同学叫去开会。杨毓敏坐在会场里，不知道为什么总是觉得内心很不安，突然，她想起朴成姬刚才的神情，马上心里"咯噔"了一下，"啊！完了……"她似乎是预感到了什么似的，蹭地站起身跑出了会议室。她在操场上找到了富贵，二话不说拉着他就走。

"诶，走哪儿去啊？轻点儿，胳臂要拉脱臼了！"

"别跟我嬉皮笑脸的，再磨蹭，恐怕你这辈子都见不到朴阿姨了……"

长春大街上到处都贴着宣传海报，还有各种大字报。朴成姬穿过来来往往的人群，漫无目地走着，脑中都是刚才富贵决绝的举动。

她来到湖边，望着波光粼粼的湖面，耳边响起了曾经的欢笑声，想起曾经在这座城里，她和范老四的回忆，那么温暖，那么美好，仿佛就在昨天。可是现在已经过去了那么多年，一切都再回不去了。

杨毓敏和富贵走遍了长春城，终于找到了朴成姬，他们躲在一棵树后看着她的举动。

"我看阿姨的样子真的不太对劲，要不，你上去跟她谈谈？"

富贵别转头，不悦地说："谈，有什么可谈的？"

杨毓敏正想骂他来着，又说："咦，阿姨脱鞋子干嘛？"

"我怎么知道……"

正在这时，还不等富贵他们反应过来，湖边传来扑通一声。他们立即看过去，只见一阵水花四溅，岸边已没了朴成姬的影子。二人这才反应过来，大声呼喊着跑过去，富贵冲过去看着还没平静的涟漪，一头扎进了湖里……

8/ 杨长水溺亡

县医院里。

杨毓敏满脸泪痕地坐在富贵的床边，握着他的手，忍不住哽咽。病房外，静子头发松乱，神情焦急地跑了进来。

"毓敏，我听说，富贵出事了？他、他……"

"呀，二妈，你怎么来了？您先坐下。"

"富贵啊！这到底怎么回事？"静子一看到病床上的富贵就扑过去了。

杨毓敏赶紧站起来，擦了擦眼泪，扶静子坐下。

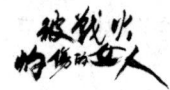

"是,是朴阿姨跳湖了,富贵下去救她,不小心被水里的石头划破了大腿上的动脉。医生说失血过多,需要输血。"

静子一听又站起来,神色急切面色惨白地说:"什么!"

杨毓敏连忙安抚她,又扶着她坐下。

"朴阿姨现在正在验血,她是富贵的至亲,没有意外的话应该很快就能给富贵输上血。所以您别太担心了。"

静子的面色这才缓和下来,伸手抚摸着昏迷不醒的富贵。原本,她在家想着,朴成姬一个人来肯定会不妥,就赶去学校看看,哪里知道学校说富贵出事请假了,她才赶来了医院。

"啊!富贵他醒了。"杨毓敏突然看见富贵的手指动了一下。

"富贵!富贵!"静子大声喊道。

富贵睁开眼,看着静子和杨毓敏,意志清醒了些,只是眼睛被光刺得有些疼,条件反射地闭上,口中说:"她,她没事吗?"

"没事没事,现在在验血呢!"

杨毓敏赶紧安慰她说,可是刚一说完就听到从隔壁传来朴成姬的声音。

"你们胡说八道!富贵是我儿子,我是他妈!怎么可能血型不合呢?我要救儿子,你们为什么不让我救他!"

静子和毓敏对望一眼,赶紧赶了过去。

护士无奈地说:"同志,你冷静一点。不是我不给你抽血,你的血型的确和病人不合,硬要给他输血病人会起排斥反应的,到时候就不是救他,而是害他了!"

"不可能,你们肯定化验错了,我们千真万确是母子俩啊!"朴成姬说着,双眼通红简直不敢相信,她突然疯狂地用凳子砸玻璃,吓得护士缩在屋里不敢动。

静子跑进来拉住了她,接过护士手里的化验单仔细看起来。

"啊!怎么会这样……"静子惊诧地叫了起来,又认真地看了一遍化验单。

"怎么了?怎么了?"杨毓敏赶紧问。

静子抬起头看着朴成姬,怔怔地说:"从化验单来看,富贵他应该不是你的孩子。当然,亲子之间血型发生突变的例子也不是没有,可是……"

杨毓敏插嘴:"二妈,你是说,基本可以确定富贵不是朴阿姨的孩子?"

朴成姬听到这里,突然脚下重心不稳,险些摔倒,可是却不承认自己不是富贵的母亲。只是一味地大喊:"都是我害了富贵啊!是我害了他……"

静子和杨毓敏正急得不知所措,护士怯怯地透过玻璃,探出头来说:"我,我说,你们到底还有没有其他家属啊?病人等着输血呢!"

第七章 | chapter Ⅶ
久别重逢，岁月静好

静子一听，忙撸起袖子伸出手臂说："有有！护士同志，抽我的试试。"

"嗯，还有我的也试试！"杨毓敏也伸出手臂。

可是验完血后，只有静子的血型合适，大家都在庆幸的时候。朴成姬忽然睁大眼睛，紧张地说："你……他……你怎么和富贵的血型是一样的，你……你怎么会是富贵的亲妈呢。"

"你看你，怎么这么紧张呢，我和他的血型相符不一定就是他的妈妈，但是你的血型不符那就一定不是他的妈妈，你明白吗？"静子安慰地说。

朴成姬不管她说什么，失望地一屁股坐在椅子上，两只失神的眼睛望着空荡荡的走廊，整个人似乎一下子苍老了很多。静子走上前轻轻握着她的手，知道现在说什么都没用。

静子让富贵好好安慰下朴成姬，他却说："血型都不一样，怎么可能是母子。"

却刚好被外面站着的朴成姬听到了，她脸色惨白，一步步向后退去。杨毓敏焦急地跟在她后面安慰地说："朴阿姨，富贵他就是性子太拧，您千万别当真。"

"是啊！这小子，真得好好教育教育他。不管是不是亲生母子，你关心爱护他这么多年，跟亲妈有啥区别？怎么说，也不能这么对待长辈啊！"静子也上前安慰她。

朴成姬轻轻地摇头，眼睛里不断地流着眼泪，她说死也要弄明白到底怎么回事，说完就跑到了化验室和医生护士争执了起来。

"同志，我说你这人怎么这么固执呢？化验血型没啥复杂的，不会搞错。验出来是啥血型，就是啥血型。"护士不耐烦地说。

"您再给验验，再给验验，行吗？"朴成姬就差没给护士跪下了。

"成姬，你……你要相信科学。"静子说。

"思田，我求求你了，你让他们再帮我验验，您知道，这个化验结果对我有多重要。这二十年，我死皮赖脸地活在这世上，为啥？都为了我这唯一的儿子啊。他是我活着的希望，是我的精神支柱。可现在，突然告诉我，这二十多年的盼望都是假的？"朴成姬哭得泪雨滂沱声嘶力竭。

静子在一旁也看得心酸，好不容易才把她拉出化验室。

从县医院回来后，朴成姬就病怏怏的，每天饭不思茶不想。现在天都黑了，还没从炕上起来。她望着窗外的昏暗的天，想起在医院时，富贵的态度，心里一酸又哭了出来。

"成姬姐，在家吗？"门外突然传来了杨长燕的声音。

杨长燕夫妇拿了粮食来看她，他们听说了在医院里朴成姬和富贵的事，决定把整个事情的都告诉她，好让她放下心结。可是面对一直哭哭啼啼伤心欲绝的朴成姬，杨长燕怎么也开不了口。

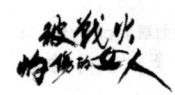

"燕子,咱也别支支吾吾地了,朴同志有权知道真相。"肖胜利抛砖引玉地说。

杨长燕点点头,看着朴成姬说:"富贵他,的确不是你儿子……"

尽管杨长燕把关于冷筱云说的话全都说了,朴成姬还是不肯相信。她只好从背包里拿出两件血衣。

"这是当年两个孩子穿过的血衣,冷筱云收藏的。这上面还留着我二嫂用鲜血写下的两个孩子的姓名。"

朴成姬看着血衣,眼睛瞪得老大,心里抽搐地疼。杨长燕忧心地看着她,见她突然开始仰天大笑,笑声渐渐变得癫狂,竟分不出是笑是哭……

富贵在学校里,一直抑郁不堪,一边想着关于谁是他亲妈的事,一边被人嘲笑。同学逼迫他必须大义灭亲,只要把日本特务抓到了,就不会再嘲笑他了,也不会再提他从前打人的事。

富贵在他们的怂恿下,带着人去了杨家店。杨毓敏一听说这事,也立即赶了回去。

静子在院子里洗衣裳,感恩在一旁帮忙扎药包。院门突然被人踹开,富贵只是低着头走进来,身后跟着几个年轻学生的模样。

"富贵,怎么了?"静子起身问。

"就是她!她就是日本特务!"富贵指着她喊道。

那些人一听立即就拿出绳子把静子绑了起来,完全不听她的辩解,然后押着她出了院子,感恩在屋里傻傻地哭起来。

杨毓敏赶来时,富贵带着那一帮人正走在村路上,她冲出来上前扇了他一耳光,口中骂道:"王富贵,你还有没有良心啊你!"

哪里知道富贵一听这话,转身照着她的脸回了一巴掌,杨毓敏木讷地站在原地,眼泪突然夺眶而出。

"富贵你……"杨毓敏说完就捂着脸跑了。

"富贵,你还不去追毓敏!"静子刚说出这句话,就被那些人扇了一巴掌。

富贵心情郁闷,也不管杨毓敏跑去了哪里,他走在队伍之中,只觉芒刺在背,不敢回头看静子的眼睛。突然,前方出现一群村民,有的拿铁锹,有的拿铁耙,很快就将他们团团围住。带头的杨树魁狠狠瞪着他们,然后重重将手上的铁锹往地上一插,大吼一声。

"给我站住!你们想干啥!"

"我们想干啥?干革命!革日本女特务刘思田的命。再不让开连你们一块带走!"一个男生嚣张地说。

第七章 | chapter Ⅶ
久别重逢，岁月静好

"哼！就凭你们几个小崽子！最好赶紧给我放开刘大夫！"杨树魁依旧稳如泰山地立在那里，声音洪亮，很快，其他村民也都跟着大喊起来。

"你们疯啦，这个女人是日本特务，你们想包庇她？"之前说话的那个男生又说道。

"她是治病救人的刘大夫，是我们杨家店的恩人。"杨书礼也举着烟袋锅子示威。

"没错，谁要敢动刘大夫一下，我们就和他拼命。"王喜顺也大喊。

双方僵持不下。富贵刚张嘴想说什么，王喜顺上去就给了他一巴掌，打得富贵再不敢吱声了。静子看着对峙的双方，有些担忧，正想说什么，只见杨树魁已经一铁锹拍在了某个人的背上。"老头子，你不想活啦！"

"什么阵仗老子没见过，怕你们几个黄毛小子？乡亲们给我上！"杨树魁威武地发号施令。

很快两方便打了起来，乡亲们人多势众，学生哪里见过这阵势，还没开打就吓得腿软了。尤其是杨树魁的铁锹在他们中间来回舞动，不伤人要害，但招招都让他们倒地。片刻，村路上就尘土飞扬，学生们被这样的气势吓坏了，立即抱头鼠窜。

"同志们快跑——不，战略转移，战略转移！"他们慌慌张张地逃走了。富贵回头看了一眼静子，又跟那帮人一起跑了。

静子看着富贵的背影，颓然坐倒在地……

被杨家店乡亲们打跑的那群学生，心里愤怒不已便去找酒馆喝酒，富贵丧气地跟在后面，心里既愧疚又羞耻，一个人埋头大喝。很快便喝多了，酒馆老板刚好来上菜，他一看鱼那么小，就找老板的茬儿。

"你这鱼也太小了，你是不是存心欺负我们啊！"富贵说。

很快其他人也跟着喧嚷起来，有人已经把碗筷给摔了。

老板哆嗦着立刻来解释："现在我这没有大鱼了。富贵，咱们乡里乡亲的，你给老汉我说句话。我这小酒馆儿已经开了好几十年了。你爸王喜顺，你干爹长水，他们平常没事儿都爱到我这儿喝两口，吃点儿酒菜儿。你也跟着他们来过。你说说，我是那种坑蒙拐骗的坏分子吗？"

老板原指望富贵能替他说几句好话，哪知富贵大掌一拍，非跟他要大鱼，老板也气愤了，看着满地都是他们砸的碗筷，不想再委曲求全了。

"我说没有就是没有，有本事你们自己上水库捉去！"最后抛下这句话，就走回柜台里面去了。

有人拍手说道："对啊！水库里有，我长这么大还没捉过鱼，我们去捉鱼吧！"其他人听到这个提议都纷纷叫好，让富贵带了路去水库边。

到了水库后，他们纷纷脱了上衣，刚想要下水捉鱼。却看到了来到水库边上准备

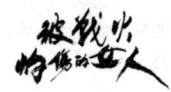

打鱼的杨长水。其中一个人认出那是静子的丈夫,就跑过去,围住他,叫他下河去给他们打鱼。

"我为什么要给你们打鱼?现在都新社会了……富贵你说……"

杨长水还没说完,一旁的富贵竟然一巴掌打在了他脸上,杨长水登时睁大眼睛,不可思议地看着他。

"反了你了。你小子敢打我?要是让你干妈知道了,有你好受的!"杨长水气急败坏,怎么也没想到他竟然敢对他动手。

某人大喊:"你说的是你老婆刘思田吧?王富贵已经和她划清界限了,今天就是他带头来批斗刘思田的!哈哈!"

杨长水抬起头震惊地看着富贵,气得脸色铁青。

"批斗?富贵,你批斗思田?你告诉我,是不是真的,是不是!"说完一拳打在王富贵脸上,那群人立刻就向他围去……

众人把杨长水打得全身淤青,还逼他划船带他们抓鱼。然后一干人都跟着杨长水上了船。

"你们不能这样摇晃船身,风很大,船会翻的!"杨长水见他们不懂怎么划桨,喝声制止。

"翻船?不可能!我们的革命激情,大风大浪都压不垮,何况是一个小小的水库。"

一个男生借着酒劲大喊。刚喊完,身子一倾斜,船身就开始剧烈摇晃,然后众人都还没来得及反应,船噗通一声就翻了。

几个砍柴的村民,远远看见水库的湖面上,一只小船载沉载浮,还有人不断挣扎,水花四溅,还隐隐传来呼救的声音。

"不好啦翻船了,大家赶紧去救人……"

杨长水熟识水性,他赶紧游过去,把他们一个个救上岸。正感到筋疲力尽,想歇一歇时,却发现富贵还在水中央扑腾着,又立即游过去。很快就拖着腿抽筋的富贵往岸边走,眼看已经离岸边越来越近了,杨长水使劲推富贵,想把他推上岸去。可是突然自己脚下一滑,整个人沉入了水里,很快他又从水底探出来,吐了口水,继续用力推富贵。

"别推我啦,你先上岸吧。别硬撑了!"富贵大声说。

"你先上岸,我是你干爹!听话……"杨长水声音已经很微弱了,最后他突然集中力气,用力一推,把富贵推上了岸,但他自己却往下沉去。富贵上岸后立即转身拉他,够着了杨长水的手,可是刚抓住一用力,手就滑了。就在这时,一个大浪打来,杨长水被冲离了岸边,他的身体在水中时隐时现。

第七章 | chapter VI
久别重逢，岁月静好

"富……富贵……"杨长水的声音断断续续地传来。

"杨……干爹……别松手啊，抓住我啊，抓住我啊！"富贵大惊失色，对着水里大喊。

可是任凭他怎么喊，杨长水都抓不到他，很快就被水冲得越来越远。富贵似乎看到了杨长水最后浮起来时的笑脸，然后再也看不到他的人了……

"干爹！"富贵流着声嘶力竭地大喊。

9/ 痛失亲人

杨家大院里，静子和朴成姬正坐着聊天。朴成姬犹豫了好几次，刚想张嘴把富贵是她儿子的事情告诉她时，翠花突然冲进了杨家院子。

"出，出事了！你家长水出事了……"翠花的话对静子来说犹如晴天霹雳。

静子手里的筛子"砰"地掉在地上，"长水，长水，怎么了？"

"船、船在水库里翻了，他为了救人，自己没上来……"翠花说完抹了一把眼泪。

静子听后双腿一软，险些倒在地上，幸亏朴成姬在旁边扶了她一把。静子用力地推开朴成姬，努力撑着自己的身体，飞奔着朝水库的方向跑去。

先前和富贵起了争执的杨毓敏，一个人闷闷不乐地跑到了山上，坐在一棵大树下赌气似的骂着富贵。可是想起他们小时候的事情，又忍不住笑出声来。她跪在山神庙前，虔诚地为富贵和杨家人祈祷，突然不知道从哪里窜出来两个男孩，朝她身上扔小石子。

"你们怎么不帮大人干活，敢偷溜上山，这里附近很危险的。小心我告诉你们的父母，把你们抓回去打屁股。"杨毓敏装出一副凶样，对他们说道。

"你才应该小心，你敢来拜山神，这是'封资修'。"其中一个男孩鄙夷地说。

"你们懂什么叫'封资修'！邯郸学步，可笑！"杨毓敏忍不住嗤笑。

"才不管你呢，我妈说见着'封资修'就打倒，才是好孩子。"说着就拿石子朝杨毓敏扔去，然后转身跑进了树林里。

杨毓敏正有火没处发呢，身上又被石头打得酸痛，就起身追赶过去。刚跑了几步，突然想到什么，大惊失色。

"不要跑过去，前面是危险区，日本鬼子埋的炸弹还在里头呢！"

两个小孩一听立即站住了，杨毓敏跑过去，抓住他们，刚向前走一步，她突然愣住了，看了一眼自己的脚下。她松开手放下两个孩子，然后朝他们歇斯底里地大喊："快往回跑，离我远点，我的脚下有炸弹！"

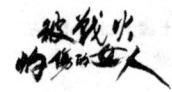

两个孩子一听拔腿就跑,一路飞奔跑出了森林,他们气喘吁吁地站在路边,突然听见从森林里传来一声巨响,火光与浓烟冲破半边天。他们吓得尖叫起来,迅速往村里跑去了。

水库边,静子抱着杨长水已经冰冷的身体,把脸紧紧地贴在他的胸口上,脸色惨白惨白的,眼睛就跟要喷出血来似的。乡亲们在一旁看着,大家都心酸不已,但是又不知道该安慰什么,只能沉默无语。

学生们早已经吓得跑了,王富贵木然地跪在一边,身上的衣裳还滴着水。朴成姬跟在后面跑过来,伸手打算揽静子的肩膀,她却瑟缩地挣开,抱着丈夫的手臂更加用力了。

似乎过了很久很久,静子脸色突然变得柔和了起来,"长水,你咋这么冷啊?早上出门的时候,我不是嘱咐你要多穿件衣裳吗?你咋就忘了呢?……"

静子轻轻亲吻长水的额头、脸颊、眼皮和嘴唇,继续喃喃地说:"这里也是冷的,这里也是,这里也是……当初我为了生下感恩,差点大出血死掉。我还记得那时候的感觉,鲜血一点一滴地流走,身子一分一秒地变冷。长水,现在我的心明明还在跳,血明明还在血管里流。可我又感觉到那时候的那种冷了,一点儿亮光都看不见的那种冷……"

一旁的乡亲,看到这样的场景,都忍不住别过头去,偷偷地擦眼泪。翠花和那些妇女,实在看不下去了,七嘴八舌地劝说起来。

"思田,保重身子要紧啊。"

"人死不能复生,想看点"

"大妹子,入土为安啊。"

……

静子看也不看她们,只是伸出食指放在唇边:"嘘,别吵,让我跟长水待一会儿……让我们静静地待一会儿……"

朴成姬赶紧示意大家退开一点,让静子利用这最后的时光跟长水再好好待一会。乡亲们远远地看着静子抱着杨长水像一尊雕塑一般,动也不动了。富贵跪在她和杨长水面前,连抽泣都不敢了,生怕吵到他们。

"思田!思田!毓敏,她出事了……"突然,孙玉娘朝这边跑来,一边还在大喊。

静子身躯一震,茫然抬起头来,结结巴巴地说:"毓……敏?"她连忙放下杨长水的尸体,跟跄着往山上跑去。一直跪在地上的富贵也迅速起身跟在她身后飞奔过去。

第七章 | chapter Ⅶ
久别重逢，岁月静好

此时，已经暮色低沉，山脚下孙玉娘惊恐的声音一直在静子耳边回响，"毓敏出事了！听说是踩上了当年日本鬼子埋的炸弹，已经，已经……"

静子满脸泪水，飞快地朝着杨毓敏出事的地方跑去，摔倒了就立刻爬起来，也不顾浑身上下都是擦破的伤口和尘土，继续往前跑。

等静子到了山上时，杨树魁和村里的一些乡亲已经将毓敏的遗骸收拾好了。静子瞪着地上那具盖着白色单子的尸体，全身止不住地颤抖。她呆呆地站在那，一步也不敢向前走……

富贵紧跟着赶到，他愣了愣，几步冲到了尸体前，颤抖着揭开了单子，随后发出了一声凄厉的哀嚎，"毓敏！毓敏！这是为什么啊毓敏？为什么！你醒来啊，不要这样！我还没跟你说过'我爱你'！我爱你呀！"富贵抱着杨毓敏残破烧焦的尸体，仰天凄厉地哀嚎，乡亲们看了都忍不住落泪。

终于，静子像游魂一样一步步走上前，她看到了毓敏的尸身，再也经受不住如此大的打击，一头栽倒在地，昏了过去。

"啊！长水媳妇，你醒醒啊！"杨树魁率先冲过去扶起她。众人七手八脚地抢救静子，她噔咛一声吐出一口鲜血，醒了过来，不顾乡亲们的关心，连爬打滚地爬到毓敏跟前，揭开白布，瑟瑟发抖地呢喃："毓……毓，毓敏……"

静子转身爬到富贵的面前，似乎用尽了所有的力气，狠狠地打了富贵几个巴掌，"从小到大我从来都没有动过你一个手指头，这一巴掌我是替毓敏打的，打你没心没肺伤了毓敏的心，还害得她这么年轻就……"说着又打了他一耳光："这一巴掌是我替长水扇你的，打你不忠不孝，无情无义，从小到大，你干爹为了让你有吃有穿受了多少苦，遭了多少罪，受了多少无白的冤屈。你不报答，反而将他害死，你有没有人性，你有没有良心！"

赶过来的朴成姬刚想劝解，静子一把把她推开，冲过去又是一巴掌："这一巴掌我是替村里这些老老少少打的，你吃百家饭，穿百家衣，村里哪个人没帮过你，你上大学时，老老少少给你凑粮票，怕你冷，五爷将他的狗皮褥子都给了你，怕你饿，村里这么多人为你省口粮，为的就是让你读大学，有出息，可是你，你都干了些什么，你伤天害理……"

这时，已经没有了丝毫力气的静子，一口血喷了出来，栽倒在地上。

"思田！思田……"朴成姬赶紧上前抱着她。

很久没下过雨的杨家店，那天却下了倾盆大雨。静子跪在杨长水和杨毓敏的坟前，欲哭无泪。杨长山夫妇一直隐忍着内心的悲痛安慰她。

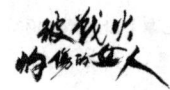

"对不起,大嫂,都是我不好。我没有照顾好毓敏,没有照顾好长水,我对不起老杨家,对不起婆婆的在天之灵……"静子平和的声音里,透出一股悲凉。

"弟妹你别这么说,这不怪你,别把责任都揽在自己身上。长水在天上,肯定也不希望你以后天天活在自责里。"杨长山说。

"大哥……"静子抬头看着灰蒙蒙的天空,感到无比的绝望。

背后突然传来一声嘶吼:"你们不要替这个日本女人开脱了!"

他们回头一看,只见满身泥泞的富贵举着木棍大步跑了过来,眼神里满是怒火。静子看到了富贵的举动后,缓缓站起身来,面无表情地走向富贵。

"我打死你这个日本鬼子!"

富贵说着举起手里的木棍朝她打去。杨长山立即冲过去拦下他,张文秀也赶紧跑过去,"富贵你干嘛,她可是你干妈!"

"可是她是日本人,要不是日本人,毓敏怎么会死,这么多人怎么会死!"

静子平静地注视着富贵,凄然地说:"虽然我早就从心底里认定自己是中国人了,可我身体里的确流着日本人的血。日本人在中国所犯下的种种罪恶是无法推卸的。"她看了一眼富贵,又转身看了一样杨长山和张文秀,"我愿意一死。"

雨越下越大,瓢泼似地浇在静子的身上。可她动也不动,脸上已经分不清哪些是泪水,哪些是雨水,"我只希望,我的死能平复仇恨,平复这场战争给人们带来的伤痛。只是……大哥大嫂,我只是放不下苦命的感恩。他发育不全,医生说,恐怕很难长寿。要是我不在了,只能麻烦你们照顾他了。"

"思田啊!"张文秀听了他这话,忍不住冲上去抱住她,富贵也怔怔地看着她。

静子不管张文秀的哭喊,只是仿佛在闪电之中看到了杨长水憨厚的面容,她面带微笑的闭上了眼睛,"长水,你走慢些,等等我。"

"王富贵你在干啥!"后面又传来一声嘶吼。原来是朴成姬和杨长燕带着感恩往这边跑来了。朴成姬老远就看到富贵手里拿着木棍站在静子面前,她愤怒地跑了过来,夺下他手里的木棍,气急败坏地扇了富贵一耳光,"混账,你居然想害死你亲妈!你这个小狼崽子,你这个没良心的……我打死你……我打死你……"朴成姬举着木棍没头没脸地打在富贵身上。

这话一出口,除了杨长燕,其他人都愣住了,尤其是静子,她幽幽地说:"成姬,你说啥?谁是富贵亲妈?"

"多少年了,我忍辱偷生,就为了能亲眼看着富贵好好长大。我一直为了不能跟富贵相认而痛苦,可是我一直不敢相信,他真的不是我儿子,静子你才是他的亲妈啊!"朴成姬看着静子,哭得眼泪滂沱。

第七章 | chapter Ⅶ
久别重逢，岁月静好

"二嫂，富贵的本名……叫雄一。"杨长燕把两件血衣递给静子。

"雄一……"静子打开两件血衣，仔细看了看，顿时眼前一黑，险些昏了过去。

富贵看到这一切，一屁股坐在了水里，傻呆呆地做了半晌。还没等静子他们反应过来，又蹭地站起身，不分方向地跑了起来，口中不断地呐喊，"我到底是谁，我是谁！"

"富贵，富贵……"静子率先跟着跑了去，其他人也都担心地跟着去了。

富贵一路跑到了悬崖边上，看着眼前的雨滴落入不见底的深渊，后背窜起一股铺天盖地的悲凉感，他竟然连自己是谁都不知道了。

"这是为什么？我是谁？我到底是谁？你们谁来告诉我？"

富贵又往前走了两步，他看着深渊，心里想，如果就这样跳下去，就什么事都没了，还能见到毓敏，跟她赔罪认错。想到这里，他嘴边泛起一阵笑意，一步一步朝悬崖走去……

"你千万不要想不开啊！憨憨！"

"富贵，富贵！"

"富贵……你给我站住……回来，雄一……"

富贵听见身后的呐喊声，惶恐地摇摇头，继而焦躁地用双手堵住了耳朵。但是两个母亲的呼喊声音依然由小到大，由弱到强，渐渐变成了一首歌，一曲乐章——那是母亲的摇篮曲，那是母爱的磅礴乐章。他突然停下了脚步，扬起脸，任凭雨水冲刷他的脸和身体。

感恩摇摇摆摆地走到了富贵的身边，口中念着："哥，哥哥……"富贵看了看感恩，又看到了蹒跚向他跑来的两个女人——静子和朴成姬，"富贵，你不要想不开，赶紧回来！毓敏也不希望你就这样去见她啊！""是啊，富贵那里危险，快回来！"

富贵看着她们，想到了这么多年来，这两个女人对他的疼爱和照顾，想到老无所依的王喜顺……他终于后退了一步，喊了一声"妈妈"。

可就在众人都放下心，长出一口气的当儿。感恩也摇摇晃晃地要跑到静子的身边，不料脚下一滑，往悬崖下摔去。

"感恩！"静子失声尖叫。

千钧一发，离感恩最近的朴成姬不顾一切地扑过去，终于拉住了他的左手，富贵吓得赶紧跑过去要抓住感恩。

"感恩，再往上伸手，快！"富贵试图抓住感恩的手。

静子一看到感恩这样，简直就要崩溃了，"感恩，感恩！"

"弟妹，不要过去！刚下过大雨，悬崖边的泥土松软，一不小心就会掉下去的！"杨长山赶紧拉住要扑过去的静子。

富贵把自己的身体又往崖下挪了挪，他终于能够到感恩了。一旁的朴成姬还趴在

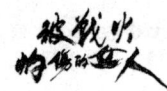

悬崖边拉着感恩的手。就在大家觉得没事,要松一口气的当儿,朴成姬脚下的泥土突然塌陷。她用尽了身上最后的一点力气,把感恩扔到了悬崖上,而自己,却因为惯性,而朝悬崖底下摔了下去……

全村的相亲都出来为朴成姬送葬,富贵披麻戴孝地捧着她的遗像走在最前面。他已经哭不出声音了。朴成姬对他的每一分好,现在都无限放大出现在他的眼前。他心里真是五味陈杂,有对朴成姬的愧疚,有对毓敏的爱和内疚……

乡亲们帮忙把朴成姬下葬后,富贵一个人跪在坟前,任凭大雨瓢泼似的淋打。他歇斯底里地大喊:"成姬妈!对不起,妈,我错了!"

"富贵……"静子走过去把他抱在怀里,韩秀芬也在一旁心酸地流下了眼泪。

富贵把脸埋在静子胸前,呜咽着说:"妈,我真傻。血缘是很重要,可它不是人和人之间唯一重要的东西。是不是,妈?妈,我错了!"

说完,他突然跪在了静子和韩秀芬的面前,向这两位母亲喊出了自己的心声:"妈,你们都是我的亲妈,你们都是天下最伟大的母亲!"

疯婆子韩秀芬一听见富贵喊他妈,立马乐得合不拢嘴,扑过去抱着他,静子在一旁默默落泪……

10/ 故土探亲

杨家院子内,几只小鸡正在悠然地觅食。堂屋里,静子在给杨家牌位上香,此时,她的鬓角已经有些斑白,脸上的沟壑也多了,可是看起来依然美丽。是那种岁月沉淀后的沉静的美好。

富贵突然从外面冲了进来,惊得院子里的小鸡四下逃窜。

"妈,有大消息呀!"

静子插了最后一炷香,转身眉眼浅笑着说:"你呀,都二十五六的大小伙子了,怎么还是这么风风火火一惊一乍的?啥事啊?"

富贵赶紧递给她一份报纸。

"您看看这份报纸——这是中日联合声明。'中日两国是一衣带水的邻邦,有着悠久的传统友好的历史。两国人民切望结束迄今存在于两国间的不正常状态。战争状态的结束,中日邦交的正常化,两国人民这种愿望的实现,将揭开两国关系史上新的一页。'"

静子像是没听明白一样愣住了,"妈,你看报纸上说'中华人民共和国政府和日

第七章 | chapter VI
久别重逢，岁月静好

本国政府决定自一九七二年九月二十九日起建立外交关系'……妈，你看，这是多么值得纪念的日子啊！"

静子这才缓过神来，她颤抖着抓住富贵的手，激动地眼泪流下来："也就是说，我可以申请回日本——寻亲了？"

富贵高兴地忍不住连连点头，"是呀，妈，我相信政府肯定很快会出台相关法规的。虽说您早就加入了中国籍，可血缘亲情毕竟割不断呀。"

静子激动地一把搂住富贵，"好孩子，你真的长大了！"

"这成熟的代价太大，我只恨自己不能早点懂事，那样的话，也许长水爹、毓敏、成姬妈妈，我们一大家子人现在就可以凑在一起，热热闹闹地一起谈论这激动人心的消息了……"说道这里，富贵的声音有些嘶哑，神色黯然。

"富贵，一切都过去了……"静子安慰地拍拍他的肩。

得到消息后的静子，很快就提交了回国申请书，她打算带着富贵一起回日本。当翠花把这个消息告诉王喜顺的时候，他却流下了眼泪。

晚上很晚，王喜顺一直想着这件事，毕竟是养了这么多年的儿子，虽说不是亲生的，却也相差无几。富贵也察觉到了他的心思，就索性跟他好好谈谈。

"爸，我知道您有心事。您是不是担心，我跟我思田妈回日本之后就不再回来了？"

王喜顺暗自抹了抹眼角，看着富贵，心里一阵心酸，"你在我们老王家从来没过上一天舒坦日子，现在好不容易能回去寻根了，这是好事啊，我哪能拖你后腿呢！"

"这咋叫拖后腿？爸，你放心吧，虽然……我身上……流着日本人的血，但你永远是我爸，这是绝不会改变的，这里也是我的家乡，是我的祖国。您放心好了，我又不是不回来了，赶紧歇着去吧。"富贵说。

王喜顺听了这话，心里总算安慰了些，可是依然整夜都不能安睡，连梦里都是富贵要走的情形。

乡亲们一听说静子要走，都感慨了起来，以后这杨家店谁有个头疼脑热，可没个人帮忙瞧病了。

在机场，富贵牵着静子的手，说起根岸家在日本可是大户人家，静子只是看着外面的蓝天白云，心里一片风轻云淡。

"想起来都像是上辈子的事了。"

从那年和小村一起瞒着家人去了满洲，现在回到日本，竟然已经过去了三十年。而小村，和小村的孩子都已经不在了，静子出了机场，心里万分感慨，没想到她有生之年还能再回到日本，再回到自己的家乡。

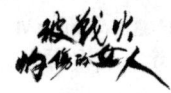

人群里一对身穿和服的日本老夫妇，手举着巨大的接机牌，上写"根岸静子"的字样。他们焦急地向出口张望。

静子在人群里看到了他们后，眼泪忍不住夺眶而出，抬起手微颤颤地指给富贵看，"是他们，是他们……"她一步地向他们走去，脸上的神情变得忐忑不安，远处静子的父母也同样翘首期盼都看着走来的女人……

"父亲，母亲！"静子上前握住他们的手，眼泪哗哗地掉。

满头银发的静子母亲激动地打量着自己的女儿。

"静子？真的是静子？"

"是我，真的是我。"

"三十年了，三十年了！真的没想到，有生之年还能见到静子你。"静子母亲已经泪流满面。

"我也想不到，还以为再也见不到你们了。"静子激动地说。

这时，站在一旁的静子父亲，突然抡起拐杖使劲打在静子身上，富贵见状立即上前挡在他母亲的面前："你怎么可以打我妈妈！"

静子父亲脸色严肃，全身颤抖地抡起拐杖，喊道："她该打！当初要不是她自作主张，偷走了出生证明，怎么会有这三十年的骨肉分离！"说完，他自己也大声哭了出来，这么多年，他一直以为再也见不到静子了，多少个日夜都无法入眠啊。

富贵一听，放下双臂，怯怯又激动地用蹩脚的日语说："您是外公吗？不要打我妈妈，要打就打我好了。"

静子母亲顿时愣住了，声音激动地说："你，你是……"

静子赶紧擦了擦眼泪，拉着富贵跟他们说："他是雄一，我儿子，雄一……"

静子的母亲走上前拉着富贵的手，忍不住又落了泪："好，好孩子，都这么大了。"

这时，静子的父亲转身朝着机场外面走去，他的眼中蓄满了泪水，口中念叨着："都挤在这里做什么？回家去！"

"对，回家去！"静子的母亲高兴地说。

回到了根岸家后，静子独自坐在自己的房间里，检视着自己离家前心爱的梳妆匣。这么多年过去了，房间里竟然没有丝毫改变。她看着镜子中映出的自己，仿佛重回了青春少女时代，忽然，镜子里的少女消失了，变成了一位身姿笔挺的年轻男子，正是松田。镜中的松田穿着一身传统和服，一脸的青春灿烂，他深情地望着静子。

静子叹了口气，她不是难过，而是对世事变幻的节奏而感到惋惜。她已经从母亲那里听说了松田三郎的事，他多年前死在了西伯利亚的战俘营里。她考虑过后，还是

第七章 | chapter Ⅶ
久别重逢，岁月静好

把这件事告诉了富贵，作为对他的一个交代。

在根岸家待了半个月后，静子还是选择回中国去，想起临走前和母亲的对话，依然感觉到心酸无比。

"静子，你真的不留下来吗？"

"母亲，对不起。"

"傻孩子，别说对不起。你的人生是你自己的，你只要考虑清楚了，不管做什么决定，我们都尊重你。"静子的母亲慈祥地说。

"母亲，我离家这么多年，和家里没通过信，更没能陪陪您和父亲。好不容易和平了，能和你们见面了，可我待不了多久又要走。我知道你们心里难受，我也难受。可是，我真的抛不下我在中国的家，抛不下我另一个儿子。"

"我知道，我知道。孩子，人生就是这样，每个人都有自己的生活轨迹。你不要觉得对我们有亏欠。妈妈也是做母亲的，我能理解你的心情，我知道当一个女人变成母亲的时候，在她心里装满的只有家庭，只有她的孩子……"

"母亲，对不起，当初都怪女儿太任性了……"

静子母亲温柔地抚摸着女儿的头发，温柔地说："静子，不论你在哪里，我们根岸家都以你为傲。"

静子忍不住哭了出来，那晚她和母亲一起睡，就像小时候一样的温暖，一夜无梦。

杨家店的庄稼地里，一片金黄，乡亲们都在地里忙着，几个妇女忍不住讨论起静子来。前些天，杨家店每家每户都收到了从日本寄来的小礼物。

孙玉娘说："你们说啊，这礼物都送了，是不是她再也不回来了？"

翠花站起身，直起腰杆："怎么可能不回来，她走的时候亲口跟我说，她会回来的。"

大家正在讨论的时候，突然，远远传来一阵汽车马达的轰轰声。众人不约而同地停下来，举头望去，只见一辆汽车沿着村路开到村子里，然后在他们不远处的村路上停下来。

车门从里面打开，下来了一位身穿和服，气质优雅的女人。她远远看到田里的村民们，静静点头微笑致意。

"啊！那是思田吗？"孙玉娘惊呼。

"当然了！除了她还能有谁穿日本衣服啊！"翠花得意地说。

"哇！她变得真好看啊！"众人七嘴八舌地说起来。

乡亲们都被她完全不同以往的样貌和气质所折服，一时间竟然没有人敢上来说话。静子见状笑了，向大家微微鞠躬，然后转身，迈着小碎步向大家走来。富贵也下了车，

拿了行李,大笑着向大家挥挥手。大家似乎还不能接受,这个穿着和服,气质优雅的女人会是他们所熟悉的刘思田,看着她缓缓走过来,都丢下手里的活计,好奇地向她跑去。

静子缓缓地站在人群之外,看着大家,大家也愣愣地看着她,她缓缓向所有的村里人鞠了三个躬。

"父老乡亲们,我穿的这身衣服是日本的和服,我代表日本向在这场战争的所有中国人说声对不起,这也是我父亲的意思,请大家接受这份迟来的道歉……你们接受了我的道歉,这身衣服我就要脱掉了,因为……我是中国人。"静子真诚地说。

村民们愣愣地看着,忽然感恩使劲拍着巴掌,大家也跟着拍起来,顿时掌声如雷鸣般响起来。

静子说完这些,就回了杨家,换上了从前的东北妇女的服装,做回了中国女人,做回了杨家店里的大夫。

富贵则开始不断地往返于中国、日本之间。学习日本的工业生产技能,再带回到中国。静子每每想起这些,都是满心安慰。

在往后风平浪静的日子里,又发生了两件事。一是,感恩突然被查出患了白血病,但还好富贵的骨髓合适,手术也相当顺利;二是,王喜顺去世了。

安葬完王喜顺后,静子打算把韩秀芬接去跟她一起住,杨长燕和肖胜利一直住在县城里,她一个人住杨家太孤单了。但是富贵却说,他可以把韩秀芬和感恩都接到日本去治疗,治疗好再送回来。静子想想也是,日本的医疗设备比较先进,如果能治好当然要去试试了。

富贵去机场那天,除了静子以外,平日里比较熟的乡亲们也都赶着去送他,顺便跟着看看新鲜。

翠花看了一圈,突然说:"富贵,你不是说,今天你妈和你们一起从长燕家来机场吗?她人呢?"

"翠花姐,其实我二嫂她……昨天已经跟我们说好了,她不来机场送我们了。她不想再面对这样大庭广众之下的道别。她这会儿,应该已经回到村里了吧。"杨长燕说。

穿着静子送的和服,韩秀芬还是皱起了眉头,嘟囔:"思田,思田……"

富贵看着他的疯妈妈:"昨天你们俩不是就道别过了吗?"

韩秀芬还是焦急地揪弄着和服的襟袖,带着哭腔说:"可是,可是,我想见思田。"

富贵连忙安抚,轻轻地说:"别哭别哭。这可是她送你的和服,很昂贵的。弄坏了就没有第二件了哦。你放心吧,妈说了,地球是圆的。不管咱们分散在世界的哪个角落,只要互相想念,总有一天会再见的……"

第七章 | chapter Ⅶ
久别重逢，岁月静好

躲在机场角落里的静子，远远地看着一切，笑着流下了眼泪……

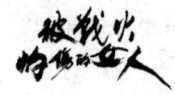

后记 | Postscript
战争是什么

战争到底是什么？这个古老的话题，很难让人说清楚。一部人类文明史，包含了太多的战争内容，只有喘息的时候才叫和平。与战争的时间比起来，和平时间很短暂，于是显得弥足珍贵。

老辈子人讲起战争故事来有鼻子有眼的。比如，我的祖父祖母、我的父亲母亲、我的舅姥爷舅奶，他们把自己的战争记忆不经意地播种在我童年的印象里，这远远比课本里"小二牛放羊"的故事复杂得多。

我的老家在东北的公主岭。上世纪初，日本关东军在公主岭驻扎，他们盖了很多"日本房子"。关东军来这里干什么？他们说是"保卫关东洲及在满洲之铁路"，实是为了永久占领东北这片富饶的土地而屯兵。据记载参与"九·一八"事变占领东北的日军中，就有来自公主岭的守备队。我奶奶的弟弟娶日本女人是后来的事，但与日本侵华有着必然的联系。

在我小的时候，家里住的就是日本人住过的——那种红砖墙、铁皮顶的房子。

在我刚懂事的时候，就常听奶奶常讲舅奶的事，听着像在讲笑话。许多事我也听不明白，但有一件事我记得十分清楚，那就是——你舅奶不是中国人，她是个日本人，真实名字叫根岸静子。

记得上世纪60年代我在公主岭糖厂读小学的时候，舅奶经常约一些女人到我们家聚会，她们一会儿讲流利的日语，一会儿又讲生硬的汉语，一会儿哭得泪流满面，一会儿又捧怀哈哈大笑。到了"文革"初期，这种聚会就再也没有出现过。这一切深深地印在我的记忆里。

在东北老百姓中，提起日本鬼子都是咬牙切齿的，而我对舅奶却恨不起来。她是一个被绑在日本战车上的女人。

后记 | Postscript
战争是什么

战争啊，到底是什么东西？也就是在那个时候，我脑海里常会出现很多问号："为什么这帮日本女人会到中国来？到中国来干什么？为什么都是一些女人？为什么她们都和中国人结了婚？为什么她们不回自己的国家？她们在日本有没有亲人？"

随着年龄的增长和对中日战争的了解，很多疑问也就被解开了，因为该死的战争，因为日本对中国发动了侵略战争，还因为日本失败后把这些女人给抛弃了，像我舅奶这样的女人在东北有很多。

1980年我调到北京，在中央电视台电视剧制作中心国际合作部从事制片行业。说来也巧，1989年我协助日本NHK电视台在我国东北拍摄一部电视剧《大地之子》。剧中的主场景就是我小时候生活的地方，剧中男主角讲的就是我念书的那所中学的故事。据我了解，剧中人物虽然是虚构的，但剧中表现的地理环境和事件与我们就读过的学校许多相似之处。后来我才知道，编剧是个日本人，他曾经在这一带生活过。日方还带来了一位老者作为他们的艺术顾问。这位老者来到公主岭，心情显得格外激动，他在这个不到五平方公里的小镇上，不停地走着、看着、嘴里叨咕着。我判断此人肯定曾在公主岭一带生活过。

有一天，我出于好奇，在当地找了一位曾在日伪时期做过伪满警察的老者，让他偷偷地在远处认认那位"艺术顾问"，看看是不是曾经见过他。这位老者端详一番，脱口而出："是他，就是他，没错，当年他牵着一条大狼狗，满街转悠，威风得很……"

当时有几场戏，选在原日本关东军司令部旧址——吉林省公安厅院里拍摄。在户籍处拍摄内景时，户籍处处长无意地说："日本战败后遗留下来的孤儿和侨民在这里都有登记"，这让我很吃惊，我突然想到了我的舅奶。我请处长帮办一件事：查找根岸静子的资料。

处长问我：根岸静子是你怎么人？

我说：她是我的舅奶。

处长感到不解。

看了很多档案，但遍寻无果。但我有了一个意外的收获——知道一组数字，仅在吉林省像我舅奶这样因日本战败后而被遗弃的女人就有一千多人。

《大地之子》拍完之后，我产生一种认识：日本军国主义发动的这场侵华战争，不仅给中国人民带来了灾难，同时也给日本人民带来了灾难。那些被日本军国主义抛弃的妇女和儿童，被抛弃在这块本不属于他们的土地上，留在了中国，留在了东北。在陌生的土地上，有的被中国家庭抚养长大成人，有的嫁给了中国人，生儿育女。他

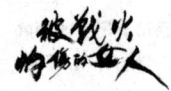

们当中有的留在了中国,再也没回到自己的故乡,有的在多年后又回到了日本,我舅奶属于后者。

历史就是一部教科书,让我对那场战争有着更多的反思:战争的大恶给两国人民带来了大难,有大难必有大悲,有大悲必有大善,有大善必有大喜,而我舅奶的故事不就是一部生动的小说吗?如果拍成电视剧,会引起更多的人的共鸣。

1972年中日建交,我舅奶多次往返中日两国,都是我接送她。也直接聊了一些她年轻时的情况。她的记忆很好,很多过去的事情她都记得很清楚,甚至我们兄弟几个的生日她都记得。我出生的准确时辰她甚至记得比我母亲还清楚。

舅奶90多岁的时候,我家跟她还有过电话联系,后来她老了,难已在电话里交流了。我曾想去日本探望、采访她,再听她讲讲过去的经历,但一直没有抽出身来。现在没有她的音信了……

我能做的,在小说中思念她,表现她,让她在小说中复活,去演绎藏在或葬在她心里的凄婉故事。让更多的人知道和我舅奶一样——被战争灼伤的女人的故事。

小说中所提到的一些人物,都是真实原型,小说中所提到的事件,都有生活影子,而不是凭空杜撰出来的故事。

经过多年的积累和创作,小说《被战火灼伤的女人》就要和读者见面了,我自然想起我的舅奶——这位不幸的女性。这部作品是我与舅奶说的悄悄话,也是追问历史、与历史神交的过程。但愿这个故事,落在读者们的心田里,成为一颗洁美的莲花:让人类远离战争、远离浩劫。

这部小说首先献给她,献给与她有着同样命运的人们,献给所有的读者。

世界上所有的海洋是相同的,除了海洋再就是心灵。我对舅奶命运的思索,与朋友黄斌对战争的思索有着相同和默契。《被战火灼伤的女人》亦有他的情思和心血,由于他的改编,使文学作品转变成影视剧,人物从文字中站起来,走进千家万户。为此,在这里我要特别感谢黄斌先生。

在这里还要感谢军旅作家姜宝才及辽宁作家李晓鹰、李晓鸢姐妹为这部小说出版给予的策划和帮助。

廉振华

2014年10月30日 于辽宁葫芦岛兴城市拍摄地